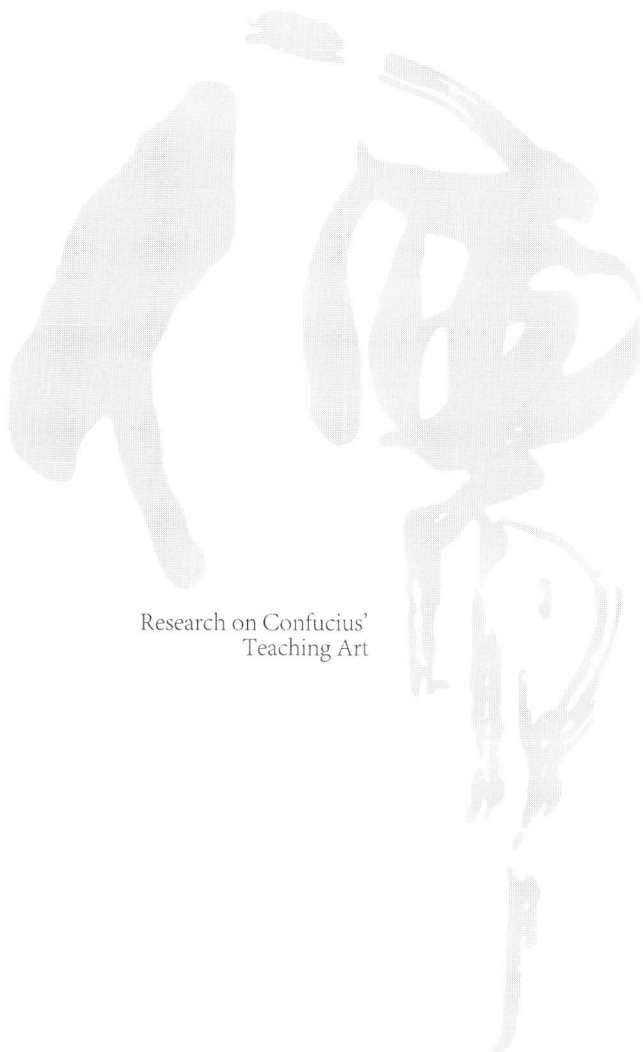

Research on Confucius'
Teaching Art

孔子教学艺术研究

李如密 著

教育科学出版社

·北京·

本书系全国教育科学"十二五"规划教育部重点课题"孔子对其弟子的教学艺术及其现代价值"（DOA140201）成果

孔子是具有世界影响的中国教育家，其对弟子的教育教学艺术高超精湛，达到了很高的水平和境界。国内研究者历来对孔子教育教学思想的研究非常重视，取得了许多重要的成果。进入 21 世纪之后，相关探讨更加深入，佳作不断问世。有代表性的如：王毓珣著《孔子教学思想论稿》（长春出版社 2003年版）、高时良著《中国古典教育理论体系——孔子教育语义集解》（人民教育出版社 2006 年版）、陈桂生著《孔子授业研究》（教育科学出版社 2012 年版）等。这些研究成果有助于我们从整体上把握孔子教学艺术的精神源泉和理论依据。

孔子的教学艺术最直接的受益者是众多的孔门弟子，而关于孔门弟子的研究已取得了重要进展，这为深入、具体地考察孔子教育教学艺术奠定了基础。相关成果如蔡仁厚著《孔门弟子志行考述》（台湾商务印书馆 1969 年版）、李启谦著《孔门弟子研究》（齐鲁书社 1987 年版）、高专诚著《孔子·孔子弟子》（山西人民出版社 1991 年版）、袁金书编著《孔子及其弟子事迹考诠》（三民书局 1991 年版）、赵中伟等著《孔子弟子言行传》（台湾万卷楼图书股份有限公司 2010 年版）、石毓智著《非常师生——孔子和他的弟子们》（商务印书馆 2010 年版）、傅佩荣著《向孔门弟子借智慧》（中华书局 2011 年版）、杨朝明和宋立林著《孔子弟子评传》（中国社会出版社 2012 年版）等。研究者们对众多孔门弟子的身世履历、性格特征、思想观点、历史影响等做了梳理和总结，使其形象逐渐由模糊变得清晰。

同时，教学艺术理论的研究近年来也逐渐受到学术界的重视。如李如密主编《中学课堂教学艺术》（高等教育出版社 2009 年版）、王德清主编《教学艺术论》（四川大学出版社 2010 年版）、杜德栎等主编《现代教学艺术论纲》（中国人民大学出版社 2011 年版）、李如密著《教学艺术论（第二版）》（人民教育出版社 2011 年版）、李如密等著《课堂教学艺术新论》（福建教育出版社 2014 年版）等著作相继问世。教学艺术理论的研究成果有助于我们更深刻地解读孔子教学艺术的精微之处。

不过，直接从教学艺术视角开展孔子对其弟子的教育及其影响的研究还相当薄弱。专门的著作至今尚未见到，只有少量的论文有所涉及，如侯变风等的《孔子教育艺术浅探》（《山西大学师范学院学报（综合版）》1991 年第 2 期）、施宜煌的《孔子"教学艺术"在提升"教学效能"上之蕴义》（《国教辅导》2000 年第 12 期）、何淑贞的《孔子的教学艺术》（《孔孟月刊》2002 年第 7 期）、施宜煌的《孔子教学艺术的转化与实践》（《国教学报》2002 年第 9 期）、周生杰的《试论孔子的教育艺术对子路成才的影响》（《广西教育学院学报》2003 年第 2 期）、王小红的《论孔子启发式教学艺术的创造性》（《重庆文理学院学报（社会科学版）》2007年第2期）、吴晋芳的《论孔子的教学艺术》（《太原大学教育学院学报》2009年第2期）等。相对于孔子对其弟子的教学艺术的丰富性和深刻性来说，这些论文还只是揭开了冰山一角而已。因此，这一课题很有进一步深入探讨的必要。

有关"孔子对其弟子的教学艺术及其现代价值"的研究是非常有意义的。这可以从以下几个方面来分析。其一，孔子对其弟子的教学艺术是孔子作为教育家的最具代表性和影响力的成就之一。聚焦于此进行深入研究，可以发掘原汁原味的孔子教育教学智慧，使对孔子教育教学思想的认识不再停留于简单的抽象概括，从而还原"有教无类""因材施教""启发诱导""执两用中"等命题的丰富内涵，对以孔子为代表的中国本土教育思想做出新的诠释。其二，结合对众多孔门弟子接受孔子教育教学的艺术实例进行研究，可以让我们认识到要想取得教育教学的成功，只有先进的教育教学理念是不够的，还需要丰富、灵巧、精湛的教育教学艺术。空口妄谈理念或许可以成为思想"巨人"，但缺乏实际应对技艺终将误人子弟。教育教学的专业性就表现在先进理念和精湛技艺的完美结合上，在这方面，孔子以生动的实践做出了最具说服力的注解。其三，孔子对其弟子的教学艺术不仅是教育史上的经典样本，对于现实的教育教学也具有多样的、深刻的启示，可以帮助教师在领略孔子教学艺术魅力的同时，思考教育教学艺术的现代转换及其相应价值，从而创造性地实现对于人才培养途径与策略的探索。

本研究的主要内容包括三个方面。其一，总论孔子的教学艺术及其影响，由以下内容构成：（1）孔子教学艺术的思想，包括因材施教的教学艺术思想、启发诱导的教学艺术思想、教学相长的教学艺术思想、适时而教的教学艺术思想、激励促进的教学艺术思想、批评劝导的教学艺术思想等。（2）孔子教学艺术的形式，包括侍坐教学艺术、游历教学艺术、对话教学艺术、分层教学艺术、随机教学艺术、不教教学艺术等。（3）孔子教学的艺术方法，包括叩问艺术方法、示范艺术方法、暗示艺术方法、情境艺术方法等。（4）孔子对弟子的学习指导艺术，包括指导学生好学乐学、专心有恒、学思结合、学贵有疑、学以致用、循序渐进等。其二，分论孔子对弟子的个别化教学艺术及其影响，主要包括：孔子对"德行"科弟子（如颜渊、闵子骞、冉伯牛、仲弓）的教学艺术及其影响，孔子对"言语"科弟子（如宰我、子贡）的教学艺术及其影响，孔子对"政事"科弟子（如冉有、季路）的教学艺术及其影响，孔子对"文学"科弟子（如子游、子夏）的教学艺术及其影响，等等。其三，孔子的教学艺术对现代教学的启示，包括孔子教学艺术思想的现代启示、孔子教学艺术形式的现代启示、孔子教学艺术方法的现代启示、孔子学习指导艺术的现代启示、孔子个别化教学艺术的现代启示等。

本研究的基本观点是：孔子的教学艺术思想及实践是中国本土教学艺术领域中值得研究的重要课题，它不仅在当时对孔门弟子的成长起到重要的促进作用，就是在现在，仍不乏多方面的启示价值。孔子的教学艺术有着深厚的教育思想基础与依据，在研究时我们不能仅仅关注其外在的形式与技巧，必须联系孔子的教育目的论、教学观、学生观、学习观等，深入考察其思想根源，如此方不至于得其形而遗其神。孔子的教学艺术不仅仅是因材施教，更是因人、因事、因时、因势、因境而异，完全体现了一切从实际出发、以变应变的辩证法则。孔子的教学艺术因历史时空的限制，还原起来有着相当的难度，尤其是因为有关孔子弟子的文献缺乏整理与考据，甚至存在真伪难辨、注解混乱等诸多问题，研究起来尚需做一些具体的、扎实的工作。孔子的教学艺术往往和一些具体的人与事相联系，因此必须谨慎地、历史地分析与评价，不能随意"戏说"

和敷衍。我们可以在基本事实基础上做判断，从而得出结论。孔子的个别化教学艺术是非常精彩的，在相互比较中，其教学智慧与艺术的高明愈发显现，如对于颜渊的教学和对于子路的教学旨趣迥异，对于子游的教学和对于子夏的教学各有不同。即便是同一主题，如"孝"，对于闵子骞的教学与对于曾参的教学也有明显差别，等等。孔子的教学艺术显示了他作为一个教育家的思想高度和实践智慧，其对当今教师进行教育教学所具有的现代启示价值，应该引起我们足够的重视。

本研究的核心问题是孔子的教学艺术及其现代价值。具体说来，包括三个相互联系的学术问题：孔子教学艺术形态与史实的考察及辨析、孔子教学艺术思想的构成与体系、孔子教学艺术思想与实践的现代价值阐释。在研究方法上，主要使用文献法和理论分析法：使用文献法梳理学术界关于孔子对其弟子教学艺术研究的既有成果，分析其发展的过程与阶段、主要人物及观点、取得的基本成就和存在的问题，从而确定研究的基础，找准研究所要着力突破的方向；同时，借助有关孔子研究、孔门弟子研究、教学艺术研究的成果，特别是最新成果，以支持本研究的理论观点，实现学术上的实质推进。使用理论分析法，坚持历史与逻辑的统一、观点与材料的统一、整体与部分的统一，勇于提出观点并给予合理的论证，以实现对孔子教学艺术的整理及其现代价值的开掘与阐释。

本研究力争在以下方面有所创新。一是研究视角。将孔子研究与孔门弟子研究有机结合，并选取教学艺术这一新颖视角，希望可以为本领域的研究带来一些新的发现和新的结论。二是研究内容。本研究将孔子教学艺术研究落实到具体的一个个弟子身上，以丰富对孔子教学艺术的丰富性、个性化和创造性的认识。类似的做法在以往的孔子教育研究中虽有尝试，但集中到教学艺术方面，这样系统的研究可能还是第一次。三是研究材料。以往研究孔子及其弟子，主要依据《论语》与《史记》等史料，这些材料虽然较为可靠，但无疑也有局限。而记述了大量孔子及其弟子教育教学生活的《孔子家语》一书，长期以来被认为是"伪书"并被弃而不用。所幸的是，史学界近年结合出土文献研究，认为该书是可靠的，甚至将之视为"孔子研究第一书"，这就为孔子的教学艺术及其影响研究带来研究资料上的重要突破。有新的资料能用，就可能有新的发现和新的结论。

第一章　《论语》 中的教学艺术/// 1

　　第一节　孔门"子曰"教学艺术 /2

　　第二节　孔门"问对"教学艺术 /11

　　第三节　孔门"侍坐"教学艺术 /21

　　第四节　孔门"游历"教学艺术 /31

　　第五节　孔门"正身"教学艺术 /40

第二章　孔子因材施教的艺术/// 49

　　第一节　颜回：和孔子相知最深的弟子 /50

　　第二节　子路：待孔子亦师亦友的弟子 /59

　　第三节　子贡：孔门中最善问乐评的弟子 /69

第四节 子游：孔门中唯一的南方弟子 /78

第五节 子夏：孔门中以文学著称的弟子 /85

第六节 子张：将孔子教诲"书诸绅"的弟子 /94

第七节 曾参：孔门中修养精进且孝行突出的弟子 /102

第八节 冉有：孔门中多才多艺、擅长理财的弟子 /110

第九节 宰予：孔门中最擅长言辞的弟子 /118

第十节 孔门私学中其他弟子群像（上）/126

第十一节 孔门私学中其他弟子群像（下）/138

第三章 孔子教学艺术思想新诠/// 155

第一节 孔子"周游列国"之教学活动及其价值再考察 /156

第二节 孔门弟子"同学圈"/169

第三节 "以友辅仁"：孔子教学的另一重要侧面 /189

第四节 孔子的乐学思想和乐教精神 /199

第五节 孔子教学中的思维训练 /208

第六节 孔子的历史教学及其方法 /216

第四章 孔子教学艺术思想精粹与中国古代优秀教学传统的形成 /// 225

第一节 孔子"贵疑"思想与中国古代教学的"贵疑"传统 /226

第二节 孔子"改过"思想与中国古代教学的"改过"传统 /232

第三节　孔子"交友"思想与中国古代教学的

　　　　　"交友"传统　　　　　　　　　　　/238

第四节　孔子"时教"思想与中国古代教学的

　　　　　"时教"传统　　　　　　　　　　　/243

第五节　孔子"致用"思想与中国古代教学的

　　　　　"致用"传统　　　　　　　　　　　/248

主要参考文献 /255

后记 /257

第一章

《论语》中的教学艺术

第一节　孔门"子曰"教学艺术

《论语》中的对话固然是精彩的，但是不能因此掩盖"子曰"的独特价值及魅力。"子曰"作为《论语》的标志性符号，凸显了孔子作为教育家的价值。"子曰"教学艺术主要体现在：其一，孔子将个人生活史融入教学之中，以其"真诚"增强了教学的影响力；其二，教学中应用了丰富的修辞方法，以其"巧妙"提高了教学语言表达艺术水平。"子曰"教学艺术对中国古代教育传统产生了深远影响，至今仍有启发意义。

　　"子曰"二字在《论语》中触目可见，其中的"子"特指孔子①，因《论语》为孔门弟子所记，故"子曰"意即"孔子老师说"。"子曰"是教育家孔子对其弟子进行言教的重要形式，主要有两种情况：一种是"子曰"二字在段落开头，没有特定对象，看不出具体场景，其实质是"独白"。这一类"子曰"在《论语》中占了很大的比重。另一种是"子曰"二字在段中，有特定的对象，能看出具体场景，其实质是"对话"。这类"子曰"也有不小的数量。本节所研究的主要是前者。

　　"子曰"的出现，说明在孔门私学中，"老师说-学生听"是重要的教学模式。在当时，老师"说"得认真，所以有那么多的"子曰"留存于世；学生"听"得认真，所以有那么多"听"过"子曰"的弟子将自己所听奉献出来，编成了《论语》。"老师说-学生听"的教学模式曾经为孔门私学立下汗马功劳，这是研究孔门私学教学艺术时所不能轻视乃至无视

---

① 杨伯峻. 论语译注 ［M］. 北京：中华书局，1980：1.

的。不过，长期以来，对"子曰"教学艺术的研究是不够的，因为大多数人认为孔门教学是对话式的，或者说，孔子与其弟子的精彩对话在某种程度上遮蔽了"子曰"的光辉。

《论语》中的"子曰"与佛经中的"如是我闻"非常相像，有异曲同工之妙。它说明了老师与弟子之间的亲密关系，弟子所获得的源于老师的直接传授，是"亲闻"而不是经过别人的"转述"。这对孔门弟子来说非常重要，有特别加以强调的必要。孔子的言论或许在当时社会上已经广为流传，流传过程中可能就有不够准确的地方，很有正本清源的必要。而"子曰"确定了信息的来源，有"以此为准"的意思。同时，孔门弟子也拥有无可言明的自豪感，因为这是老师对"我们"说的话。他们大方地向社会宣明，自己从老师那里受到的教诲是这样的。后来的大思想家孟子就以没有成为孔子的弟子并亲耳聆听孔子的教诲为最大的遗憾，于是退而求其次，以孔子的"私淑弟子"自居。他对孔子特别景仰，认为"出于其类，拔乎其萃，自生民以来，未有盛于孔子也"（《孟子·公孙丑上》）。《孟子·离娄下》中记载，孟子曾说："予未得为孔子徒也，予私淑诸人也。"东汉赵岐注曰："淑，善也。我私善之于贤人耳，盖恨其不得学于大圣人也。"在孟子看来，自己的遗憾就在于只能"转述"孔子之言，而不能"亲闻""子曰"；而"亲闻""子曰"，乃孔门弟子之大幸也。

"子曰"多为孔门弟子在老师去世后追记，并非孔子教学中所说的全部，而是其中被学生听进去、记得住、传下来的一些话；并且不是哪一个学生的专属记忆（此种情况已在《论语》中特别做了标记），而是孔门弟子（至少两人以上）的共同记忆。这些"子曰"是弟子们对老师的最好纪念，是孔门教学产生深刻影响的最有力证明。

一、真诚："子曰"教学艺术的内在品质

《论语》中的"子曰"内容非常丰富，其中有一类属于"夫子自道"，即孔子将自己的经验、观点等坦诚地说给弟子，用现代教学理论来说，就是将自己的个人生活史融入教学中，增强真实、感人的教育效果。这类

"子曰"的一个显著性标志，就是里面那些必会出现的"我""吾""丘"等关键字眼，它们如同现代的"注册商标"，有效地保护着孔子的"知识产权"。而深蕴其中的"真诚"，便成为"子曰"教学艺术的内在品质。正如郭齐家教授所说："孔子对学生真诚的热爱，本身就是一种巨大的教育力量。"①

1. 真实的学习经验

孔子自身即是一个好学者、善学者，他的个人学习经验无疑蕴含着丰富的信息，是学生愿意深入了解、易于认同并积极模仿的。对于学习，孔子以自己的切身体验反复"诱导"学生。《论语》中有大量的"子曰"反映了孔子的学习观，如子曰："我非生而知之者，好古，敏以求之者也。"（《论语·述而》）孔子认为"生而知之"和"学而知之"不同，而自己是"学而知之者"。子曰："默而识之，学而不厌，诲人不倦，何有于我哉？"（《论语·述而》）也就是说，孔子是靠"学而不厌"获知的。究竟怎样获知呢？子曰："吾有知乎哉？无知也。有鄙夫问于我，空空如也。我叩其两端而竭焉。"（《论语·子罕》）至于学习中述与作的关系，孔子自认为是"述而不作"。子曰："盖有不知而作之者，我无是也。多闻，择其善者而从之；多见而识之；知之次也。"（《论语·述而》）"述而不作，信而好古，窃比于我老彭。"（《论语·述而》）孔子认为，要辩证处理学与思的关系，"学而不思则罔，思而不学则殆"（《论语·为政》），并且以自己的教训提醒弟子："吾尝终日不食，终夜不寝，以思，无益，不如学也。"（《论语·卫灵公》）

2. 坦诚的生活态度

人在社会中会遇到许多诱惑，面临难解的矛盾，这些会考验其生活态度与道路选择。孔子多次坦诚表明自己的人生态度和关键抉择。如子曰："饭疏食饮水，曲肱而枕之，乐亦在其中矣。不义而富且贵，于我如浮

---

① 郭齐家. 论孔子情感教学的思想和实践［C］//中华孔子研究所. 孔子研究论文集. 北京：教育科学出版社，1987：366.

云。"（《论语·述而》）"富而可求也，虽执鞭之士，吾亦为之。如不可求，从吾所好。"（《论语·述而》）特别需要指出的是，孔子所说的"乐在其中"体现了一种注重精神品质的人生境界，而"从吾所好"则体现了孔子在面临矛盾冲突时的毅然抉择。

3. 自觉的品行修养

孔子是个特别注重道德修养的人，他也以此教育自己的弟子。如子曰："十室之邑，必有忠信如丘者焉，不如丘之好学也。"（《论语·公冶长》）在这里，"好学"不只是热爱知识学习，更重要的是热爱道德学习，走自我完善的修养之路。子曰："德之不修，学之不讲，闻义不能徙，不善不能改，是吾忧也。"（《论语·述而》）这明确表达了孔子对于那些在品行修养上自暴自弃者的深深忧虑。孔子还多次以"吾未见"的委婉形式，阐明个人品行修养的艰难性。如子曰："我未见好仁者，恶不仁者。好仁者，无以尚之；恶不仁者，其为仁矣，不使不仁者加乎其身。有能一日用其力于仁矣乎？我未见力不足者。盖有之矣，我未之见也。"（《论语·里仁》）"已矣乎，吾未见能见其过而内自讼者也。"（《论语·公冶长》）说的最重的则是"吾未见好德如好色者也"（《论语·子罕》）。

4. 丰富的人生阅历

孔子一生历经沧桑，阅人无数，人生经验异常丰富。对其弟子来说，孔子本人就堪称一部人生哲学巨著。如子曰："吾十有五而志于学，三十而立，四十而不惑，五十而知天命，六十而耳顺，七十而从心所欲，不逾矩。"（《论语·为政》）这段话应该是孔子在七十岁以后说的，是他对自己的人生历程所做的归纳和概括，里面充满了一个哲人的大智慧。日本著名文学家井上靖先生就曾说："我深感《论语》中孔子对人生的见解里以具有神奇魅力的韵律的现代式语言蕴藏着全部理想和感受。"[①] 值得指出的是，如此宏观地论述一个人完整的人生发展过程及其不同阶段的特点，

---

① 井上靖. 孔子［M］. 郑民钦，译. 北京：人民日报出版社，1990：致中国读者 1-2.

在当时是没有第二人的。孔子的人生智慧对于弟子们自觉思考人生并规划阶段目标，有着重要的启示价值和比照意义。

对于学生来说，教师之"我"是弥足珍贵的教学资源，具有不可替代的教育价值。有"我"的教学艺术，其真诚品质足以打动学生，让学生感受到老师的真实修养，在学生心目中"立"起为人师表的形象。"我"须是真我，"诚"出自真心。此可谓教学艺术之"根"。

二、巧妙："子曰"教学艺术的语言特色

《论语》中的"子曰"体现了孔子精湛的教学语言艺术。孔子曾说："言之无文，行而不远。"（《左传·襄公二十五年》）意思是说，话没有文采，就传播不远。孔子作为教育家，当然想使自己的教学语言产生深刻的影响，所以他非常讲究修辞技巧，语言极具文学性。

1. 形象的比喻

善于使用形象化的比喻，是孔子教学语言的一大特点。比喻就是用熟悉的事物和浅近的道理打比方，以说明与之有某种相似之处的生疏事物和抽象道理。例如，子曰："为政以德，譬如北辰居其所而众星共之。"（《论语·为政》）意思是用道德来治国理政，便会像北极星一样，在一定的位置上，别的星辰都环绕着它。这样，所讲的道理就一下子变得形象鲜明、生动有趣了。又如，子曰："譬如为山，未成一篑，止，吾止也。譬如平地，虽覆一篑，进，吾往也。"（《论语·子罕》）这里用"为山"和"平地"来比喻学习与修养的功夫，形象地说明了个人努力与坚持的重要性。子曰："人而无信，不知其可也。大车无輗，小车无軏，其何以行之哉？"（《论语·为政》）以大车无輗、小车无軏不可以行车，来比喻人不可无信，否则寸步难行。

2. 鲜明的对比

对比是把两种不同事物或同一事物的两个方面放在一起相互比较，使

形象更鲜明，感受更强烈。"君子"与"小人"是孔子在教学中经常谈到的两类不同的道德形象，若直接阐述则很难说得清楚，孔子便使用对比的方式，将他们放到一起来说。如子曰："君子喻于义，小人喻于利。"（《论语·里仁》）"君子求诸己，小人求诸人。"（《论语·卫灵公》）"君子不可小知而可大受也，小人不可大受而可小知也。"（《论语·卫灵公》）"君子坦荡荡，小人长戚戚。"（《论语·述而》）"君子上达，小人下达。"（《论语·宪问》）"君子周而不比，小人比而不周。"（《论语·为政》）"君子泰而不骄，小人骄而不泰。"（《论语·子路》）就这样，在一次又一次的对比中，君子与小人的形象就逐渐鲜明起来。可见，君子与小人是一对关系范畴，使用对比教学更容易获得良好的效果。

3. 连贯的排比

排比是把结构相同或相似、意思密切相关、语气一致的词语或句子成串地排列的一种修辞方法。孔子在教学中擅用此法。如子曰："君子有三戒：少之时，血气未定，戒之在色；及其壮也，血气方刚，戒之在斗；及其老也，血气既衰，戒之在得。"（《论语·季氏》）"君子有九思：视思明，听思聪，色思温，貌思恭，言思忠，事思敬，疑思问，忿思难，见得思义。"（《论语·季氏》）"志于道，据于德，依于仁，游于艺。"（《论语·述而》）尤其是孔子以排比方式向弟子阐释学诗的意义，堪称教学艺术的典范。子曰："小子何莫学夫诗？诗，可以兴，可以观，可以群，可以怨。迩之事父，远之事君；多识于鸟兽草木之名。"（《论语·阳货》）意思是：学生们为什么没有人研究诗？读诗，可以培养想象力，可以提高观察力，可以锻炼合群性，可以学得讽刺方法。近呢，可以运用其中道理来侍奉父母；远呢，可以用来服侍君上；而且可以多认识鸟兽草木的名称。排比很好地增强了教学表达的气势，让学生产生跃跃欲试的学习热情，全面认识学诗的价值和意义。

4. 震撼的夸张

夸张是为了达到某种表达效果，对事物的形象、特征、作用、程度等方面着意进行夸大或缩小的修辞方式。如子曰："朝闻道，夕死可矣。"（《论语·里仁》）意思是早上能够听到真理，即便晚上死去也值得了。这是以朝夕之轻、生死之重，极言"闻道"的无上价值，夸张修辞的使用有效实现了所要达到的"震撼"效果。孔子的得意弟子颜渊去世，子曰："噫！天丧予！天丧予！"（《论语·先进》）意思是：咳！老天爷要我的命呀！老天爷要我的命呀！何晏《论语集解》中曰："天丧予者，若丧己也。再言之者，痛惜之甚。"孔子以夸张的语气极言丧失爱子之后又丧失爱生的悲痛欲绝心情，令人闻之无不动容。《论语》中使用夸张的修辞手法之处并不多，但上面两例让人印象深刻，读后经久难忘。

5. 特意的反复

为了突出意思、强调情感，特意重复某个词语或句子，这种修辞叫反复。如子曰："贤哉，回也！一箪食，一瓢饮，在陋巷，人不堪其忧，回也不改其乐。贤哉，回也！"（《论语·雍也》）其中"贤哉，回也！"的反复，明显加重了对颜回之贤称赞的力度。子曰："巧言、令色、足恭，左丘明耻之，丘亦耻之。匿怨而友其人，左丘明耻之，丘亦耻之。"（《论语·公冶长》）其中"左丘明耻之，丘亦耻之"重复了一次，共使用了四个"耻之"，强烈表达了对于"巧言、令色、足恭"和"匿怨而友其人"的厌恶和排拒。子曰："视其所以，观其所由，察其所安。人焉廋哉？人焉廋哉？"（《论语·为政》）其中"人焉廋哉"的反复，凸显了观察深入而达到的洞察真相的效果。子曰："礼云礼云，玉帛云乎哉？乐云乐云，钟鼓云乎哉？"（《论语·阳货》）意思是：礼呀礼呀，仅是指玉帛等礼物而言的吗？乐呀乐呀，仅是指钟鼓等乐器而说的吗？其中"礼""乐"等字的多次反复，提醒弟子们对礼乐的学习不要停留在形式上。

6. 层进与避让

层进指语言表达的意思层层递进。如子曰："知之者不如好之者，好之者不如乐之者。"（《论语·雍也》）意思是：知道它的人不如爱好它的人，爱好它的人不如以它为乐的人。这说的是学习的三种境界，它们一层比一层更高。子曰："可与共学，未可与适道；可与适道，未可与立；可与立，未可与权。"（《论语·子罕》）意思是：可以一同学习的人，未必可以与他一起走向常道；可以与其一起达到常道，未必可以一起树立常道；可以与其一起树立常道，未必可以与其通权达变。这说的是修养的不同境界，是一层一层递进的。避让指语言表达的意思是步步退让的。如子曰："生而知之者上也；学而知之者次也；困而学之，又其次也；困而不学，民斯为下矣。"（《论语·季氏》）意思是：生来就知道的人，是上等人；经过学习才知道的人，是次一等的人；在实践中遇到困难再去学习的人，是又次一等的人；遇到困难还不学习的人，就是下等人了。再如子曰："贤者辟世，其次辟地，其次辟色，其次辟言。"（《论语·宪问》）意思是：贤人会逃避动荡的社会而隐居，次一等者会逃到另外一个地方去，再次一等者则逃避别人难看的脸色，再次一等者会躲避别人难听的话。应该说，孔子"言教"中的层进与避让，体现了非常巧妙的语言艺术策略，给教学平添了无穷的趣味。

7. 设问与反问

设问是为了强调自己的看法或结论，先提出一个问题，然后紧跟着把自己的看法说出，自问自答。教学中教师正确运用设问，能引人注意，启发思考。如子曰："二三子以我为隐乎？吾无隐乎尔。吾无行而不与二三子者，是丘也。"（《论语·述而》）反问是无疑而问，明知故问，只问不答，把要表达的确定意思包含在问句里。这种疑问的形式表示的是肯定的意思，而且语气更强烈。例如，子曰："爱之，能勿劳乎？忠焉，能勿诲乎？"（《论语·宪问》）孔子以两句反问表达了对弟子们的那种热爱和责任相统一的教育家情怀。再如，子曰："学而时习之，不亦说乎？有朋自远方来，不亦乐乎？人不知，而不愠，不亦君子乎？"（《论语·学而》）这里以三句反问表达了人生修养的三种境界，显然比直接陈述语气更加肯定和强烈。

由上可见，《论语》中的"子曰"是妙语连珠的。教师的教学语言要巧妙，其中"巧"是指语言的技巧，"妙"是指表达的效果。教师说得巧，学生感觉妙。教师心中有学生，想到话是说给学生听的，就会自然地讲求必要的语言技巧，让学生能听得进去，产生深入人心的效果。此之谓教学艺术之"花"。

"子曰"教学艺术对于中国教育影响深远，后世教育家纷纷效仿，在很长的时间里面，它被认为是理所当然的教学形式。纵观整个人类教育史，"听听老师说什么""听听老师怎么说"一直都是学生学习的重要形式。对于身处教师权威逐渐式微时代的我们，它尤其具有深刻的启示意义。

第二节　孔门"问对"教学艺术

孔门问对教学所呈现出来的精彩，是《论语》获具持久魅力的主要原因之一。在孔门私学，众弟子是一群好学善问的学习者，他们向老师提出了许多经典问题，有时直截了当，有时曲意婉转，但是多与学习修养有关。而孔子则是一位妙答善导的教育者，他随时直面弟子提问的挑战，将答教艺术发挥得淋漓尽致，树立了"诲人不倦"的师表形象。老师和弟子在问对间生成了诸多教育故事，留给后人品赏，至今仍具有无尽的别致韵味。

问对是《论语》所载孔门教学的主要形式之一。与主要是孔子作为教师进行独白式教学的"子曰"不同，问对是孔子与弟子之间的对话式教学。"子曰"是教师掌控绝对的话语权，问对则赋予弟子话语权。"子曰"是孔子对弟子的单向教诲，问对则是老师和弟子之间的互动交流。教学方式的丰富性构成了孔门教学的重要特点，其中问对教学方式非常灵活生动，有些则达到艺术的境界。正如陈桂生教授所言，孔子授业以师-弟子问对为主要形式。《论语》所载的师-弟子问对，或多或少显示出师、弟子之间问与答问、对与无对、解或不解，颇有讲究。弟子采用的各种提问方式，弟子对解惑的种种不同反应，孔子对弟子的引导，堪称师-弟子问对艺术。[①] 有鉴于此，本节拟就孔门问对教学艺术进行探讨，以期对教师提高教学艺术水平有所启示。

---

① 陈桂生. 孔子授业研究 [M]. 北京：教育科学出版社，2012：66.

一、孔门弟子是一群好学善问的学习者

孔子的办学宗旨是"有教无类"，孔门弟子来源广、数量多、个性强，他们在学习中提出了许许多多、各种各样的问题向孔子请教。孔子是鼓励弟子"疑思问"（《论语·季氏》）、"学思并重"的，孔门弟子所提问题的数量和质量，直接反映了其学习的广度和思维的深度。《论语》中多反映的是学生主动提问，内容丰富、方式多样，说明孔门弟子总体而言称得上当时最善于学习的一个群体。如果就其所提问题来源进行考察，主要集中于以下几种类型。

1. 来源于学习目标的问题

孔门私学要培养的是注重道德修养的君子、能够实行仁政德治的管理者，弟子在学习中向孔子求教了许多与这些方面有关的问题。如弟子对于什么是"君子"就特别关心，问的问题也就格外多一些。《论语·为政》载："子贡问君子。子曰：'先行其言而后从之。'"《论语·颜渊》载："司马牛问君子。子曰：'君子不忧不惧。'曰：'不忧不惧，斯谓之君子已乎？'子曰：'内省不疚，夫何忧何惧？'"对于从政问题，弟子也给予较多关注。《论语》中明确记载了子张、子贡、子路、冉雍、冉有、颜回等弟子，曾就政事向孔子提出过问题。这类问题的提出，有助于弟子明确学习的根本目标，及时矫正所存在的偏差。

2. 来源于典籍学习的问题

典籍的学习是孔门教学的重要内容，其中《诗》《书》等均为孔门弟子重点学习的典籍，弟子在学习时就会结合这些典籍提出问题。这些问题不局限于对典籍上的字句理解，而是与现实问题紧紧相联系，体现出学以致用的鲜明特点。如："'巧笑倩兮，美目盼兮，素以为绚兮。'何谓也？"（《论语·八佾》）"'如切如磋，如琢如磨'，其斯之谓与？"（《论语·学而》）"'高宗谅阴，三年不言。'何谓也？"（《论语·宪问》）……这类问题的提出，有助于弟子们掌握典籍要义，增长学以致用的能力。

3. 来源于历史人物的问题

在孔门私学中，以贤人为榜样的学习和以典籍为对象的学习是同样重要的。孔子教学重视"见贤思齐"，弟子们常以人物品评为话题来向孔子提问。其中子贡是孔门弟子中最乐于品评人物、最擅长向别人学习的，他常常提出问题与孔子一起探讨。如《论语·公冶长》载，子贡问："孔文子何以谓之'文'也？"孔子答："敏而好学，不耻下问，是以谓之'文'也。"《论语·宪问》载，子贡问："管仲非仁者与？"《论语·述而》载，子贡问："伯夷、叔齐何人也？"这类问题的提出，有助于弟子认清贤人身上的品质，见贤思齐、择善而从。

4. 来源于道德修养的问题

孔门私学特别重视弟子们道德修养的提升，在知、情、意、行方面，孔门弟子都要下一番功夫。弟子常常提问：关于道德品质，如仁、知、勇、孝等应怎么认识？具体道德行为如何判断、选择？如："贫而无谄，富而无骄，何如？"（《论语·学而》）"闻斯行诸？"（《论语·先进》）"乡人皆好之，何如？""乡人皆恶之，何如？"（《论语·子路》）"有一言而可以终身行之者乎？"（《论语·卫灵公》）这类问题的提出，有助于弟子辨清道德品质的内涵，判断道德行为的是非，更好地提升道德修养水平和境界。

孔子鼓励弟子"疑思问"，有问题就直接提出来，这样便于老师及时给予答疑解惑，所以《论语》中孔门弟子的提问有许多都是非常直接、简明的。如《论语·阳货》载："子路曰：'君子尚勇乎？'子曰：'君子义以为上，君子有勇而无义为乱，小人有勇而无义为盗。'"从子路的经历和表现来看，他对于"勇"是非常崇尚的。但是，老师经常谈及"君子"之德，似乎没有特别强调"勇"的内容，他就有些疑惑，提出问题"君子尚勇乎"，可见子路之问是很有个人特点的。所以孔子便直接回答"君子义以为上"，突出了"义"的重要性，接着补充说"君子有勇而无义为乱，小人有勇而无义为盗"，这就从正反两方面揭示了勇、义和君子的密切关系。

当弟子深究学习中的某些事理时，往往会用连环追问的方式与老师深入讨论。如《论语·宪问》载："子路问君子。子曰：'修己以敬。'曰：'如斯而已乎？'曰：'修己以安人。'曰：'如斯而已乎？'曰：'修己以安百姓。修己以安百姓，尧舜其犹病诸？'"在与老师的对话中，子路连续两次以"如斯而已乎？"进行追问，使得讨论一步一步深入下去。

究竟什么才是好的提问呢？我们不妨看看《论语》中被孔子肯定、表扬过的弟子的提问是怎样的。《论语·八佾》载："林放问礼之本。子曰：'大哉问！礼，与其奢也，宁俭；丧，与其易也，宁戚。'"孔子重视对弟子进行礼乐教育，孔门弟子问礼是常事。据研究，"礼"在《论语》中被问及 74 次。[1] 但是孔子独许林放之问为"大哉问"，这是为什么呢？林放问礼的根本，说明他想探究礼的形式后面更有价值的东西，这是切中时弊的，具有一定的超越性，可说是问到了"根本处"和"要害点"。正如朱熹所指出的："孔子以时方逐末，而放独有志于本，故大其问。"《论语·颜渊》载，樊迟问"崇德、修慝、辨惑"，孔子说"善哉问！"在孔门弟子中，樊迟曾因问稼问圃遭老师冷遇，但此次问"崇德、修慝、辨惑"却受到老师"善哉问"的肯定。这又是为什么呢？因为这才是孔子所想教的，也正是孔子认为樊迟应学的，同时问题也确实不易落实。也就是说，樊迟在学习取向上发生了孔子所期待的变化，所以孔子马上予以鼓励："问得好啊！"

但也有一些时候，是老师就某些问题提问学生，即以设问的方式导入问对教学。如《论语·阳货》载："子曰：'由也！女闻六言六蔽矣乎？'对曰：'未也。''居！吾语女。好仁不好学，其蔽也愚；好知不好学，其蔽也荡；好信不好学，其蔽也贼；好直不好学，其蔽也绞；好勇不好学，其蔽也乱；好刚不好学，其蔽也狂。'"这应该是孔子针对子路不好学的状态，想提醒他注意相应的后果。但是子路自己没有意识到，不能主动提

---

① 陈军.《论语》教育思想今绎［M］. 上海：上海教育出版社，2015：84.

出问题请教。孔子便主动提问子路，发现子路果然没有思考过这个问题。经由孔子这么一提示，这个问题也变成了子路的学习问题。这样，孔子告诉子路的道理，子路就能深刻理解了。而对于像子贡这样机敏多才的弟子，孔子只需轻轻点拨一下即可如投石入水，激起涟漪不断。如《论语·公冶长》载："子谓子贡曰：'女与回也孰愈？'对曰：'赐也何敢望回？回也闻一以知十，赐也闻一以知二。'子曰：'弗如也；吾与女弗如也。'"同样是面对孔子所提出的问题，与子路相比，子贡的回答则凸显其思维之敏捷、反应之机智和表达之得体。

二、孔子是一位妙答善导的教育者

众所周知，回答弟子的提问是老师的职责所在，但是要回答得好，却又是一件非常不容易的事，因为弟子的问题在某种意义上会构成对老师的知识、能力、品德、境界等全方位的挑战。孔子的应答因人而异、因势利导、循循善诱、机智深刻，堪称一位妙答善导的教育家。纵观孔子对其弟子问题的应对艺术，大致有如下类型。

1. 简问繁答

孔子教学时注重区分对象层次，所谓"中人以上，可以语上也；中人以下，不可以语上也"（《论语·雍也》）。孔门弟子中既有"中人"，也有"中人以上"者，孔子的得意弟子颜渊就属于后者。《论语·颜渊》载："颜渊问仁。子曰：'克己复礼为仁。一日克己复礼，天下归仁焉。为仁由己，而由人乎哉？'颜渊曰：'请问其目。'子曰：'非礼勿视，非礼勿听，非礼勿言，非礼勿动。'颜渊曰：'回虽不敏，请事斯语矣。'"这一师生问对很有意思，表面看是颜渊问得简、孔子答得繁，实际上是因为孔子了解颜渊向来机敏好学、虚心以待，对其问题做一般性简答不能满足其需要，就展开深入阐述。所以，他们之间的互动是"高手过招"，有思想深处的碰撞，充分体现了教学相长。

2. 直问曲答

《论语》所载孔门问对，有许多是直问直答，这是最通常的情况。而有些则属于直问曲答，别有一番趣味。如《论语·公冶长》载："子贡问曰：'赐也何如？'子曰：'女，器也。'曰：'何器也？'曰：'瑚琏也。'"意思是，子贡问"我是一个怎样的人"，孔子没有直白地做出评价，而是曲喻为"瑚琏也"。瑚琏乃宗庙中盛黍稷之器，既贵重又华美，如后世言廊庙之材，孔子以此作比，其意可见。但是，其具体的品质与才情怎么样，则需要子贡自己去体悟。因为子贡是"言语"科的高材生，所以师生之间的问对话中有话、意味深长。

3. 曲问曲答

《论语·子罕》有段记载很有趣："子贡曰：'有美玉于斯，韫椟而藏诸？求善贾而沽诸？'子曰：'沽之哉！沽之哉！我待贾者也。'"意思是，子贡问："这里有一块美玉，是把它放在柜子里藏起来呢？还是找一个识货的商人卖掉呢？"孔子说："卖掉啊！卖掉啊！我在等待识货的人哩。"在这里，子贡问得委婉，孔子答得巧妙。老师与弟子之间"心有灵犀"，想必说完会相视而笑。他们在对话时使用了隐喻，当时若有旁观者，估计会听得一头雾水。什么"美玉"啊？什么"待贾者"啊？难不成师生俩在谋划一起珠宝生意吗？其实说白了，子贡是以"美玉"喻孔子，暗示怎样实现价值；孔子则借"待贾者"表明自己的态度：是要"卖出去的"，只是尚未遇到赏识自己的人而已。

4. 问同答异

"问同"说明弟子们遇到了共同关心的焦点问题，"答异"说明孔子根据弟子各自的实际做出有针对性的回答。如《论语·先进》载："子路问：'闻斯行诸？'子曰：'有父兄在，如之何其闻斯行之？'冉有问：'闻斯行诸？'子曰：'闻斯行之。'公西华曰：'由也问闻斯行诸，子曰，"有父兄在"；求也问闻斯行诸，子曰，"闻斯行之"。赤也惑，敢问。'子曰：

'求也退，故进之；由也兼人，故退之。'"问同答异的现象让弟子公西华大惑不解，孔子做出的解释是他们各自的情况不同，所以必须因材施教。

问同答异现象在《论语》中比较常见，如弟子同是问仁、问孝、问政等，但孔子所给出的回答却是各不相同。具体情形如表 1-1 所示。

表 1-1　《论语》中问同答异现象举例

问题	弟子	孔子回答	出处
问仁	樊迟	爱人。	《论语·颜渊》
	冉雍	出门如见大宾，使民如承大祭。己所不欲，勿施于人。在邦无怨，在家无怨。	
	颜渊	克己复礼为仁。一日克己复礼，天下归仁焉。为仁由己，而由人乎哉？	
问孝	孟懿子	无违。	《论语·为政》
	孟武伯	父母唯其疾之忧。	
	子游	今之孝者，是谓能养。至于犬马，皆能有养；不敬，何以别乎？	
	子夏	色难。有事，弟子服其劳；有酒食，先生馔，曾是以为孝乎？	
问政	子路	先之劳之。	《论语·子路》
	冉雍	先有司，赦小过，举贤才。	
	子夏	无欲速，无见小利。欲速，则不达；见小利，则大事不成。	
	子张	居之无倦，行之以忠。	《论语·颜渊》

5. 不答为答

孔子面对弟子的问题，一般情况下都直接给予了明确的解答，但也有个别情形，孔子以不答为答，这就是孔子特殊的答教艺术。《论语·宪问》载："南宫适问于孔子曰：'羿善射，奡荡舟，俱不得其死然。禹稷躬稼而有天下。'夫子不答。南宫适出，子曰：'君子哉若人！尚德哉若人！'"在这里，貌似孔子对南宫适的问题没有做出回答，实则在孔子看来，南宫适所提问题实在很好，并且在鲜明对比中已有明确答案，实无回答的必要，这从后来孔子对南宫适的称赞"君子哉若人！尚德哉若人！"中即可看出。

6. 答犹不答

在孔门问对教学中，并非所有弟子提出的所有问题孔子都予以热情、耐心的回答。有时勉强作答，也能让弟子感到有些"冷"意，促使其反思自己是否问错了问题。如《论语·子路》载："樊迟请学稼。子曰：'吾不如老农。'请学为圃。曰：'吾不如老圃。'"从孔子的两次回答中可以推知其言外之意大概是：如果你问的问题不错，那你问错了人，因为"吾不如老农""吾不如老圃"；如果你确实想向我请教，那么你问的问题不当，我又怎么回答呢？樊迟当时应该是"懵了"。《论语》还记载："樊迟出。子曰：'小人哉，樊须也！上好礼，则民莫敢不敬；上好义，则民莫敢不服；上好信，则民莫敢不用情。夫如是，则四方之民襁负其子而至矣，焉用稼？'"结合后来的这段话，孔子前面对樊迟问稼问圃"答犹不答"，答案便一目了然了。

7. 反问作答

《论语·为政》载："子夏问孝。子曰：'色难。有事，弟子服其劳；有酒食，先生馔，曾是以为孝乎？'"意思是：孩子在父母面前经常有愉悦的容色，是件难事。有事情，年轻人效劳；有酒有菜，年长的人吃喝——说到这儿，孔子突然话锋一转，反问一句："难道这竟可被认为是孝吗？"孔子这样一个强有力的反问，确实能够收到比一般性作答更令人警醒的效果。这样的回答就不是仅仅为弟子提供一个问题的现成答案，而是引发弟子对问题进行深度反省，通过独立思考形成正确的认识。

8. 追问连答

前面谈到孔门弟子有时使用追问方式一探究竟，孔子每临此境，受到弟子问题的激发，往往生发出精辟的见解，对弟子产生深刻的影响。如《论语·子路》记载，孔子到卫国，冉有为他驾车。孔子发出了"庶矣哉"的感叹。冉有发问："既庶矣，又何加焉？"孔子答道："富之。"冉有再追问："既富矣，又何加焉？"孔子答道："教之。"在这段问对中，孔子通过发出感叹的方式，促发弟子冉有的思索与发问，在弟子冉有的一再追问下，孔子完整阐发了自己"庶—富—教"的教育理念，显示了高超的教学智慧。

9. 分层解答

对于弟子提出的复杂问题，孔子的答教往往不是"一倾而出"，而是有步骤地引导学生层层设问，然后不断地分层解答，直到"尽其声"为止。如《论语·尧曰》载弟子子张问孔子如何从政，子张先后四次提出问题："何如斯可以从政矣？""何谓五美？""何谓惠而不费？""何谓四恶？"孔子深思熟虑、循循善诱、先总后分、层次分明，最终使问题得到透彻的解答。此个案，堪称孔子问对教学艺术的经典范例。其问对教学的内容及层次见表1-2。

表1-2　子张与孔子问对案例分析

子张提问	孔子回答	层次
何如斯可以从政矣？	尊五美，屏四恶，斯可以从政矣。	第一层
何谓五美？	君子惠而不费，劳而不怨，欲而不贪，泰而不骄，威而不猛。	第二层
何谓惠而不费？	因民之所利而利之，斯不亦惠而不费乎？择可劳而劳之，又谁怨？欲仁而得仁，又焉贪？君子无众寡，无小大，无敢慢，斯不亦泰而不骄乎？君子正其衣冠，尊其瞻视，俨然人望而畏之，斯不亦威而不猛乎？	第三层
何谓四恶？	不教而杀谓之虐；不戒视成谓之暴；慢令致期谓之贼；犹之与人也，出纳之吝谓之有司。	第四层

10. 答后转问

弟子有问孔子就答，这是孔门问对教学的常态。但凡事总有例外，如《论语·阳货》载："子贡曰：'君子亦有恶乎？'子曰：'有恶：恶称人之恶者，恶居下流而讪上者，恶勇而无礼者，恶果敢而窒者。'曰：'赐也亦有恶乎？''恶徼以为知者，恶不孙以为勇者，恶讦以为直者。'"在这里，孔子回答完子贡的问题之后，突然"反客为主"，由被动转为主动，将问题"赐也亦有恶乎？"抛给子贡。子贡从孔子刚才的回答中受到启示，模仿其句式给出自己的回答。这样既考验了子贡的思维反应能力，又锻炼了他的语言表达能力。

第三节 孔门"侍坐"教学艺术

弟子侍坐是孔门一种有效、有趣的教学形式。《论语》中有三处关于侍坐教学的珍贵记录，值得我们从教学艺术的角度加以深入研究。其中"子路、曾晢、冉有、公西华侍坐"，堪称孔门侍坐教学的典范。若将三者作为整体来看，会有一些新的有价值的发现，如子路的独特形象、孔子对子路的教学艺术等。

《论语》中特别描述了一种孔门教学的情境——侍坐。杨伯峻先生在《论语译注》中指出，"《论语》有时用一'侍'字，有时用'侍侧'两字，有时用'侍坐'两字。若单用'侍'字，便是孔子坐着，弟子站着。若用'侍坐'，便是孔子和弟子都坐着。至于'侍侧'，则或坐或立，不加肯定"①。可见，无论弟子是站是坐，反正孔子都是坐着。本节统一使用"侍坐"这一术语。侍坐教学是孔子与弟子在侍坐情境中围绕某一主题进行的教学活动，属聊天式教学，有漫谈性质，后来的"座谈"可能源于此。"座谈"原意即是坐着谈，意思是比较随便地、不拘形式地讨论，特点是比较宽松、自由、舒适。《论语》中有三章记述了孔门侍坐教学的真实情形，对其中的教学艺术进行深入分析，或可对今天的教学有所启示。

一、"闵子侍侧"的教学艺术

侍坐反映的是孔门师生很重要的一种生活状态。这是老师和弟子都自

---

① 杨伯峻. 论语译注 [M]. 北京：中华书局，1980：53.

然放松的状态。《论语·先进》载："闵子侍侧，訚訚如也；子路，行行如也；冉有、子贡，侃侃如也。子乐。'若由也，不得其死然。'"

意思是：闵子骞侍立在孔子身边，显得恭敬正直的样子；子路显得刚强而勇武的样子；冉有、子贡显得温和而快乐的样子。孔子高兴起来。不过又说："像子路这样的人，恐怕不能善终吧！"

这一记述所体现出的孔子教学艺术主要有以下两方面。

1. 和谐融洽的教学氛围

这段记载乃妙笔传神之作，因为当时各位侍坐弟子处于自然放松的状态，所以每个人的本性和特点便都充分地显露出来。"訚訚如也""行行如也""侃侃如也"，寥寥几笔，就将每个弟子的神态描绘得活灵活现。这既是孔子善于营造和谐融洽教学氛围的结果，也正是"子乐"的深层原因。而孔子一"乐"，则教学氛围愈加轻松愉快。关于"乐"，郑康成注："乐各尽其性。"刘宝楠《论语正义》说："凡人赋性刚柔不齐，惟各尽其性，斯有所成立，可同归于善也。"这符合孔子一贯的"有教无类""因材施教"的思想。弟子们各有其独特的精气神，孔子作为老师自然喜形于色。一个老师只有乐见弟子，弟子才可能乐见老师。这就是教育的必要基础，也是教师教学艺术魅力的根本源泉。

2. 冷峻豁达的教学幽默

"若由也，不得其死然。"孔子评论弟子子路的这句话，竟说到了死，是不是说重了呢？是不是特别讨厌子路呀？是不是一种恶意诅咒啊？其实这话说得确实有点重，但还真不是因为讨厌子路，更算不上触犯忌讳的咒语，而应看作一种冷峻豁达的幽默。孔子看到弟子可爱的样子感到高兴，便没有那么谨言慎行了，对子路这个特殊的学生就随口开了一个玩笑。这在孔门教学中也不是孤例。《论语·先进》还载有："子畏于匡，颜渊后。子曰：'吾以女为死矣。'曰：'子在，回何敢死？'"孔子在虚惊一场后，跟另一个得意弟子颜渊开了一句玩笑："我以为你是死了呢。"同样是语涉生死，还是颜渊深切体会了老师的心情，反应比子路敏捷，话接得也机灵，说："您还活着，我怎么敢死呢?"与死相关的幽默，大概只能在关系特别好的人中收获会心一笑吧。正像现如今两个相知相斗了一辈子的老朋友见面，常常笑着说："你个老家伙，还没死呀?""等着你呢。不然我早去了那边，找谁斗嘴呢!"

二、"颜渊季路侍"的教学艺术

孔门侍坐教学的话题是丰富的，其中最重要的是"各言尔志"。对于理想和志向，孔子向来重视并经常和弟子一起探讨。《论语》中对孔门志向教育多有记述，如《论语·公冶长》载："颜渊季路侍。子曰：'盍各言尔志?'子路曰：'愿车马衣轻裘与朋友共敝之而无憾。'颜渊曰：'愿无伐善，无施劳。'子路曰：'愿闻子之志。'子曰：'老者安之，朋友信之，少者怀之。'"

这一记述所体现出的孔子教学艺术主要有以下三方面。

1. 触碰学生兴趣点的教学引导艺术

孔子非常善于引出教学话题。他的一句"盍各言尔志"，一下子就准确击中弟子子路和颜渊的"兴趣点"。对于这个话题，他们平时有思考，心中有话说，而现在老师恰好给了机会，所以都能以简洁的语言坦率地说出自己"志"之所在。子路自述其志是"愿车马衣轻裘与朋友共敝之而无憾"，非常符合他一贯的为人处事风格；颜渊自述其志是"愿无伐善，无施劳"，一派谦卑自律的君子风度。随后，在子路的反问下，孔子也表明了自己的"志"在于"老者安之，朋友信之，少者怀之"。如果深入分析，就会发现他们三人虽然都在谈理想，但子路谈的是与友分享的"生活理想"，颜渊谈的是独善其身的"道德理想"，孔子谈的是兼济天下的"社会理想"。三人的理想明显不在一个层级。这场侍坐言志会之所以成功，在于孔子作为主持人的高明的教学引导艺术。

2. 具有深层默契的教学倾听艺术

孔子很善于倾听弟子的表达。对于子路的"生活理想"，他只是倾听，没有发表意见；对于颜渊的"道德理想"，他还是倾听，也没有做任何评论。而当子路提出"愿闻子之志"的请求，看到子路和颜渊也愿意倾听老师的理想时，孔子就毫无保留地表达了自己的"社会理想"。在整个过程中，师弟子三人心有灵犀，非常默契。虽然孔子没有特别进行"教育"，但"教育"已经发生了。因为倾听本身就是对弟子的尊重，就是一种无声的教育。也就是说，孔子所表述的远大美好的"社会理想"，对于其弟子子路和颜渊来说，无异于一次重要的示范和引领。

3. 简练且富含哲理的教学语言艺术

孔子只说了一段话："老者安之，朋友信之，少者怀之。"这段话三句连排，言简义丰。意思是：我的志向在于，老年人能享受安乐，朋友能信任交往，年轻人能得到关怀。这段话说得简练而富含哲理，体现了孔子教学语言的风格和特点。这三句话看似平易，实则高远，真要做到则尤其艰难，所以孔子把它当作一生追求的理想目标。同时，这三句话不仅富含哲理，而且朗朗上口，很容易被记住和传诵。孔子的教学语言艺术魅力由此可见一斑。

三、"子路、曾皙、冉有、公西华侍坐"的教学艺术

这段记述在《论语》中篇幅最长，字数达 315 字之多。这次侍坐也历来被视为孔门侍坐教学的典范，达到了教学艺术的高妙境界。具体情形如下：

子路、曾皙、冉有、公西华侍坐。

子曰："以吾一日长乎尔，毋吾以也。居则曰：'不吾知也！'如或知尔，则何以哉？"

子路率尔而对曰："千乘之国，摄乎大国之间，加之以师旅，因之以饥馑；由也为之，比及三年，可使有勇，且知方也。"

夫子哂之。

"求！尔何如？"

对曰："方六七十，如五六十，求也为之，比及三年，可使足民。如

其礼乐，以俟君子。"

"赤！尔何如？"

对曰："非曰能之，愿学焉。宗庙之事，如会同，端章甫，愿为小相焉。"

"点！尔何如？"

鼓瑟希，铿尔，舍瑟而作，对曰："异乎三子者之撰。"

子曰："何伤乎？亦各言其志也。"

曰："莫春者，春服既成，冠者五六人，童子六七人，浴乎沂，风乎舞雩，咏而归。"

夫子喟然叹曰："吾与点也！"

三子者出，曾皙后。曾皙曰："夫三子者之言何如？"

子曰："亦各言其志也已矣。"

曰："夫子何哂由也？"

曰："为国以礼，其言不让，是故哂之。"

"唯求则非邦也与？"

"安见方六七十如五六十而非邦也者？"

"唯赤则非邦也与？"

"宗庙会同，非诸侯而何？赤也为之小，孰能为之大？"（《论语·先进》）

整个侍坐教学的主题非常鲜明：言志教育。其流程遵循"问志—述志—评志"的顺序展开，其中"问志"环节由孔子主导，提出"言志"的话题；"述志"环节采用师–弟子互动方式，以弟子逐次发言为主；"评志"环节由曾皙质疑、孔子解疑释惑结束。这次侍坐教学内容丰富、形式灵活，精彩迭现，耐人寻味。

孔子的教学艺术主要体现在以下四个方面。

1. 巧妙化解弟子顾虑的教学开场艺术

孔子的开场白是这样的："我年龄比你们大一点，不要因为我年长而不敢说。你们平时常说别人不了解自己，如果有人了解你们，你们又怎么做呢？"从这段话可以看出，孔子对学生的思想实际和心理活动是非常了解的。他有针对性地从两个方面去打消弟子们的顾虑。首先是年龄障碍。当时在场的几位弟子中，子路比孔子小 9 岁，冉有比孔子小 29 岁，公西华比孔子小 42 岁。[①] 老师与弟子之间、弟子与弟子之间，年龄差异悬殊，很可能会影响大家畅所欲言。孔子直白说破年龄不是问题，让学生不要有任何压力。这既是说给比孔子小不太多的子路和曾皙听的，更是说给比孔子和师兄们小很多的冉有和公西华听的。其次是心理障碍。可能和现实中跟着孔子一起屡屡碰壁有关，弟子们平常总说别人不了解自己，多少有些灰心丧气。孔子就巧妙地做了个"假设"：如果有人了解你们，你们怎么做呢？很显然，孔子的开场白巧妙地达到了自己的预期效果。弟子们消除了所有的顾虑，教学气氛马上就变得轻松了。

2. 循循善诱的教学过程调控艺术

在孔子的开场白的激发诱导下，弟子们依次发言，表明自己的志向。年龄较大、性格直爽的子路率先发言，突出了自己的军事才能，孔子觉得他说的口气有点大、调门有点高，就"笑了笑"。这一笑虽很轻微，但弟子们还是有所察觉，接下来就没人敢主动发言了，孔子便开始转变教学策

---

① 李启谦. 孔门弟子研究 [M]. 济南：齐鲁书社，1987：242.

略，主动点名发问："冉有，你怎么样？"这样冉有就谈了自己的志向，突出了自己的经济才能，但比子路要谦和许多。此时孔子点名冉有发言是有考虑的，因为在孔子看来，冉有性"退"，不像子路性"进"，让冉有发言可降低言志会的"调门"。孔子再问："公西华，你怎么样？"公西华就谈了自己的志向，突出了自己的外交才能，又比冉有更为谦和一些。孔子又问："曾皙，你怎么样？"曾皙表示自己的志向与刚才三位同门有所不同，孔子便鼓励他大胆表达出来："那有什么妨碍呢？正是要每个人说出自己的志向啊！"曾皙这才打消顾虑，虽没有直接表达，但描述了一幅令人神往的景象。至此，侍坐言志会结束。整个言志会没有被子路的鲁莽带入歧途，而是经由冉有的一次调整、公西华的再次调整，终于等来了曾皙的"礼乐之治"盛景，这实在与孔子在子路发言后"笑了笑"有着微妙相关。此后孔子的一再点名发问，也使得言志会有了秩序和节奏，从而保障了其顺畅进行。

3. 长叹一声的教学藏白艺术

曾皙是孔子的早期弟子，孟子称之为孔门"狂者"（《孟子·尽心下》）。曾皙认同儒家学说，后又把儿子曾参送入孔门继续做弟子。他在这次侍坐言志会上的发言确实与子路、冉有、公西华不同，他是这样娓娓道来，描述自己的志向的："暮春三月，春天衣服都穿定了，我陪同五六个成年人、六七个小孩子，在沂水洗洗澡，在舞雩台上吹吹风，一路唱歌，一路走回来。"人家谈的都是如何治国理政，曾皙谈的则是"诗和远方"。调子一下子压低了，形成非常明显的落差，但境界一下子提高了，到了别人达不到的高度。这是一次转折，是一次升华，也是一次高潮。大家听了曾皙的发言，都沉浸其中，没有了言语。只听孔子长叹一声，说了句："我同意曾皙所说的！"这句话其实蕴藏着许多空白，值得弟子去丰富、去回味。孔子为什么长叹一声呢？他叹的是什么？是曾皙发言正合己意呢，还是引发了他对自己命运的感慨？他为什么同意曾皙所说的呢？他自己的志向又是怎样的？如此美好的理想真能实现吗？孔子长叹一声蕴含许多深意，非语言能够表达。"吾与点也"一句说出的远没有没说出的多，值得反复思索。

4. 曲径委婉的教学点评艺术

最后，弟子曾皙对言志会中老师的不同表现有疑而问，孔子借机深入具体地点评了每个弟子的表现。"三子者出，曾皙后"是有原因的：子路的发言被老师"哂之"，冉有、公西华的发言被老师"无言"，只有曾皙得到老师的肯定。曾皙故意后走，其实是想知道老师的真实想法。所以下面的情景有点像"答记者问"。曾皙问："刚才那三位同学的话怎样？"孔子道："也不过是各人说说自己的志向罢了。"再问："您为什么对子路微微一笑呢？"孔子点评道："治理国家应该讲求礼让，可是他的话却一点不谦虚，所以笑笑他。"也就是说，这个"微微一笑"的意思是"有点过啦"。再问："难道冉有所讲的不是国家吗？"孔子点评道："怎样见得横纵各六七十里或者五六十里的土地就不够是一个国家呢？"言外之意是："当然是国家啦。"再问："公西华所讲的不是国家吗？"孔子点评道："有宗庙，有国际间的盟会，不是国家是什么？如果他只做一个小司仪，又有谁来做大司仪呢？"言外之意是："当然是国家啦！他说的'小相'其实是谦虚啦！"可以看出，孔子的点评准确恰当且措辞委婉，掩藏不住对于弟子的肯定与欣赏。

四、三次侍坐中的子路形象及孔子的教学艺术

对于《论语》中记载的孔子侍坐教学，分别研究的较多。其实若是将三者作为整体来看，则会有一些新的既有趣又有价值的发现。

1. 子路的形象

三次侍坐教学共涉及7位孔门弟子，分别是闵子骞、子路、冉有、子贡、颜渊、曾皙、公西华等。其中，三次侍坐教学都在场的弟子，只有子路一人。这是很有趣的现象，说明子路是侍坐教学的积极参与者。在三次侍坐中，子路都有哪些表现呢？

第一次侍坐：子路"行行如也"，即表现出刚强勇武的样子。在孔门众弟子中，子路是一个个性鲜明、神貌独特的人。孔子曾评价他"由也果"（《论语·雍也》）、"由也喭"（《论语·先进》）、"由也好勇过我"（《论语·公冶长》），说明孔子对子路的个性特点有着深刻的了解。

第二次侍坐：子路第一个发言，表达了自己的志向——"愿车马衣轻裘与朋友共敝之而无憾"，非常率真直接、坦诚无隐，并向孔子提出一个问题："愿闻子之志。"而同时侍坐的颜渊只谈了自己的志向，没有向孔子提问。

第三次侍坐：子路第一个发言，表达了自己的志向——"千乘之国，摄乎大国之间，加之以师旅，因之以饥馑；由也为之，比及三年，可使有勇，且知方也"，表现了自己的政事能力和军事才干，而且态度积极进取、充满自信。子路作为孔门"政事"科的高材生，是当之无愧的。

子路在三次侍坐中的表现，虽然看起来每次都有所不同，但还是具有内在一致性的，那就是个人刚强勇武有余，而礼乐修养不足。这与他好强而粗鲁的个性有关，在第二次和第三次侍坐时，他都是抢先第一个发言，特别是第三次竟"率尔而对"，即轻率匆忙、不假思索地回答老师的提问。子路个人形象生动而鲜明，在孔门私学中无人可以替代。

2. 孔子对子路的教学艺术

孔子在三次侍坐教学中对子路的教育，体现了"因材施教""循循善诱"的基本精神，其良苦用心可见一斑。

第一次侍坐教学：孔子敏锐地觉察到子路的气质与闵子骞、冉有、子贡的不同，联想到长期相处时所积累的相关认识，情不自禁地表达了一种关心和担忧："若由也，不得其死然。"这本是孔子对子路的善意警醒，有些冷幽默的成分，却不料一语成谶，后来子路竟真的在卫国战乱中死于非命。可见，孔子作为卓越的教育家，对于弟子的发展趋向具有洞幽烛微的预测力。

第二次侍坐教学：孔子对于子路的"生活理想"没有提出异议，算是宽容地默许了，毕竟这样也不是人人可以做到的；对于子路的提问，孔子不觉得是一种冒犯，而是认真地做了回答，表明了自己的"社会理想"。孔子这样做，客观上让子路感觉到自己的"志向"与颜渊相比有差距，与老师相比更是天壤之别，从而促使子路加强修养、提升水平。实际上，结合更多的史实来看，孔子对于子路的积极求教是满意的，而对于颜渊的默声不语则表达了不满，如"回也非助我者也，于吾言无所不说"（《论语·先进》）。

第三次侍坐教学：孔子对子路轻率匆忙的发言不太满意，因为虽然他的主张中有其刚强勇武的长处，但是缺少了孔门所注重的礼乐治国的谦让。所以，"夫子哂之"。其实，子路之志从第二次侍坐时的"生活理想"，到第三次的"治国理想"，还是有所进步的。其眼界放宽了，层次也提高了。所以，孔子的"哂之"其实并没有对子路之志完全否定的意思，更多的还是无声地"批评"子路其言不让的态度。孔子的这微微一笑传达了很丰富的信息，无论是当事人子路，还是其他弟子，都会看在眼里、记到心上。

第四节　孔门"游历"教学艺术

孔子带领弟子到处游历，并就所遇到的人、事、物等进行随机教学，非常亲切自然、巧妙有效，堪称艺术。游历教学的内容主要有：人在路途的远虑、陷入困境的坚守、问津遇隐的怃然、随师从游的问对、闻歌而笑的教导、怡情山水的修养等。孔门游历教学极大地拓展了教学的时空，对弟子们产生了深远的教学影响，开创了中国古代游学的优良传统，至今仍具有丰富的研究价值。

在孔门私学中，弟子们有机会跟随老师外出游历，有时在当地，有时在异地，有时到国外，所遇既有顺境，也有逆境，老师和弟子同甘苦、共进退。在这个过程中，孔子会借所遇到的人、事、物等对弟子进行教育，这种游历教学构成了孔门教学艺术中非常独特的形式。《论语》对此多有记载，给我们提供了珍贵的研究资料，今天进行深入探讨仍有诸多现实意义。

一、人在路途的远虑

《论语·子路》载："子适卫，冉有仆。子曰：'庶矣哉！'冉有曰：'既庶矣，又何加焉？'曰：'富之。'曰：'既富矣，又何加焉？'曰：'教之。'"

这是怎样的画面啊：路途颠簸，车轮滚滚，风尘仆仆。老师与弟子间的对话都是极短的，这与当时驾车赶路的情景甚是符合。

"子适卫，冉有仆。"孔子带领弟子周游列国，第一站就是卫国。卫国是鲁国的邻国，但却有着和鲁国不同的风情。当时限于条件，孔子虽然有车，但没有专门的车夫。好在弟子们多才多艺，可以担当此任。看来"求也艺"的说法是有事实依据的。当时孔子约 55 岁①，冉有约 26 岁。冉有是有从政志向、有才华的弟子。孔子与冉有是惺惺相惜的：一是都在小时候吃过苦，二是都多才多艺。孔子虽然刚刚经历从政的挫败，但并非因其思想的错误，所以和年轻弟子冉有谈起治国理政来，仍然意气风发、自信稳健。

"子曰：'庶矣哉！'"在孔子生活的春秋时代，人口的多少直接反映着国力的盛衰。当他看到沿途人口众多时，忍不住感慨道："好稠密的人口啊！"

冉有曰："既庶矣，又何加焉？"曰："富之。"冉有反应敏捷，紧紧抓住孔子所感慨的"庶"字，进行追问："人口已经众多了，又该怎么办呢？"这真是一个好问题，表明了冉有的政事素养。孔子回答："富之。"一个"富"字，可谓目标明确。而"富之"就不是一种宣言，而需要付出艰辛的努力。由"庶"而"富"，则是一种基本的治国之策。为什么要"富之"？后来孟子给出了深刻的解释——"有恒产者有恒心"。冉有回到鲁国，其从政的重点是财经工作，这可能是孔子"富之"思想影响的结果。

冉有再问"已经富裕了，又该怎么办"，这表明冉有从政的雄心不小。孔子回答："教之。"一个"教"字，将治国理政的境界一下子提高了。至此，"庶—富—教"的治国逻辑就完整地表述出来，让我们看到了孔子作为政治家的胸怀和眼光。这在当时是非常先进的思想，孔子周游列国就是想向各国统治者推销这种思想。可见，孔子教学的魅力不仅在于他知识渊博，更是由于他思想深邃，让其弟子们深深服膺并紧紧追随。

教学一定要在课堂中吗？其实社会才是真正的大课堂。孔子周游列国实质上是一次教学空间的大拓展。老师与弟子一旦脱离开那种狭窄的时空

---

① 王健文. 流浪的君子：孔子的最后二十年 [M]. 北京：生活·读书·新知三联书店，2008：31.

局限，各自的角色也发生了微妙的变化，教师成了游客，弟子成了车夫。形式上好像离教育远了，实质上是靠教育更近了。这就是教育的辩证法。

二、陷入困境的坚守

孔子带领弟子周游列国，不久即陷入困境。

《论语·子罕》载："子畏于匡，曰：'文王既没，文不在兹乎？天之将丧斯文也，后死者不得与于斯文也；天之未丧斯文也，匡人其如予何？'"

孔子及弟子在离开卫国到陈国去的途中，经过匡地，不想竟被囚禁。据《史记·孔子世家》记载，匡人曾经受过鲁国阳虎的掠夺和残杀，而孔子的相貌很像阳虎，匡人便以为孔子就是过去残害过匡地的人，于是囚禁了孔子。可以想象，孔子一行当时是多么危险。

弟子们跟随孔子遇到了前所未有的考验，而且是生死的考验。面临如此考验，孔子是非常镇静的。他对弟子们说："周文王死了以后，一切文化遗产不都在我这里吗？天若是要消灭这种文化，那我也不会掌握这些文化了；天若是不要消灭这一文化，那匡人将把我怎么样呢？"孔子的这段话对于从游的弟子来说，意义非同寻常。原先在鲁国，孔子及其弟子是受人尊重的。突然间，无端受人囚禁，弟子们在精神上是非常委屈、备受打击的。但是，孔子没有丝毫的慌乱，反倒是异常冷静、坚定，表现出自己对于文化传承的强烈的历史使命感。孔子一生多难，正是顽强的信念支撑他一路走下来，这自然也深刻影响了跟随他的弟子。

《论语·先进》还有记载："子畏于匡，颜渊后。子曰：'吾以女为死矣。'曰：'子在，回何敢死？'"在匡人围困事件中，贫病瘦弱的弟子颜渊与大家走散了，孔子特别担心其安危。后来颜渊追上来与大家会合，孔子惊喜交加，对颜渊说："我以为你已经死了呢。"颜渊是最懂孔子的弟子，也非常机敏，就对老师说："老师您还在，我怎么敢死呢？"孔子对弟子的关切洋溢于貌似埋怨实则怜惜的话语中，而弟子对于老师的信奉与追随也在随口而出但深蕴敬爱的应答中表露无遗了！

《论语·卫灵公》载："在陈绝粮，从者病，莫能兴。子路愠见曰：'君子亦有穷乎?'子曰：'君子固穷，小人穷斯滥矣。'"如果说前面的"畏于匡"还只是一场惊吓的话，而"在陈绝粮"则是危及生命的一场更大的考验。没有粮食可吃，跟随的人也饿病了，严重到爬不起来。关键是人心动摇，就连平素以刚强勇武著称的弟子子路都不高兴了，见到孔子就问："君子也有穷困到毫无办法的时候吗?"孔子说："君子虽然穷困，但还是坚持着；小人一旦穷困便会无所不为了。"孔子这话既是回答子路的，也是说给在场弟子的。深层意思是如果一遇困难就放弃，那我们还算是君子吗?!这是言教，也是身教，孔子在最艰难的环境中依然坚守着君子的节操。逆境对于人是不幸的，但对于教育则是一笔财富!

心随境转，可能是一种人生的常态。而借境育心，则是一种教育的艺术。不经历一些困境，怎么证明你有坚定的信念?不走到生命的边缘，又怎能体会到究竟什么才更加珍贵?

三、问津遇隐的怃然

《论语·微子》载："长沮、桀溺耦而耕，孔子过之，使子路问津焉。长沮曰：'夫执舆者为谁?'子路曰：'为孔丘。'曰：'是鲁孔丘与?'曰：'是也。'曰：'是知津矣。'问于桀溺。桀溺曰：'子为谁?'曰：'为仲由。'曰：'是鲁孔丘之徒与?'对曰：'然。'曰：'滔滔者天下皆是也，而谁以易之?且而与其从辟人之士也，岂若从辟世之士哉?'耰而不辍。子路行以告。夫子怃然曰：'鸟兽不可与同群，吾非斯人之徒与而谁与?天下有道，丘不与易也。'"

孔子带领弟子周游列国，遇到许多奇人奇事。比如在楚国遇到狂人接舆（《论语·微子》）、荷蓧丈人（《论语·微子》）等。孔子对他们都很尊重，认为是隐士高人。这些人与孔子的政见不同，选择的道路也不一样。孔子走的是积极入世之路，而他们选择的是消极避世之道。

子路"问津"这一事件是颇具隐喻意味的。问津实质就是"问路"，既言"问津"，就表明已处迷路状态。长沮、桀溺既然"耦而耕"，说明他们就是当地人，应该知道"津"之所在。所以孔子在经过时，就派子路前去"问津"。长沮不是先告知渡口在哪儿，而是反问子路道："那个驾车的人是谁?"子路只好回答："是孔丘。"长沮再问："是鲁国的孔丘吗?"子路再答："是的。"已经确认了身份，长沮反而说："他应该知道渡口在哪里。"至此，子路是茫然的，他根本没有听出这个长沮的话外之音。

子路只好去问另一个人桀溺。桀溺也是不给他指出渡口在哪里，而是盘问他："你是谁?"子路说："我是仲由。"桀溺再问："你是鲁国孔丘的弟子吗?"子路再答："是的。"桀溺便借题发挥道："像洪水一样的坏东西到处都是，你们同谁去改革它呢? 你与其跟着孔丘那种逃避坏人的人，为什么不跟着我们这些逃避社会的人呢?"言外之意是：你不是问路吗? "路"有两条，你们走的那条路其实根本不比我们走的这条路高明。说完，仍旧不停地做自己的活。

子路"问津"非但没有问出结果，反倒更加一头雾水，就只好走回来如实报告给孔子。孔子当然懂得两位隐者的双关之语、话中之话，长沮的一句"知津矣"是对自己的辛辣讽刺，桀溺的一段话是暗示自己追求的路是错的。所以他怅然若失地感慨说："我们既然不可以同飞禽走兽合群共处，若不同人群打交道，又同什么去打交道呢? 如果天下太平，我就不会同你们一道来从事改革了。"这段话既是对两位隐者言行的评论，也是对自己所走道路的辩解，当然更是对弟子子路的一番教育。

在这里，孔子与长沮、桀溺尽管没有直接接触和对话，实际上是互相了解的。因为长沮、桀溺均知道"鲁孔丘"，说明他们也没有完全与社会脱离，而且他们也了解孔子的主张以及与他的根本分歧。孔子也能理解长沮、桀溺对社会的逃避，却不苟同他们所选择的道路。所以，这是一次两大阵营的"高手过招"。孔子"知其不可而为之"的积极入世的道路选择，对于弟子子路影响深刻，哪怕为此遭受多次冷嘲热讽，子路也终究不改其对于孔子真诚追随的态度。

四、随师从游的问对

《论语·颜渊》载:"樊迟从游于舞雩之下,曰:'敢问崇德,修慝,辨惑。'子曰:'善哉问!先事后得,非崇德与?攻其恶,无攻人之恶,非修慝与?一朝之忿,忘其身,以及其亲,非惑与?'"

孔门的游历既有国际游,也有本地游。文中的"樊迟从游于舞雩之下",说明老师与弟子其时正在当地同游呢。两人共处于一个特殊的场景,一个风景秀美、人天相通的地方。"雩",是祈雨的祭祀。"舞雩",是用跳舞的方式祈雨。此处指舞雩台或舞雩坛,即祭天求雨的地方,在今山东曲阜市南。皇侃在《论语义疏》中指出:"此舞雩之处近孔子家,故孔子往游其坛树之下。"这个地方孔子与其弟子都愿意前往,弟子曾皙就在描绘其美好理想时提到过:"莫春者,春服既成,冠者五六人,童子六七人,浴乎沂,风乎舞雩,咏而归。"可见,"风乎舞雩"被视为很惬意的事情。

樊迟曰:"敢问崇德,修慝,辨惑。"樊迟是一个好学的弟子,但其资质在孔门中算不上很高。他曾就许多问题请教过孔子,如曾"问知""问仁",但对孔子的回答不甚理解;也曾请教过"学稼""学圃",受到孔子的冷对。此次又借陪孔子游舞雩台之机,再向老师请教怎样提高品德、怎样改正自己的邪念、怎样可以明辨是非。与以往不同的是,他这次所提问的问题"崇德,修慝,辨惑"既没有"知""仁"那样抽象,又不像"稼""圃"那样偏离,都属于个人修养之"正"事,态度也非常谦恭。

子曰:"善哉问!先事后得,非崇德与?攻其恶,无攻人之恶,非修慝与?一朝之忿,忘其身,以及其亲,非惑与?"孔子游兴正好,又跟着年轻好学的弟子,听他问的问题,明显感受到了他的进步。孔子先是肯定了樊迟的提问"善哉问!",接着以三个反问构成排比句点拨樊迟:"先努力做事,然后才有所收获,不就提高品德了吗?常常反省自己,批判自己的缺点而不去批评别人的缺点,不就可以消除恶念了吗?由于一时的气愤,就忘记了自身的安危,以至于牵连自己的亲人,不就是迷惑吗?"孔子循循善诱地指明修养的正确方向,让弟子从中得到切实的帮助。

看来，如果把"游"看作一种人生状态，这种状态也是复杂多变的，既有入涉险境的，也有轻松悠游的，此次孔子游舞雩便属后者。相应地，弟子的"从游"也便多了一分从容。学习的机会是主动创造的，樊迟抓住时机开口一问，"游"便成了"教"，"从游"也就成了"学习"。教学的时机稍纵即逝，孔子对此异常敏锐，紧抓不放，这就是适时施教的艺术。孔子懂得鼓励学生，一句"善哉问"，对樊迟来说可能是终生难忘的。孔子还讲求语言的艺术，三句反问甚是有力量，再构成排比句式，具有很强的语言冲击效果。

五、闻歌而笑的教导

《论语·阳货》载："子之武城，闻弦歌之声。夫子莞尔而笑，曰：'割鸡焉用牛刀？'子游对曰：'昔者偃也闻诸夫子曰："君子学道则爱人，小人学道则易使也。"'子曰：'二三子！偃之言是也。前言戏之耳。'"

孔门对游历之地是有选择的，比如有弟子从政的地方。老师与其他弟子前往游历，既是考察已仕弟子的政绩，让在学弟子有个现场见习的机会，又是借机对已仕弟子进行仕后教育，对在学弟子进行备仕教育。

子之武城，闻弦歌之声。武城是鲁国的一个地方，孔子弟子子游（言偃）时任"武城宰"。在孔门弟子中子游年轻且有才华，主张礼乐治国。孔子周游列国之后，自己的仕途已告终结，但孔门弟子在社会上声誉日隆，有许多弟子进入仕途。晚年的孔子带领在学弟子到武城，可能是想考察已仕弟子子游是否将礼乐教育用于治理政事以及实际效果如何。一行人一到武城，就听到弹琴鼓瑟、颂唱诗歌的声音，这说明此地在子游治下，已得礼乐教化。

夫子莞尔而笑，曰："割鸡焉用牛刀？"孔子听到"弦歌之声"，知道弟子子游所治之地虽小，但治理的路线非常大气。孔子历经周游列国的坎坷，回到鲁国后也挫折不断，难得有一次畅快之笑。这次武城之行，令孔子内心非常欣慰，脸上露出微笑，说："杀鸡哪里用得着宰牛的刀呢？"言外之意是"这小子还行啊，是不是搞得太大了呢？"

子游对曰："昔者偃也闻诸夫子曰：'君子学道则爱人，小人学道则易使也。'"子游确非等闲之辈，他从老师的语气中敏锐地感觉到一丝疑问，当即接上一句："从前我曾听老师您说过：'君子学礼习乐，就更懂得怎样爱人；小人学礼习乐，就会越发听使唤。'"子游不愧是孔门"文学"科第一名，话说得滴水不漏。他不是直接说"你说的不对"来反驳，也不是用"我有我的道理"来辩解，而是干脆引用孔子本人曾经说过的话，暗示老师说话前后矛盾。

子曰："二三子！偃之言是也。前言戏之耳。"孔子果然意识到自己刚才的话说得不够严谨，既对子游的做法肯定得不够，又可能造成在学弟子的误解，所以进行了澄清："同学们，子游的话是对的。我前面是和他开了个玩笑罢了。"这样就瞬间化解了子游委婉反驳所带来的紧张和尴尬，而归于融洽与快乐了。

六、怡情山水的修养

山水是大自然的一部分，亲近山水，可以颐养性情。孔子曾说："知者乐水，仁者乐山。"（《论语·雍也》）这是把自然山水和社会人格联系在一起了。

登山能悟道。孔子本人非常喜欢登山。《孟子·尽心上》载："孔子登东山而小鲁，登泰山而小天下。故观于海者难为水，游于圣人之门者难为言。"据学者李零考证，孔子登临的泰山，海拔 1500 多米；东山是蒙山，海拔约 1150 米。"登高才能望远。他老人家上的山，是山东最高的两座山。"[1] 同时，孔子与弟子登山也是他教育弟子的好时机。如《论语·乡党》载："色斯举矣，翔而后集。曰：'山梁雌雉，时哉时哉！'子路共之，三嗅而作。"这段文字描绘出一幅很美的画面：孔子与弟子子路走在山间，不远处有几只野鸡停留在那里。那几只野鸡看到人来，便很机警地飞起来，它们盘旋飞翔一阵，便在远处飞落到了一起。孔子看到这一情

---

① 李零. 去圣乃得真孔子：《论语》纵横谈 [M]. 北京：生活·读书·新知三联书店，2008：236.

景，感慨地说道："山梁上的这些雌雉，得其时啊！得其时啊！"意思是这些野鸡能够远害避险，能够看到自己所处的形势。这时，子路悟出孔子所要表达的意思，也非常感慨，遂不无俏皮地向它们拱拱手表达敬意。几只野鸡见状，便振振翅膀飞走了。①

观水可修德。《论语·子罕》载："子在川上，曰：'逝者如斯夫！不舍昼夜。'"意思是孔子在河边，感叹道："消逝的时光像河水一样啊！日夜不停地流去。"孔子认为不仅可借流水对学生进行时间教育，而且可借观水对弟子进行品德教育。如《荀子·宥坐》就载有孔子观水教育弟子的事迹：孔子观于东流之水。子贡问于孔子曰："君子之所以见大水必观焉者是何？"孔子曰："夫水，大遍与诸生而无为也，似德。其流也埤下，裾拘必循其理，似义。其洸洸乎不淈尽，似道。若有决行之，其应佚若声响，其赴百仞之谷不惧，似勇。主量必平，似法。盈不求概，似正。淖约微达，似察。以出以入，以就鲜絜，似善化。其万折也必东，似志。是故君子见大水必观焉。"也就是说，在孔子看来，大水包含了君子应该拥有的品质，用孔子的原话概括就是：似德、似义、似道、似勇、似法、似正、似察、似善化、似志。正是因为观水可思德，所以"君子见大水必观焉"。

山水本自然，但在孔门老师和弟子眼里，则有教育的价值。山高水长，赏心悦目，孔门游历教学艺术更平添了无穷的审美趣味。

---

① 杨朝明. 论语诠解 ［M］. 济南：山东友谊出版社，2013：187.

第五节　孔门"正身"教学艺术

孔子在教育教学中注重"正身以俟""以身立教",取得了教育教学的成功。他所主张的"身教观"是深刻的,其身教艺术是高明的,主要表现在好学敏求、改过迁善、以友辅仁、立志乐道、克己内省、礼乐之道等方面。孔子的身教艺术对其弟子和后世教育家均产生了深远的影响,使身教成为我国教育史上具有顽强生命力的优良传统之一。

教育者通过正身来教人,即是身教。汉代刘向《列女传·鲁之母师》中载:"夫人诸姬皆师之,君子谓母师能以身教。"后以"身教"谓用自身的行为教育别人。宋代李吕《师正堂》中有诗句:"物我虽殊理本同,算来身教易为功。"陈世宜《孟硕入狱不获探视诗以慰之》中也说:"文字立教寻常耳,君独身教追如来。"其实,若从教育思想的源头考察,就会发现春秋时期的孔子早就在其私学中自觉地运用了"身教",并且达到了很高的水平,堪称教学艺术。这正是孔门教学成功的关键,对于孔门弟子的成长与发展产生了重要的影响,至今仍值得研究和借鉴。

一、孔子的身教观

从根本上说,人的道德修养是践行的,不是认识的。也就是说,君子的修养应该落实到实际行动上,而不是停留在口头上。孔门私学对弟子进行的主要是道德教育,目的是提升弟子们的道德修养。孔子也特别注重做一个道德修养的实践者,而不是只说不做的伪君子。孔子自己这样做,也引导学生这样做。

首先，身正才能正人。常言道"正人先正己"，要求别人做到的，自己要先做到。这既是对从政者的要求，也是对教育者的要求。子曰："其身正，不令而行；其身不正，虽令不从。"（《论语·子路》）意即为政者本身行为正当，即使不发命令，事情也行得通；其本身行为不正当，纵然三令五申，百姓也不会信从。子曰："苟正其身矣，于从政乎何有？不能正其身，如正人何？"（《论语·子路》）意即假若端正了自己，治国理政有什么困难呢？要是连自身都不能端正，又怎么让别人端正呢？"君子之德风，小人之德草。草上之风，必偃。"（《论语·颜渊》）意即君子的作风好比风，小人的作风好比草。风向哪边吹，草向哪边倒。在孔子看来，"政者，正也。子帅以正，孰敢不正？"（《论语·颜渊》）而教育教学的道理与从政的道理是一样的，正身是正人的前提条件。以身作则，就是最重要的教育法则。

其次，行动胜于语言。《论语·阳货》载："子曰：'予欲无言。'子贡曰：'子如不言，则小子何述焉？'子曰：'天何言哉？四时行焉，百物生焉，天何言哉？'"意思是，孔子说："我想不说话了。"子贡道："您假若不说话，那我们传述什么呢？"孔子道："天说了什么呢？四季照常运行，百物照常生长，天说了什么呢？"有人认为孔子所谓"无言"是一种消极的思想，其实这是对孔子的误解。孔子是以自然为例，阐述"行胜于言"的道理。实际上，做得好比口头上说得好还要重要。所谓"己所不欲，勿施于人"，自己不想做的，就不要强加于人。常言道："身教胜于言教。"在教育教学中，和言教相比，身教更有说服力。所谓"喊破嗓子不如做出样子"，实乃一言道出教育的真谛。身教之所以更形象、直观，更容易诱发学生模仿学习，是因为教育者直接提供了如何做的示范。所谓"伐柯伐柯，其则不远"，就是这个道理。《学记》说："善歌者使人继其声，善教者使人继其志。"而使人继其志的最好方法，就是身教。教育者身上的优秀品质直接投射到弟子们的身上，变成他们的优秀品质。虽然身教可以脱离言教而独立进行，但更多的时候还是结合言教进行的。在道德教育中，可以只有身教，但只有言教是危险的。言教与身教最好有机结合起来，以达至理想的效果。

二、《论语》所载孔子身教艺术实践

教育者需要时刻牢记：自己主张的观点，自身要勇于付诸实践；能够言行一致，才是真君子；要求学生的，自己须先做到；能够由己达人，方为真教育。孔子在其弟子面前树立了道德学问的师表形象，这是孔门教育教学成功的关键所在。

1. 好学敏求

孔子本人是好学敏求的，他很早就觉知自己虽有贵族血统，但不如通过学习成为人才更重要，所以才会"吾十有五而志于学"（《论语·为政》），而且乐在其中。至于究竟怎样才算"好学"？孔子给出了明确的答案："君子食无求饱，居无求安，敏于事而慎于言，就有道而正焉，可谓好学也已。"（《论语·学而》）他很自豪地宣称"十室之邑，必有忠信如丘者焉，不如丘之好学也"（《论语·公冶长》），还说"我非生而知之者，好古，敏以求之者也"（《论语·述而》）。好学体现为好问。孔子本人就奉行"疑思问"，做到"敏而好学，不耻下问"（《论语·公冶长》）。孔子入太庙，每事问。"或曰：'孰谓鄹人之子知礼乎？入太庙，每事问。'子闻之，曰：'是礼也。'"（《论语·八佾》）孔子的好学精神给世人留下了深刻的印象。

受孔子的影响，孔门弟子普遍好学。其中最为突出的代表是颜渊，孔子为此称赞他："贤哉，回也！一箪食，一瓢饮，在陋巷，人不堪其忧，回也不改其乐。贤哉，回也！"（《论语·雍也》）有一次，鲁哀公问："弟子孰为好学？"孔子回答说："有颜回者好学，不迁怒，不贰过。不幸短命死矣，今也则亡，未闻好学者也。"（《论语·雍也》）颜渊的好学也得到同门的肯定。如曾参就曾说："以能问于不能，以多问于寡；有若无，实若虚；犯而不校——昔者吾友尝从事于斯矣。"（《论语·泰伯》）子贡对好学的颜渊也非常推崇。孔子对子贡说："女与回也孰愈？"对曰："赐

也何敢望回？回也闻一以知十，赐也闻一以知二。"孔子听后深表同意，甚至还说："吾与女弗如也。"（《论语·公冶长》）

2. 改过迁善

孔子非常重视改过迁善在个人修养中的作用。他认为："德之不修，学之不讲，闻义不能徙，不善不能改，是吾忧也。"（《论语·述而》）"人之过也，各于其党。观过，斯知仁矣。"（《论语·里仁》）一个人有了过错，应当及时纠正，"过，则勿惮改"（《论语·学而》），"过而不改，是谓过矣"（《论语·卫灵公》）。他还强调："法语之言，能无从乎？改之为贵。巽与之言，能无说乎？绎之为贵。说而不绎，从而不改，吾末如之何也已矣。"（《论语·子罕》）"君子之过也，如日月之食焉：过也，人皆见之；更也，人皆仰之。"（《论语·子张》）对于能及时改过的人，孔子是非常赞赏的。"蘧伯玉使人于孔子，孔子与之坐而问焉，曰：'夫子何为？'对曰：'夫子欲寡其过而未能也。'使者出。子曰：'使乎！使乎！'"（《论语·宪问》）他自己也曾表示："丘也幸，苟有过，人必知之。"（《论语·述而》）

像孔子一样注重改过迁善是弟子们修养生活中的常态，其中颜回的表现最为突出。《论语·雍也》载，颜渊"不迁怒，不贰过"。这是孔子对颜回的由衷称赞。无独有偶，类似的评价在《周易·系辞下》中也出现过，说他"有不善，未尝不知；知之，未尝复行也"。另一个著名弟子子路，也拥有"闻过则喜"的品质。《孟子·公孙丑上》载："子路，人告之以有过则喜。"由"人告之以有过"可知，子路交到了诤友，他们为了朋友的修德不怕得罪子路，敢于将发现的过错告知子路；由子路"闻过则喜"可知子路对待"诤友"的胸怀和态度，如此朋友间即可切磋琢磨而不会心存忌惮了。清代学者钱大昕对此评论道："过者，圣贤所不能无也。自以为无过，而过乃大矣。自以为有过，而过自寡矣。孔子曰：'五十以学《易》，可以无大过矣。'言大过而不言小过，是圣人犹未敢言小过之必无也。颜氏之子有不善，未尝不知，知之，未尝复行，故能不贰过，而入圣域。仲由喜闻过，令名无穷焉。圣贤之学，教人改过迁善而已矣。后之君子，高语性天而耻言改过，有过且不自知，与圣贤克己之功远矣。"（《十驾斋养新录·改过》）诚可谓肺腑之言。

3. 以友辅仁

孔子非常重视交友，对交友的重要性有着深刻的认识。他说："君子以文会友，以友辅仁。"（《论语·颜渊》）"晏平仲善与人交，久而敬之。"（《论语·公冶长》）"里仁为美。择不处仁，焉得知?"（《论语·里仁》）他认为朋友对个人道德修养有着直接的影响，所以择友不可不慎。他提出"无友不如己者"（《论语·学而》），"友其士之仁者"（《论语·卫灵公》），"三人行，必有我师焉：择其善者而从之，其不善者而改之"（《论语·述而》），主张朋友之间应互相"忠告而善道之"（《论语·颜渊》）、"朋友切切偲偲"（《论语·子路》），并进一步指出朋友有不同的类型："益者三友，损者三友。友直，友谅，友多闻，益矣。友便辟，友善柔，友便佞，损矣。"（《论语·季氏》）与此相应，人应该"乐多贤友"，这才是有益之乐。

孔门弟子都注重交友，应该是受到孔子的影响。《论语·子张》载："子夏之门人问交于子张。子张曰：'子夏云何?'对曰：'子夏曰："可者与之，其不可者拒之。"'子张曰：'异乎吾所闻：君子尊贤而容众，嘉善而矜不能。我之大贤与，于人何所不容? 我之不贤与，人将拒我，如之何其拒人也?'"可见，子夏主张交友应慎重而有所选择，子张则主张广泛地结交朋友。子夏的交友观也影响到其他同门。《论语·颜渊》载："司马牛忧曰：'人皆有兄弟，我独亡。'子夏曰：'商闻之矣：死生有命，富贵在天。君子敬而无失，与人恭而有礼。四海之内，皆兄弟也——君子何患乎无兄弟也?'"而子贡的交友范围要比子夏更广泛些。《孔子家语·六本》载，孔子说："吾死之后，则商也日益，赐也日损。"曾参对此大惑不解，就问："何谓也?"孔子解释说："商也好与贤己者处，赐也好说不若己者。不知其子视其父，不知其人视其友，不知其君视其所使，不知其地视其草木。故曰：与善人居，如入芝兰之室，久而不闻其香，即与之化矣。与不善人居，如入鲍鱼之肆，久而不闻其臭，亦与之化矣。丹之所藏者赤，漆之所藏者黑。是以君子必慎其所与处者焉。"可以说，以友辅仁在孔门弟子的修养中发挥了不可替代的作用。

4. 立志乐道

孔子重视"立志"在品德修养中的作用。在他看来，"三军可夺帅也，匹夫不可夺志也"（《论语·子罕》），"苟志于仁矣，无恶也"（《论语·里仁》）。孔子要求学生树立"远大""高尚"的志，用他自己的话说，就是要"志于道"，强调把道作为誓死追求的目标。他说："朝闻道，夕死可矣。"（《论语·里仁》）孔子的弟子曾参对此做了进一步解释和发挥，他说："士不可以不弘毅，任重而道远。仁以为己任，不亦重乎？死而后已，不亦远乎？"（《论语·泰伯》）孔子认为，一个人只有"志于道"，他在学习上和具体行动上才会"据于德，依于仁，游于艺"（《论语·述而》）。一个人只有"志于道"，他才会"谋道不谋食"（《论语·卫灵公》），才会不"耻恶衣恶食者"（《论语·里仁》），即不去贪图个人的物质享受。

孔子为帮助学生们立志乐道，常用"吾十有五而志于学"的亲身体会去教育他们，也经常采取各种方式去了解学生的志，要求学生"三年学，不至于谷"（《论语·泰伯》），坚定不移地去实现自己的志向，在克服困难和挫折的过程中更加坚定乐道的志向。他说："岁寒，然后知松柏之后凋也。"（《论语·子罕》）"不曰坚乎，磨而不磷；不曰白乎，涅而不缁。"（《论语·阳货》）"临大节而不可夺也。"（《论语·泰伯》）孔子要求弟子"志于道"，并且要达到"乐道"的境界，为实现自己的远大理想和坚守信念而献身，"志士仁人，无求生以害仁，有杀身以成仁"（《论语·卫灵公》）。在立志方面，孔子曾多次以身示范，影响众弟子。

孔门弟子多是有志向之人，虽然各自的志向并不完全相同。《论语》中就有多位弟子明确表达过自己的志向。（1）颜渊之志："愿无伐善，无施劳。"（2）子路之志："愿车马衣轻裘与朋友共敝之而无憾。""千乘之国，摄乎大国之间，加之以师旅，因之以饥馑；由也为之，比及三年，可使有勇，且知方也。"（3）冉有之志："方六七十，如五六十，求也为之，比及三年，可使足民。如其礼乐，以俟君子。"（4）公西华之志："非曰能之，愿学焉。宗庙之事，如会同，端章甫，愿为小相焉。"（5）曾皙之志："莫春者，春服既成，冠者五六人，童子六七人，浴乎沂，风乎舞雩，咏而归。"可见，孔门弟子多是有志之才。

5. 克己内省

孔子对自己的要求是非常严格的。因为在他看来，"君子求诸己，小人求诸人"，如果能够做到"躬自厚而薄责于人，则远怨矣"（《论语·卫灵公》）。所以，孔子就在道德修养上严以律己。如："子之所慎：齐，战，疾。"（《论语·述而》）"子罕言利与命与仁。"（《论语·子罕》）"子不语怪、力、乱、神。"（《论语·述而》）"子绝四——毋意，毋必，毋固，毋我。"（《论语·子罕》）

在这方面，孔子弟子曾参完全得到了孔子的真传。《论语·学而》载："曾子曰：'吾日三省吾身——为人谋而不忠乎？与朋友交而不信乎？传不习乎？'"就是说，曾参提升修养的主要方法就是反躬自问、自我督查。他为人谨慎小心、慎始慎终。曾参年老生病的时候，把其弟子召来反复叮嘱："启予足！启予手！《诗》云：'战战兢兢，如临深渊，如履薄冰。'而今而后，吾知免夫！小子！"（《论语·泰伯》）这既是对自己的严格要求，也是对其弟子的言传身教。曾参甚至提出修养要达到"慎独"的境界，即当别人不在（或不知）时，也不要做损人利己或伤天害理的事情，时时处处都要符合儒家的各种道德规范。《大学》载："曾子曰：'十目所视，十手所指，其严乎！富润屋，德润身，心广体胖。故君子必诚其意。"可见，曾参的"慎独"和"正心诚意"都是严以律己的修身功夫。后来，"慎独"成为儒家追求的一种道德修养的至高境界。

6. 礼乐之道

孔子非常重视礼乐的学习，《论语》对此多有记载。如孔子说"兴于《诗》，立于礼，成于乐"（《论语·泰伯》），将礼乐之道看作君子修养的必经之途和应达之境。子曰："人而不仁，如礼何？人而不仁，如乐何？"

（《论语·八佾》）在孔子看来，礼乐就是仁德的载体，实行礼乐，即是实行仁道。子曰："恭而无礼则劳，慎而无礼则葸，勇而无礼则乱，直而无礼则绞。君子笃于亲，则民兴于仁；故旧不遗，则民不偷。"（《论语·泰伯》）也就是说，礼是做人做事的基本标准，许多好品德都需要礼的支持与配合，一旦"无礼"就会产生相应的弊病。孔子不仅是礼学大师，同时拥有深厚的音乐修养。他曾努力学习音乐，"子与人歌而善，必使反之，而后和之"（《论语·述而》），甚至达到了痴迷的程度："子在齐闻《韶》，三月不知肉味，曰：'不图为乐之至于斯也。'"（《论语·述而》）

孔门弟子对于礼乐的学习也非常用心。《论语·季氏》载："陈亢问于伯鱼曰：'子亦有异闻乎？'对曰：'未也。尝独立，鲤趋而过庭。曰："学诗乎？"对曰："未也。""不学诗，无以言。"鲤退而学诗。他日，又独立，鲤趋而过庭。曰："学礼乎？"对曰："未也。""不学礼，无以立。"鲤退而学礼。闻斯二者。'陈亢退而喜曰：'问一得三，闻诗，闻礼，又闻君子之远其子也。'"从中可见，孔子对其儿子和弟子是一视同仁的，都是以礼乐之道相要求，这点深深感动了他的弟子。弟子们不仅从孔子那里学习礼乐之道，更在从政实践中践行礼乐之道，这是尤为可贵的，令孔子倍感欣慰。如《论语·阳货》载："子之武城，闻弦歌之声。夫子莞尔而笑，曰：'割鸡焉用牛刀？'子游对曰：'昔者偃也闻诸夫子曰："君子学道则爱人，小人学道则易使也。"'子曰：'二三子！偃之言是也。前言戏之耳。'"这是一生饱经沧桑的孔子为数不多的满意之"笑"。

三、孔子的身教思想对后世的影响

孔子的正身教学艺术取得了极大的成功，对后世产生了深远的影响，主要体现在以下两个方面。

一是直接影响了其弟子的身教实践。如曾参就深受孔子身教思想的影响，并反映到他对子女的教育上。《韩非子·外储说左上》载："曾子之妻之市，其子随之而泣。其母曰：'女还，顾反为女杀彘。'适市来，曾子欲捕彘杀之。妻止之曰：'特与婴儿戏耳。'曾子曰：'婴儿非与戏也。婴儿非有知也，待父母而学者也，听父母之教。今子欺之，是教子欺也。母欺子，子而不信其母，非以成教也。'遂烹彘也。"这个信守承诺、杀猪教子的故事，是我国家教史上流传甚广、影响深远的一段佳话。

二是影响了后世许多教育家的思想。如孟子就非常推崇孔子的身教艺术。他说："吾未闻枉己而正人者也"（《孟子·万章上》），"以力服人者，非心服也，力不赡也；以德服人者，中心悦而诚服也，如七十子之服孔子也"（《孟子·公孙丑上》）。南朝时范晔的《后汉书·第五伦传》中有"以身教者从，以言教者讼"的说法。宋代教育家朱熹指出，道德教化要求教化者首先对道德躬行践履，为民先导，为民表率。"如必自尽其孝，而后可以教民孝；自尽其弟，而后可以教民弟。"（《朱子语类》卷二十三）意思是，自己必须首先做到孝悌忠信，才有资格教人孝悌忠信。"有善于己，然后可以责人之善；无恶于己，然后可以正人之恶。"（《四书章句集注》）意思是，只有教化者自身有善行，才有资格要求他人立善行；只有自身无恶行，才有资格纠正他人不符合道德的行为。明末清初的教育家王夫之曾指出，教师必须率先垂范、为人师表，与弟子交往时"言必正言，行必正行，教必正教"（《四书训义》卷三十二）。历代教育家对孔子身教思想的传承和坚持，终于使身教发展为我国教育史上的优良传统之一。

第二章

孔子因材施教的艺术

第一节 颜回：和孔子相知最深的弟子

颜回是孔门众弟子中和孔子相知最深的弟子。孔子对颜回的教育体现了高超精湛的教育艺术：一是孔门问对——孔子对颜回的直接个别化教育；二是经典有趣的"三人行"——颜回在讨论中受教育；三是孔子以颜回作为教育其他弟子的榜样。

在春秋末年，教育家孔子和他的弟子们共同创造了中国教育史上的辉煌。世传孔子有弟子三千，贤者七十二人。在每个弟子受教育的过程中，都有许多精彩的故事，给人以深刻的启示。

一、颜回的生活史、形象及成就

	姓字	姓颜，名回，字子渊，亦称颜渊
	国别	鲁国
	出身	平民（贫寒）
	生卒	公元前 521 年—公元前 481 年（少孔子 30 岁）
	出仕	无
	封号	兖公、复圣

孔子的弟子颜回家住鲁国都城内"陋巷"，过着"箪食瓢饮"的清贫生活，刚到"自行束脩"的年纪就被父亲颜路（孔子早期弟子）送入孔门私学，始终追随孔子，周游列国时伴其左右，归鲁后亦未入仕，四十岁

即英年早逝。孔门弟子众多，那个一眼望去年少发白①、沉默寡言、神情淡定、聪慧乐观的即是颜回。

孔门私学共四科，各科均有优秀的弟子。《论语·先进》载："德行：颜渊，闵子骞，冉伯牛，仲弓。言语：宰我，子贡。政事：冉有，季路。文学：子游，子夏。"其中"德行"科排为第一，而颜回高居"德行"科之首，可见其在孔门的特殊地位。后世称他为"复圣"，其道德形象影响深远。

二、孔门问对：孔子对颜回的直接个别化教育

国学大师钱穆先生曾说，《论语》记载孔子师徒之间的对话，常常是"戏笑婉转，极文章之妙趣"，从而使"两千五百年前圣门师弟子之心胸音貌，如在人耳目前"。② 日本学者井上靖也说："如果把舞台置于春秋乱世这个大时代背景，再让孔子一行登台表演，那么孔子、子路、子贡、颜回以及其他弟子都会栩栩如生、活灵活现地以各自符合历史时代的风貌与姿势出现在观众面前。而在这历史中产生的孔子言论以及孔子与弟子的问答就必然具有活跃的生命力。"③ 孔子对颜回的直接个别化教育是以师生问对的形式展开的。

1. 问仁

《论语·颜渊》载："颜渊问仁。子曰：'克己复礼为仁。一日克己复礼，天下归仁焉。为仁由己，而由人乎哉？'颜渊曰：'请问其目。'子曰：'非礼勿视，非礼勿听，非礼勿言，非礼勿动。'颜渊曰：'回虽不敏，请事斯语矣。'"

这是一次关于道德修养的师生对话。"仁"是孔子思想的核心。据杨伯峻《论语词典》统计，在《论语》中，"仁"字共出现109次。但这一

---

① 《史记·仲尼弟子列传》载："回年二十九，发尽白，蚤死。"
② 钱穆. 论语新解 [M]. 北京：生活·读书·新知三联书店，2005：114.
③ 井上靖. 孔子 [M]. 郑民钦，译. 北京：人民日报出版社，1990：致中国读者2.

思想的内涵是异常复杂的，即便聪慧如颜回者，也是有疑问的。颜回作为孔子高足，一问便问到了孔子思想的核心。孔子的回答内涵丰富，先是概括回答说"克己复礼为仁"，明确仁和礼的关系，以礼述仁的方法有助于从礼入手去把握仁；紧接着又对其社会价值做了引申性诠释："一日克己复礼，天下归仁焉"；然后落实到仁的实践，启发颜回说"为仁由己，而由人乎哉?"，将仁与个人修养联系起来。孔子的答问真可谓层层深入、循循善诱！颜回自然深深领会老师的教诲，明白了"克己复礼"是仁之"纲"。但为了更好地实践仁，颜回又追问其"目"。孔子对"目"的阐述具体而全面："非礼勿视，非礼勿听，非礼勿言，非礼勿动。"即是说人的视、听、言、动均应符合礼的规范。孔子分四次重复使用"非……勿……"的表达方式，强调了礼的重要性，令听者留下深刻难忘的印象。果然，颜回不仅明了了这四项基本原则，并且当即表态"请事斯语"，即愿意去身体力行。在这次师生关于道德修养的对话中，孔子强调"为仁由己"，颜回表态"请事斯语"，表明仁的道德修养绝不是简单的知识授受、解决认识的问题，而是践履力行，涉及视、听、言、动全方位的修养。

颜回对孔子循循善诱的教育艺术称赞有加。《论语·子罕》载："颜渊喟然叹曰：'仰之弥高，钻之弥坚。瞻之在前，忽焉在后。夫子循循然善诱人，博我以文，约我以礼，欲罢不能。既竭吾才，如有所立卓尔。虽欲从之，末由也已。'"其大意是，颜回曾感叹地说："老师的道，越仰望它，越觉得它高明；越用力钻研，越觉得它深奥。看着它似乎在前面，等我们向前面寻找时，它又忽然出现在后面。老师的道虽然这样高深和不易捉摸，但是老师善于有步骤地诱导我们，用各种文献知识来丰富我们、提高我们，又用一定的礼来约束我们，使我们想停止学习都不可能。我已经用尽我的才力，似乎已能够独立工作。要想再向前迈一步，又不知怎样着手了。"其中，"循循善诱"是对孔子启发式教学艺术的生动而准确的概括，而"欲罢不能"则是对颜回等弟子在孔子诱导下产生的学习状态的形象描述。

2. 问为邦

《论语·卫灵公》载："颜渊问为邦。子曰：'行夏之时，乘殷之辂，服周之冕，乐则《韶》《舞》。放郑声，远佞人。郑声淫，佞人殆。'"

这是一次关于政治理想的师生对话。颜回虽然终生未仕，但对于"为邦之道"是非常关心的。对于颜回的问题，孔子这样回答："用夏代的历法，乘殷代的车子，戴周代的礼帽，音乐就用《韶》和《舞》。禁绝郑国的乐曲，疏远巧言谄媚的人。郑国的乐曲浮靡不正派，巧言谄媚的人太危险。"据研究，夏代的历法有利于农业生产，殷代的车子朴实适用，周代的礼帽华美，《韶》乐优美动听。① 孔子推崇这些是其谨遵礼制治理国家思想的具体表现，但他又不拘泥于古法，而是择优而为。以礼乐治国是孔子的政治理想，但对颜回谈得如此具体细致，足见其不是泛泛而论，而是从"实战"出发的。孔子对于"郑声"和"佞人"的认识，实属个人经验中特别深刻的，对自己的弟子特别加以提醒，是希望引起对方警惕，否则后果将非常严重。

至于颜回是怎样考虑"为邦"的，此处没有提到，好在另一处记载弥补了这个不足。据《孔子家语·致思》载，子路、子贡、颜回陪老师向北游览到农山，孔子让弟子各言其志。勇武的子路以攻伐杀敌为志，善辩的子贡以游说纾难为志，颜回则说："回闻薰莸不同器而藏，尧桀不共国而治，以其类异也。回愿得明王圣主辅相之，敷其五教，导之以礼乐，使民城郭不修，沟池不越，铸剑戟以为农器，放牛马于原薮，室家无离旷之思，千岁无战斗之患。则由无所施其勇，而赐无所用其辩矣。"意思是："我听说薰草与莸草不能藏在同一个容器当中，尧和桀不能共同治理一个国家，因为不是同类。我希望得到圣明君主来辅佐他们，向人民宣传五教（指父义、母慈、兄友、弟恭、子孝这五种德行），用礼乐来教导他们，使百姓不修筑城墙，不逾越护城河，将剑戟等武器改铸成农具，在平原湿地放牧牛马，妇女不因丈夫长期离家而忧虑，千年无战争之患，那么子路就没有机会施展他的勇武，子贡也没有机会运用他的口才了。"颜回的"为邦"思想得到了老师孔子"美哉！德也"的赞叹。

---

① 杨朝明. 论语诠解 [M]. 济南：山东友谊出版社，2013：277.

三、有趣的"三人行"——颜回在讨论中受教育

颜回与子路曾同时受教于孔子。颜回少孔子 30 岁，子路少孔子 9 岁，颜回与子路年龄相差 21 岁。颜回文质彬彬，子路则勇猛粗鲁。因为颜回与子路在个人性格与修养等方面对比鲜明，故孔子与颜回、子路在一起言志论道，构成了有趣的"三人行"。《论语》中有关记载有二。

1. 师生各言其志

《论语·公冶长》载："颜渊季路侍。子曰：'盍各言尔志？'子路曰：'愿车马衣轻裘与朋友共敝之而无憾。'颜渊曰：'愿无伐善，无施劳。'子路曰：'愿闻子之志。'子曰：'老者安之，朋友信之，少者怀之。'"这是说：有一次，颜回和子路侍立在孔子两侧，一场小型"讨论会"开始了。孔子开宗明义揭示主题为"言志"："你们何不谈谈自己的志向呢？"性情直爽的子路率先发言，说"我愿把车马、衣裘与朋友共同使用，即使用坏了也没有什么不满"。子路是个乐交朋友的人，又豪爽侠义，所以这么说。然后颜回发言，说"我愿意不炫耀自己的长处，不夸大自己的功劳"。颜回是个注重修养的人，又谦逊内敛，所以这么说。这时子路突然对老师的志向产生了浓厚兴趣，主动发问："我们也想听听老师您的志向。"孔子于是将自己的"志向"开诚布公地告诉两位弟子："我希望使老年人能享受安乐，朋友能信任交往，年轻人能得到关怀。"孔子胸怀人生大志，却用最平易的话语说了出来，其境界之高远开阔令人肃然起敬。在这次小型"讨论会"上，孔子先是作为主持人，营造平易轻松的气氛，使弟子们毫无拘束、畅所欲言。此后又转为发言人，积极参与讨论，让弟子明确感知老师的志向，从而受到教育，也使这场三个人的"讨论会"达到了高潮。

2. 评价扬抑有度

《论语·述而》载："子谓颜渊曰：'用之则行，舍之则藏，惟我与尔

有是夫！'子路曰：'子行三军，则谁与？'子曰：'暴虎冯河，死而无悔者，吾不与也。必也临事而惧，好谋而成者也。'"这是说：又有一次，三人在一起。孔子首先开口对着颜回说："有人任用就入世行道，没人任用就离开隐去，只有我和你能做到吧！"这既是借引为同道知己来表扬颜回，也是借表扬颜回进行"夫子自道"。子路当即发问："老师如果要行军打仗，会与谁一起干呢？"因为这是自己最擅长的，所以子路急转话题，期待孔子也能将自己引为同道，结果孔子的回答却出乎意料。孔子说："空手搏虎，徒身涉河，死了也不后悔的人，我是不会与他共事的。"语气非常犀利、坚决。说到这儿，或许孔子见子路面露失望之色，遂话锋一转，又说："如果要找的话，那一定是面临任务而谨慎小心，喜欢谋划而做决定的人吧。"在这里，孔子对颜回的表扬是以引为同道知己的方式进行的，对子路的批评是以指出缺点又明确方向的方式进行的，表现了孔子在深入了解弟子优缺点的基础上，有针对性地进行教育的高明艺术。其中有一个极容易被忽略却特别值得注意的细节，那就是在整个过程中颜回自始至终没有说一句话。因为前面老师将颜回引为同道的话意有双关，子路偏重于理解为老师表扬颜回，而颜回更侧重于理解为老师表明自己的观点，所以他与老师有更深的心灵相通感；后面老师批评自己的同学，自然不便从中插话，以免比自己年长许多的子路尴尬。这便是颜回的个性与为人。

四、孔子以颜回作为其他弟子的榜样

孔子曾多次称赞颜回，由这些话被记录下来并保留在《论语》中可知，孔子在当时是当着众弟子的面说的。究其原因有二：一是作为老师的孔子在和颜回的长期交往中发现其身上具有许多优秀品质；二是孔子意欲在众弟子中树立一个可以学习的榜样。孔子的这些话应该得到了弟子们的认可，因此才被作为重要言论记录并流传下来，我们也才能够据此了解颜回，并理解他为什么会得到老师那么多的称赞。从《论语》中可以看出，颜回是孔子门下最受赞誉的学生。

从孔子对颜回的称道中可见他所注重的好学生的优秀品质有哪些。一是好学。当哀公问孔子"弟子孰为好学"时，孔子回答："有颜回者好学，不迁怒，不贰过。不幸短命死矣，今也则亡，未闻好学者也。"（《论语·雍也》）孔子认为在颜回去世后再没有人如同颜回一般好学，反过来说，也就是好学的只有颜回一个人而已。孔子在众多的弟子中独爱颜回，好学是其中一个重要原因。《论语》中两次记录颜回好学，但没有一次是评价其他学生好学的。二是近仁。孔子既不以仁人自居，也不以仁人许人，却称赞颜回"不违仁"："回也，其心三月不违仁，其余则日月至焉而已矣。"（《论语·雍也》）三是勤奋。子曰："语之而不惰者，其回也与！"（《论语·子罕》）意思是：听我说话而能毫不懈怠的，只有颜回一个人吧！子曰："吾与回言终日，不违，如愚。退而省其私，亦足以发，回也不愚。"（《论语·为政》）四是上进。子谓颜渊："惜乎！吾见其进也，未见其止也。"（《论语·子罕》）五是乐道。子曰："贤哉，回也！一箪食，一瓢饮，在陋巷，人不堪其忧，回也不改其乐。贤哉，回也！"（《论语·雍也》）六是中庸。《中庸》载："子曰：'回之为人也，择乎中庸，得一善，则拳拳服膺而弗失之矣。'""中庸"，即用中，谓凡事皆能行中道，把握标准，做到恰到好处，无过与不及。颜回善思择中，就是说他选择了中庸之道。《论语·先进》载："子贡问：'师与商也孰贤？'子曰：'师也过，商也不及。'"可见，在孔子看来，过与不及均非中庸。

在孔门弟子中，颜回这个被孔子有意树立的学习榜样享有很高的威望。颜回不仅以其深厚的修养得到了同门应有的尊重，而且影响了同门中的许多人，使得孔门弟子团结得更加紧密，所以孔子说："自吾有回，门人益亲。"（《史记·仲尼弟子列传》）像《论语》《礼记》《孔子家语》等许多史料的记载，也印证了孔子所言委实不虚。

五、关于颜回的几个问题的讨论

1. 关于"回也非助我者也"的问题

对于颜回，孔子曾说："回也非助我者也，于吾言无所不说。"（《论语·先进》）这被认为是孔子对颜回这个得意弟子唯一不满的地方。因为孔子是主张教学相长的，但颜回的表现与此不符。当然，朱熹的解释——"颜子于圣人之言，默识心通，无所疑问。故夫子云然，其辞若有憾焉，其实乃深喜之"——也有一定的道理，因为《论语·为政》中还有另外可以参照的记载："子曰：'吾与回言终日，不违，如愚。退而省其私，亦足以发，回也不愚。'"也就是说，颜回是一个表面上看含蓄内敛，而实质上聪慧有主见的人。对于学习，善于体察涵泳，融会贯通。这样的学生，往往内心世界非常丰富，需要教师"走近"才能发现，完全"走进"则定会赏识！对于"颜回式"的学生，教师还是放低姿态，主动地去"走近"并"走进"他们吧！

2. 关于"回也不改其乐"的问题

颜回"乐"的是什么？他所过的物质生活是"一箪食，一瓢饮，在陋巷"（《论语·雍也》），连孔子都曾感慨："回也其庶乎，屡空。"（《论语·先进》）这是一般人所不能忍受的，所谓"人不堪其忧"，但是颜回却能"不改其乐"。那么，这个"乐"一定不是从贫穷生活本身得到的感官满足，而是由追求一种超越性的精神生活所带来的幸福体验。《四书集注》引程子曰："颜子之乐，非乐箪瓢陋巷也，……箪瓢陋巷非可乐，盖自有其乐尔。其字当玩味，自有深意。"这种"乐"对物质条件的要求极低，故而极贫穷之人也能追求，甚至因为少了物质的负担，反倒更能直抵这种"乐"的本质。孔子对此深有同感，他曾说："饭疏食饮水，曲肱而枕之，乐亦在其中矣。不义而富且贵，于我如浮云。"（《论语·述而》）所以他连声称赞颜回"贤哉，回也！"可见，安贫乐道该是一种怎样的精神力量啊！不是每个人都能有的，而一旦拥有，其他的一切都是

"浮云"，贫穷什么的也就没有那么可怕了。

3. 关于颜回与孔子精神契合的问题

颜回和孔子相处异常融洽，源于颜回对孔子思想的体认至深，其他弟子根本无法比肩。如《论衡·讲瑞》载，少正卯和孔子争夺弟子时，"孔子之门，三盈三虚，唯颜渊不去，颜渊独知孔子圣也"。《史记·孔子世家》载，陈蔡绝粮七日，山穷水尽，当孔子也怀疑起自己的政治主张时，颜回却安慰孔子："夫子之道至大，故天下莫能容。虽然，夫子推而行之，不容何病，不容然后见君子！"《论语·先进》载："子畏于匡，颜渊后。子曰：'吾以女为死矣。'曰：'子在，回何敢死？'"颜回的这些言行，对当时身处困境的孔子来说，是怎样的一种精神支持和安慰啊！由此可见，贫而乐道的颜回堪称孔门中和老师相知最深的弟子了。

第二节 子路：诗孔子亦师亦友的弟子

子路是孔门中待孔子亦师亦友的弟子。孔子对子路的教育体现了高超精湛的教育艺术：一是孔门问对——孔子对子路的个别化教育；二是子路对孔子言行的质疑与规谏——教学相长的典范。此外，子路作为孔门弟子中"由坏变好"的典型具有教育意义，子路形象的多面性与丰富性也给人带来亲切感。

子路是教育家孔子早期的重要弟子之一。他出身卑微，身上缺点不少，还曾陵暴孔子。进入孔门私学后，孔子在他身上倾注不少心血，因材施教、循循善诱，终于使之成长为擅长"政事"的杰出人才，成为"由坏变好"的教育典型。孔子对于子路的教育艺术，以及子路与孔子亦师亦友的师生关系，都是值得现代教师细细品味、深深思考的。

一、子路的生活史、形象及成就

	姓字	姓仲，名由，字子路，亦称季路
	国别	鲁国
	出身	卞之野人
	生卒	公元前 542 年—公元前 480 年（少孔子 9 岁）
	出仕	季氏宰、蒲大夫
	封号	卫侯、河内公、卫公

孔门私学分四科，子路列"政事"科第二，可见其在孔门的地位。对于子路，《论语》中有较多记载。据杨伯峻统计，出现了82次之多。其他古籍也有零星记载，李启谦、王式伦编的《孔子弟子资料汇编》做了相对完整的整理。子路与孔子关系密切，孔子周游列国时，子路不离其左右。《史记·仲尼弟子列传》载："子路喜从游。"《孔子家语·困誓》载："孔子之宋，匡人简子以甲士围之。子路怒，奋戟将与战。"在维护孔子形象方面，子路是最强有力的一个，孔子曾说："自吾得由也，恶言不入于门，是非御侮与?"（《尚书大传·殷传》）孔门弟子众多，其中那个身佩长剑、性格"伉直"、口无遮拦、"行行如也"的即是子路。

子路作为孔子的忠诚卫士，在孔门弟子中有很高的地位。子路还特别重视信用，《论语·颜渊》中特别称赞"子路无宿诺"，答应办的事情，立即去做，决不拖延。"子路有闻，未之能行，唯恐有闻。"（《论语·公冶长》）这说明他凡有所闻，便立即行动，生怕事情还没干完就听见别人问及此事。遵循这样认真慎重的原则，他也非常忠于职守。无论就职于鲁还是出仕于卫，他都尽忠尽职。面对叛臣贼子，他挺身入难，杀身成仁。孟子评论他闻过则喜的品德可与传说中的禹舜相比（《孟子·公孙丑上》）。他的见义勇为、杀身成仁、言而有信、闻过则喜的美德对后世产生了深远的影响，一向为人们所称道。

二、孔门问对——孔子对子路的个别化教学

1. 善喻导学

《孔子家语·子路初见》载："子路初见孔子，子曰：'汝何好乐?'对曰：'好长剑。'孔子曰：'吾非此之问也。徒谓以子之所能，而加之以学问，岂可及哉?'子路曰：'学岂益哉也?'孔子曰：'夫人君而无谏臣则失正，士而无教友则失听。御狂马不释策，操弓不反檠。木受绳则直，人受谏则圣。受学重问，孰不顺成? 毁仁恶士，必近于刑。君子不可不学。'子路曰：'南山有竹，不柔自直，斩而用之，达于犀革。以此言之，何学之有?'孔子曰：'栝而羽之，镞而砺之，其入之不亦深乎?'子路再

拜曰：'敬而受教。'"

《孔子家语》中的这段记载非常珍贵，它给我们再现了孔子与子路见面之初对其进行循循善诱教育的艺术。子路在成为孔子弟子之前是个什么样的人呢？《史记·仲尼弟子列传》载："子路性鄙，好勇力，志伉直，冠雄鸡，佩猳豚，陵暴孔子。孔子设礼稍诱子路，子路后儒服委质，因门人请为弟子。"裴骃《史记集解》说："冠以雄鸡，佩以猳豚。二物皆勇。"通过这段话，我们可以想象出子路的好勇之态，戴着雄鸡鸡冠似的帽子，以野猪獠牙为佩带饰物以示勇武，但"志伉直"一句，又使得子路与一般的逞勇好斗之徒有所区分，使他的好勇含有了某些伸张正义、为民请命、不欺幼弱的意蕴。子路遇见孔子后，孔子"设礼稍诱"子路，子路亦"儒服委质"。到底孔子是怎样教育诱导子路的呢？《史记》中的记载语焉未详，是一个缺憾，所幸《孔子家语》中的这段记载能够弥补一下。它记载子路初见孔子时，孔子便问："你有什么爱好？"子路据实回答："好长剑。"很显然，这与孔子一直倡导的"好学"有反差。孔子便站在对方角度上加以分析诱导："（如果）以你的才能，再通过学习增加你的学问，谁能赶得上你呢？"意即希望子路能够"好学"。子路反问道："学习也有好处吗？"虽然透着抵触情绪，但是话题已随着孔子的诱导不知不觉转移到"学"上了。孔子乘势列举了"君子不可不学"的若干理由，由远及近，博喻雄辩，极具说服力。不过这些大道理并不能使子路心服口服，他进而反击说："南山有竹子，不用揉制矫正自然就直，砍伐下来做成的箭，能够射穿犀牛皮。由此说来，还有什么学习的必要呢？"孔子见子路喜欢打比喻，便因势利导，顺着说下去："（你如果）在箭栝上安上羽毛，把箭头磨得极其锋利，那它射得不更深吗？"这一席话算是说到子路心里去了，因为射箭的比喻太精辟了，而他就是希望自己能够获得"入之更深"的进步。所以他拜了再拜，很虔诚地表态："一定接受您的教诲。"

2. 诚勉提告

《论语·阳货》载："子曰：'由也！女闻六言六蔽矣乎？'对曰：'未

也。''居！吾语女。好仁不好学，其蔽也愚；好知不好学，其蔽也荡；好信不好学，其蔽也贼；好直不好学，其蔽也绞；好勇不好学，其蔽也乱；好刚不好学，其蔽也狂。'"

孔子对于学生的不足之处往往能够直言相告，从而达到长善救失的目的。正如《学记》中所说："学者有四失，教者必知之。人之学也，或失则多，或失则寡，或失则易，或失则止。此四者，心之莫同也。知其心，然后能救其失也。教也者，长善而救其失者也。"对于弟子中不够"好学"的子路，孔子在深入观察其言行的基础上，有针对性地进行了"因材施教"。他主动地问子路："子路啊，你听说过喜欢六种美德之人，由于不喜欢学习，就被六种害处所遮蔽的道理吗？"这对于子路来说当然是闻所未闻的，所以他只好实事求是地回答说："没有听说过。"孔子便对子路说："坐下来！我告诉你。喜好仁德却不好学，它的害处在于会使你容易受骗。喜好智慧却不好学，它的害处在于会使你变得放荡。喜好诚实却不好学，它的害处在于会使你受到伤害。喜好直率却不好学，它的害处在于会使你说话尖刻。喜好勇敢却不好学，它的害处在于会使你容易叛逆。喜好刚强却不好学，它的害处在于使你受到伤害。"类似上面这样的"诫勉性谈话"，在孔子与子路之间多次发生。如《论语·为政》载："子曰：'由！诲女知之乎！知之为知之，不知为不知，是知也。'"子路尽管在言行上表现出许多缺点，但是他一直秉承实事求是的精神，这和孔子的教导是分不开的。

3. 改过迁善

《孔子家语·三恕》载："子路盛服见于孔子。子曰：'由，是倨倨者何也？夫江始出于岷山，其源可以滥觞，及其至于江津，不舫舟，不避风，则不可以涉，非唯下流水多耶？今尔衣服既盛，颜色充盈，天下且孰肯以非告汝乎？'子路趋而出，改服而入，盖自若也。子曰：'由，志之！吾告汝：奋于言者华，奋于行者伐，夫色智而有能者，小人也。故君子知之曰智，言之要也；不能曰不能，行之至也。言要则智，行至则仁，既仁且智，恶不足哉？'"

上面文字是说，子路穿着华丽的衣服拜见孔子，神色中难掩傲慢。孔子一眼就看出来了，便问他："子路啊，你这样神气傲慢，为什么呢？……现在你衣着华丽，神色傲慢，那么天下有谁肯把你的错误告诉你呢？"子路被老师"一语惊醒"，快步走出去，换了衣服又进来，表情显得非常自然。孔子说："子路啊，要记住！我告诉你：言语矜夸的人往往华而不实，行为骄傲的人往往自我夸耀，外表看起来十分聪明、很有能力的人往往是小人。因此，君子知道的就说知道，这是言谈的要领；不能做的就说不能做，这是行为的最高准则。言谈合于要领，就是明智，行为合于最高准则，就是仁爱。既仁爱又明智，还有什么不足之处呢？"在这一教育事件中，孔子对子路有两次教育，第一次主要是针对子路的为人态度进行提醒，第二次主要是教育子路言行要相符。在整个过程中，子路没有说一句话，我们从"趋而出，改服而入，盖自若也"几句话中可以看出，孔子是怎样准确言中子路的缺点，而子路也是一个勇于承担、知错即改的学生。这正是子路的可爱之处。

4. 正名为先

《论语·子路》载："子路曰：'卫君待子而为政，子将奚先？'子曰：'必也正名乎！'子路曰：'有是哉，子之迂也！奚其正？'子曰：'野哉，由也！君子于其所不知，盖阙如也。名不正，则言不顺；言不顺，则事不成；事不成，则礼乐不兴；礼乐不兴，则刑罚不中；刑罚不中，则民无所错手足。故君子名之必可言也，言之必可行也。君子于其言，无所苟而已矣。'"

作为孔门弟子中"政事"科的高材生，子路向老师请教政事是很自然的。子路问得富有技巧，说明子路也有粗中有细的时候。他做了个假设："假如卫国国君要您去治理国家，您先做什么呢？"孔子对此问题是有深思熟虑的，故能脱口而出且语气肯定："那一定是正名分了！"子路一听，很是不以为然，便质疑老师的说法："有这样做的吗？老师您太迂腐了。名分怎么正呢？"孔子针对子路所表现出的态度和认识方面的问题，进行了纠正和引导。孔子先是纠正子路的态度，说："野哉，由也！"此处"野"

字不能解释为鄙俗，应依孔安国注——"犹不达也"①，即不明事理，所以下句便是："君子对于自己所不明白的事情，总是采取存疑的态度。"然后再从正面阐述了正名分所具有的重要意义："名分不正，说起来就不顺当合理。说话不顺当合理，事情就办不成。事情办不成，礼乐也就不能兴盛。礼乐不能兴盛，刑法的执行就不会得当。刑罚不得当，百姓就不知怎么办好。"由小到大，由近及远，鞭辟入里，推理严密。最后孔子进行了总结，表明自己的观点，对子路进行态度教育："所以，君子定下名分，才能够说话顺当合理，说出来才行得通。君子对于自己的言行，是从不马马虎虎对待的。"值得注意的是，在这次对话中子路称孔子"迂"，孔子反称子路"野"，师生间的关系确实非同一般。

5. 临行赠言

《孔子家语·子路初见》载："子路将行，辞于孔子。子曰：'赠汝以车乎？赠汝以言乎？'子路曰：'请以言。'孔子曰：'不强不达，不劳无功，不忠无亲，不信无复，不恭失礼。慎此五者而已。'子路曰：'由请终身奉之。敢问亲交取亲若何？言寡可行若何？长为善士而无犯若何？'孔子曰：'汝所问苞在五者中矣。亲交取亲，其忠也；言寡可行，其信乎；长为善士而无犯，其礼也。'"

子路准备出行，去向孔子辞行。孔子说："我是赠给你车子呢，还是赠给你几句话呢？"子路当然知道老师的话对自己是最有助益的，便说："请您赠给我几句话吧。"孔子便送给他"五不"作为临别赠言："不坚强就不能自立，不劳动就不能获得成功，不忠诚就不能得到别人的亲近，不讲信用就不能得到信任，不恭敬就会失礼。"懂得这些为人处世的道理即可走遍天下，这实在比车子要重要得多。车是行路之"术"，而"五不"才是踏上人生旅途之"道"，所以孔子嘱咐子路"出门行事谨慎，做到这五点就行了"。子路非常诚恳地说："我将终生尊奉您的教诲。"意犹未尽，他就又向孔子请教了几个问题："请问结交新朋友选取亲近的如何？

---

① 李炳南. 论语讲要 [M]. 苏州：弘化社，2014：520.

说得少，但说出的话都是可实行的如何？长久地做好人而不违反礼仪如何？"孔子非常耐心地解答了子路的问题，他说："你所问的这些，包含在我刚刚提到的那五点之中了。"孔子还怕子路不能理解，更加具体地分析："结交新朋友选取亲近的，这就是忠诚；说得少但说出的话都可实行，这就是讲信用；长久地做好人而不违反礼仪，这就是遵礼。"

三、子路对孔子言行的质疑与规谏——教学相长的典范

在孔门弟子中，子路是孔子的早期弟子，只比孔子小9岁，又在周游列国时与孔子患难与共，孔子对他的人生曾产生过重要影响。子路非常注意维护老师的形象，个性比较率真，语言比较直接。所以他屡屡与孔子发生一些冲突，并被记载了下来，成为他们师生之间特殊关系的真实记录。孔子与子路所建立的师生关系，完全不同于孔子和颜渊的关系。

1. 巧口辩学

《论语·先进》载："子路使子羔为费宰。子曰：'贼夫人之子。'子路曰：'有民人焉，有社稷焉，何必读书，然后为学？'子曰：'是故恶夫佞者。'"

先学习礼乐后从政，这是孔子一贯的主张。他说："先进于礼乐，野人也；后进于礼乐，君子也。如用之，则吾从先进。"（《论语·先进》）这在当时的孔门似乎已成共识。如《韩诗外传》载："哀公问于子夏曰：'必学然后可以安国保民乎？'子夏曰：'不学而能安国保民者，未之有也。'"子路让同学高柴担任费邑的地方官，显然与孔子的主张不符。孔子鉴于高柴尚在学习阶段，便表达了他的担心："这是误人子弟啊。"子路对孔子的说法不服气，就为自己的荐才之举做辩解说："有老百姓，有国家可以施政，为什么一定要读书才算是学习呢？"言外之意是可以边干边学，或者说干就是学，含有对读书作为学的方式的轻视。面对子路的辩解，孔子没有像往常那样耐心地解释，只是无奈地说："所以我最讨厌那些强词夺理的人。"

2. 以言谏行

《论语·阳货》有两处记录子路对孔子"欲往"应召从政的直言劝谏。一次是:"公山弗扰以费畔,召,子欲往。子路不说,曰:'末之也已,何必公山氏之之也?'子曰:'夫召我者,而岂徒哉?如有用我者,吾其为东周乎!'"第二次是:"佛肸召,子欲往。子路曰:'昔者由也闻诸夫子曰:"亲于其身为不善者,君子不入也。"佛肸以中牟畔,子之往也,如之何?'子曰:'然,有是言也。不曰坚乎,磨而不磷;不曰白乎,涅而不缁。吾岂匏瓜也哉?焉能系而不食?'"

孔子怀有强烈的社会理想但没有机会施展,所以一旦有机会便"欲往"。弟子子路作为旁观者看得更清楚一些,便于关键时刻挺身而出,以言谏行。在第一次事件中,子路见老师"欲往"叛乱的公山弗扰那儿应召,直接面露不悦之色,语气也很是不满,质问孔子说:"没有地方可去,就哪儿也不要去了,为什么非要去叛乱的公山氏那里呢?"孔子辩解说:"那个召我去的人,难道是白白地召我去吗?如果有人任用我,我将使周文王、武王之道在那里复兴。"在第二次事件中,子路又见老师"欲往"叛乱的佛肸那儿应召,就拿孔子过去给他讲的话来说明老师自相矛盾了。孔子又做了辩解:"是的,我是说过这样的话。但不是说那些极其坚硬的东西,不论怎么磨也磨不薄吗?不是说那些洁白的东西,不论怎么用黑色的染料染色也不会变黑?我难道是一个匏瓜吗?只能系在藤上而不能食用吗?"很显然,子路的两次谏行都是成功的,因为孔子两次都是始于"欲往"而终于"不往"。不过,孔子的两次辩解也让子路更加了解老师的想法,所以没有出现师生的对立或决裂。

3. 无语抵制

《论语·雍也》载:"子见南子,子路不说。夫子矢之曰:'予所否者,天厌之!天厌之!'"

南子是卫灵公夫人,当时实际上左右着卫国政权,据说有淫乱行为。孔子在卫,正值卫灵公嫡孙辄与其父蒯聩争权。世子蒯聩因耻南子淫乱而欲杀之，得罪灵公。卫人则立嫡孙辄。此时，卫君辄只有 16 岁，实权掌握在南子手中。孔子见南子，子路认为孔子欲事南子不助卫君辄，故不悦。① 而实际上孔子见南子，乃"不得已"之举。《史记·孔子世家》载："孔子使从者为宁武子臣于卫，然后得去。去即过蒲。月余，反乎卫，主蘧伯玉家。灵公夫人有南子者，使人谓孔子曰：'四方之君子不辱欲与寡君为兄弟者，必见寡小君。寡小君愿见。'孔子辞谢，不得已而见之。"但是不管怎么说，此次见南子对于孔子的形象无疑是一种破坏。或许子路事先不知情，如事情尚在"欲往"阶段，以子路的性格，他一定会将丑话说在前面的。可事情已经发生了，子路非常不高兴，但是没有说一句话，或许是觉得说什么都已经晚了。孔子面对"无语"的子路，应该感受到了前所未有的窘迫，也没有像以往一样做些自我辩解，情急之下只得发誓说："我如果做了错事，老天会惩罚我！老天会惩罚我！"② 试想孔子如果在"欲往"阶段听听子路的意见，或许就没有"子见南子"这件事了，可见子路这样的弟子对孔子是有所助益的。

四、与子路相关的两个问题的讨论

1. 子路作为孔门弟子中"由坏变好"的典型的教育意义

在汉代教育家王充看来，子路是经过教育"由坏变好"的典型。《论衡·率性》载："世称子路无恒之庸人，未入孔门时，戴鸡佩豚，勇猛无礼，闻诵读之声，摇鸡奋豚，扬唇吻之音，聒圣贤之耳，恶至甚矣。孔子引而教之渐渍磨砺，阖导牖进，猛气消损，骄节屈折，卒能政事，序在四科。斯盖变性使恶为善之明效也。"在这个过程中，孔子"引而教之"殊为重要，发挥了不可替代的作用。子路有许多缺点，孔子对他进行了较多的批评教育。也正是这些批评教育，在他身上发生了正向的效能，促使他改过迁善，成为"政事"科的杰出人才。子路的成才具有重要的教育意

① 杨朝明. 论语诠解［M］. 济南：山东友谊出版社，2013：106.
② 李泽厚. 论语今读［M］. 合肥：安徽文艺出版社，1998：165.

义：一是为教育者深刻认识教育的作用提供了成功的样本，有助于建立教育者的信心；二是为学生树立了学习的榜样，有助于更多的人奋起努力，改过迁善，成为社会有用之才。

2. 子路形象的多面性与丰富性让人更有亲切感

人们读《论语》时会感性地得出结论：子路性格粗鲁，擅长政事，受孔子批评最多，不大招人喜欢。其实，子路是一个形象多面，内涵比较丰富，非常具有人情味的孔门弟子。比如，他的孝行非常突出，《说苑·建本》载："昔者由事二亲之时，常食藜藿之实，而为亲负米百里之外。"孔子对此也大为赞赏，说："由也事亲，可谓生事尽力，死事尽思者也。"（《孔子家语·致思》）子路与姐姐感情深厚，史载其姐姐死后，子路为之服丧，过期不除。颜师古曾称赞道："子路厚于骨肉，虽违礼制，是其仁爱。"（《汉书》卷九十七）子路对待朋友非常仗义，"愿车马衣轻裘与朋友共敝之而无憾"。他经常出手帮助同学，推荐他们出仕，"子路使子羔为费宰"（《论语·先进》）。子路对待老师非常尊重而且倾力维护，孔子就曾说："自吾得由，恶言不闻于耳。"（《史记·仲尼弟子列传》）子路对待职守尽忠尽责，当其主人被劫持时，临危不惧，冒死救援，直至以死殉职。当代著名学者杨绛在《〈论语〉趣》一文中写道："'四书'我最喜欢《论语》，因为最有趣。读《论语》，读的是一句一句话，看见的却是一个一个人，书里的一个个弟子，都是活生生的，一人一个样儿，各不相同。孔子最爱重颜渊，却偏宠子路。钱锺书曾问过我：'你觉得吗？孔子最喜欢子路。'我也有同感。子路很聪明，很有才能，在孔子的许多弟子里，他最真率，对孔子最忠诚，经常跟在夫子身边。"我也相信，会有更多的人因为深入了解子路而喜欢上子路。

第三节 子贡：孔门中最善问乐评的弟子

子贡是孔门中最善问乐评的弟子。孔子对子贡的教育体现了高超精湛的教育艺术：一是孔门问对——善问和妙答的完美结合；二是劝诫与引导——孔子对子贡进行评价教育的艺术。

子贡是教育家孔子的重要弟子之一。他擅长辞令与外交，能够从政与经商，具有多方面的才华。子贡在孔门学习时，与老师问对巧妙深入，评论人物纵横开阖。孔子对子贡的教育富有针对性，既"长其善"又"救其失"，对其成长产生了极其重要的影响。探讨孔子对子贡的教育教学艺术，对于今天的教师研究如何引导富有才华、个性鲜明的学生走好成才之路，具有一定的启示意义。

一、子贡的生活史、形象及成就

	姓字	姓端木，名赐，字子贡
	国别	卫国
	出身	商人
	生卒	公元前 520 年—？（少孔子 31 岁）
	出仕	信阳令、信阳宰
	封号	黎侯、黎阳公、黎公

对于子贡，我们只能借助史籍中的"零散碎片"来拼接出大致图像。

（1）子贡的年龄。《史记·仲尼弟子列传》载："端木赐，卫人，字子贡。少孔子三十一岁。"

（2）子贡的出身。《韩诗外传》载"卫之贾人也"，即子贡入学前即经商。

（3）子贡的性情。《论语·先进》载"侃侃如也"，即温和快乐的样子。

（4）子贡入学。据孔子研究专家李启谦教授考证，孔子周游列国时首先到了卫国，子贡可能就是在此时拜孔子为师的。①

（5）子贡能言善辩。《史记·仲尼弟子列传》载："子贡利口巧辞，孔子常黜其辩。"

（6）子贡形象俊美。《论衡·龙虚》载："子贡灭须为妇人，人不知其状。"

（7）子贡在孔门弟子当中最为富有。《史记·货殖列传》载："七十子之徒，赐最为饶益。"

（8）子贡陪同孔子周游列国。"孔子厄于陈、蔡，从者七日不食。子贡以所赍货，窃犯围而出，告籴于野人，得米一石焉"（《孔子家语·在厄》），最后孔子"使子贡至楚，楚昭王兴师迎孔子，然后得免"（《史记·孔子世家》）。

（9）子贡对宣传孔子出力最大。"子贡结驷连骑，束帛之币以聘享诸侯，所至，国君无不分庭与之抗礼。夫使孔子名布扬于天下者，子贡先后之也。"（《史记·货殖列传》）

（10）子贡的代表性成就。孔门私学分四科，每科都有高材生。子贡是"言语"科的代表性人物之一。

（11）因为子贡的影响，有许多向学之士聚集到孔子周围，所以孔子说："自吾得赐也，远方之士日至。"（《孔丛子·论书》）

子贡成为孔门弟子后，有两件事情很有意思，值得一提。其一，作为商人的子贡初入孔门时，对孔子思想可能并不了解，据《论衡·讲瑞》

---

① 李启谦. 孔门弟子研究［M］. 济南：齐鲁书社，1987：80.

载："子贡事孔子一年，自谓过孔子；二年，自谓与孔子同；三年，自知不及孔子。当一年二年之时，未知孔子圣也；三年之后，然乃知之。"其二，聪明的子贡曾公开向孔子提出过休学的要求："弟子事夫子有年矣，才竭而智罢，振于学问不能复进，请一休焉。"孔子问他休学后意欲何为，子贡列举以下几项：事君，事父母，事兄弟，耕田。孔子一一指出这几项事务都不易干好，谈不上休息，并进而指出君子应"学而不已，阖棺乃止"。(《韩诗外传》卷八) 意思是：君子一生没有休闲，只有鞠躬尽瘁、死而后已。子贡经孔子的教导，提高了认识，感叹说："大哉死乎！君子息焉，小人伏焉。"(《列子·天瑞》) 可以想见，孔子面对子贡这样一个独特的学生，要想取得教育的成功，既不能采用"颜回模式"，也不能复制"子路模式"，而只能新创"子贡模式"了。

二、孔门问对——善问与妙答的完美结合

《论语》清楚地表现了子贡与孔子之间极其亲密的关系。[①]《论语》中有关子贡的记载达 38 条，其中涉及子贡和孔子的直接交流有 24 条，包括子贡问君子、问政、问友、问仁等；此外有子贡对孔子的评价 8 条，孔子答季康子关于子贡能否从政 1 条，描述子贡侍侧 1 条，其他 4 条。

子贡是孔门中最擅长提问的弟子。他问的问题内容涉及面广，提问的方式巧妙。而孔子面对善问的子贡，也是非常讲究答问艺术的。所以，师生往往在碰撞中产生出精彩的火花，成就了教学艺术的灿烂篇章。

1. 问士

《论语·子路》记载了子贡问士的场景："子贡问曰：'何如斯可谓之士矣？'子曰：'行己有耻，使于四方，不辱君命，可谓士矣。'曰：'敢问其次。'曰：'宗族称孝焉，乡党称弟焉。'曰：'敢问其次。'曰：'言必信，行必果，硁硁然小人哉！——抑亦可以为次矣。'曰：'今之从政者

---

① 顾立雅. 孔子与中国之道 [M]. 高专诚，译. 郑州：大象出版社，2014：72.

何如?'子曰:'噫!斗筲之人,何足算也?'"子贡是学术上的天才,他非常聪明,善于思考,因此被孔子称为"瑚琏"。他的聪明常常体现在提问各种具有一定难度的问题上。这次子贡的问题是:"怎样才可以叫作士?"孔子说:"自己在做事时有知耻之心,出使外国各方,能够完成君主交付的使命,可以叫作士。"子贡再问:"请问次一等的呢?"孔子说:"宗族中的人称赞他孝顺父母,乡党们称赞他尊敬兄长。"子贡又问:"请问再次一等的呢?"孔子说:"说到一定做到,做事一定坚持到底,不问是非地固执己见,那是小人啊。但也可以说是再次一等的士了。"子贡说:"现在的执政者,您看怎么样?"孔子说:"唉!这些器量狭小的人,哪里能算得上呢?"子贡敢于一层一层地追问老师,尤其是在最后很犀利地直接提出"今之从政者何如?"这样的问题,这在孔门弟子中是很少见的。孔子对子贡的答问也是循循善诱、从容有度,最后的感慨和反问更是让人心头为之一震。

2. 问政

《论语·颜渊》载:"子贡问政。子曰:'足食,足兵,民信之矣。'子贡曰:'必不得已而去,于斯三者何先?'曰:'去兵。'子贡曰:'必不得已而去,于斯二者何先?'曰:'去食。自古皆有死,民无信不立。'"

子贡问政事,孔子回答得非常肯定而自信,他说:"搞好粮食储备,搞好军备,赢得人民的信任,如此而已。"但子贡听了并不满足,进而追问道:"假如迫不得已必须有所舍弃,这三项中应当先舍弃哪一项呢?"孔子回答:"那就舍弃军备一项。"子贡再追问:"假如迫不得已必须有所舍弃,剩下的两项当中应当再舍弃哪一项呢?"孔子回答:"那就舍弃粮食一项吧。"接着孔子做了阐述:"自古以来,为政者都免不了一死,但是如果不能赢得民众的信赖,他就难以立得住。"子贡在孔子说了"足食、足兵、民信之矣"之后,连续两次追问,精彩迭出。本来足食、足兵、民信是正常为政的三个条件,缺一不可,但子贡非要"打破砂锅问到底",说明子贡没有停留在一般的结论上,而是要做深入的探究。孔子耐心地回答子贡的一再追问,说明他是欣赏其好学精神的。但孔子作为老师,并没有做简单的选择题，而是说明了"去兵""去食"但决不能"去信"的道理，那就是"民无信不立"。可以肯定的是，子贡的深入追问引发了孔子思想的完善表达，使子贡对老师的教诲不仅知其然而且知其所以然。

3. 问仁

《论语·雍也》载："子贡曰：'如有博施于民而能济众，何如？可谓仁乎？'子曰：'何事于仁！必也圣乎！尧舜其犹病诸！夫仁者，己欲立而立人，己欲达而达人。能近取譬，可谓仁之方也已。'"子贡总是带着问题以及对问题的初步思考意见来请教老师，此次子贡竟是"密集二问"："……何如？可谓仁乎？"针对子贡的提问，孔子所做的回答信息量极大，起码包含着四层意思：第一层意思是，子贡所问"博施于民而能济众"实乃"圣"之根本；第二层意思是，历史上的圣王尧和舜在圣的这一根本方面亦有所不及；第三层意思是，所谓"仁"应是指"己欲立而立人，己欲达而达人"；第四层意思是，"能近取譬"乃"仁之方"。这四层意思既揭示了孔门追求的最高理想，亦蕴含着孔门思想的精义，由孔子娓娓道来，既脉络清晰又一气呵成。大概孔子对聪颖如子贡者了解甚深，知道子贡能够即刻领悟他话中的诸多深意，故对子贡有此"问二答四"之教。

4. 问诗

《论语·学而》载："子贡曰：'贫而无谄，富而无骄，何如？'子曰：'可也；未若贫而乐，富而好礼者也。'子贡曰：'《诗》云"如切如磋，如琢如磨"，其斯之谓与？'子曰：'赐也，始可与言《诗》已矣，告诸往而知来者。'"

子贡对问题经过思考，有了自己的看法后，再来同孔子探讨。他说："贫困了不谄媚，富足了不骄横，怎么样呢？"孔子听了，先是给予肯定："可也。"接着话锋一转，提出更高的要求，说："不过，还赶不上贫困时好学乐道，富足时爱好礼义的人。"子贡非常机敏，马上联系到平时对《诗》的学习，说："《诗》中说'如切如磋，如琢如磨'，就是说的这个道理吧？"孔子非常欣慰，说："赐啊，现在可以开始与你一起讨论《诗》了，告诉你以往的事，你可以推知未知的事。"很明显，这是师生深入讨论人格修养的对话。贫困与富足是人物质生活的境况，而人格修养往往受其制约，但也可选择追求超越。子贡所谈的如要做到已属不易，孔子所指引的则是更高的境界。"无谄、无骄，只是对不良人生的否定与拒绝；乐道、好礼，则是对道德人生的追求与实践。一是消极的拒恶，一是积极的行善。"① 子贡由此及彼、举一反三的思维历程，显示了其敏锐的领悟能力。孔子对他的表现非常满意，因此决定要改变对子贡的教学策略，使其向更高处努力，这对于子贡来说该是一种怎样的激励啊！

三、劝诫与引导——孔子对子贡进行评价教育的艺术

《史记·仲尼弟子列传》载，子贡"喜扬人之美，不能匿人之过"，意即子贡看到别人的优点就加以赞美，看到不足之处就加以指责，也就是好对别人进行评头论足。针对子贡的这一特点，孔子是怎样进行因材施教的呢？

第一，委婉劝诫他不要妄评他人。

《论语·宪问》载："子贡方人。子曰：'赐也贤乎哉？夫我则不暇。'""方人"，依郑康成注，作谤人。子贡谤人，就是说别人的过恶。孔子针对子贡的这一习惯，委婉劝诫说："子贡啊，你就真的比别人好吗？"言外之意是要在个人修养上多自我反省，不要老盯着别人的缺点。他又说"要是我的话，可没有那么多闲工夫"，言外之意是有那么多正经事要做，过于关注别人的缺点于自己提高个人修养也是无益的。可以看出，孔子对子贡的劝诫虽然委婉，但非常中肯，可谓一针见血。子贡是聪敏之人，自然能听出老师的弦外之音。

第二，引导他看到别人的长处。

《论语·公冶长》载："子谓子贡曰：'女与回也孰愈？'对曰：'赐也

---

① 鲍鹏山. 孔子传 [M]. 北京：中国青年出版社，2013：286.

何敢望回？回也闻一以知十，赐也闻一以知二。'子曰：'弗如也；吾与女弗如也。'"这次是孔子主动向子贡问问题，是启发子贡和贤于自己的同门弟子颜回进行比较，目的是考察子贡能否客观认识和评价他人与自己。看来子贡还是找到了自己和颜回之间的差距，说："我怎么敢和颜回比？他得知一件事，可以推知十件事。我得知一件事，只能推知两件事。"孔子说："是不如他，我和你都不如他。"孔子这是在引导子贡体会"见贤思齐"的意思。

第三，对人的评价要坚持中庸原则。

《论语·先进》载："子贡问：'师与商也孰贤？'子曰：'师也过，商也不及。'曰：'然则师愈与？'子曰：'过犹不及。'"意即子贡问："子张和子夏两个人，谁更好一些？"孔子说："子张呢，做事有些过头；子夏，做事有些赶不上。"子贡说："那么是不是子张更好一些呢？"孔子说："过头和赶不上同样不好。"这是孔子在因势利导，让子贡明白对人的评论不可轻率为之，尤其是在评价缺点方面，要坚持中庸原则。朱熹在《论语集注》中说："道以中庸为至。贤知之过，虽若胜于愚不肖之不及，然其失中则一也。"朱熹的解释比较接近于孔子的精神。

第四，尽可能做到全面考察、客观公正。

《论语·子路》载："子贡问曰：'乡人皆好之，何如？'子曰：'未可也。''乡人皆恶之，何如？'子曰：'未可也；不如乡人之善者好之，其不善者恶之。'"子贡问孔子，接连两问孔子皆回答"未可也"，这是因为在孔子看来，"众恶之，必察焉；众好之，必察焉"（《论语·卫灵公》）。众人的好恶不能决定对一个人的评价，所以应在全面考察的基础上，参考乡人中的善人是否喜欢他、恶人是否厌恶他，以评定他是不是一个好人。很显然，孔子充满辩证精神的点拨教育，对于子贡提高品评人物的能力来说至关重要。

经过孔子的教诲，子贡认识和评价人的能力得到明显提升。《孔子家语·弟子行》载，卫将军文子询问子贡孔门弟子"其孰为贤"，子贡先是"对以不知"，再是推脱"难对"，其后又说"不得遍知以告"，这都说明子贡已经能相当慎重地对待评价别人这件事，不再像以前那样轻率为之。

在卫将军文子一再坚持下，子贡才向他介绍了当时与自己一起生活学习的12位同门的品行。具体内容见表2-1。

表2-1 子贡对同门的评价

同门	品行特点（子贡的评价语）
颜回	夫能夙兴夜寐，讽诵崇礼，行不贰过，称言不苟，是颜回之行也。
冉雍	在贫如客，使其臣如借。不迁怒，不深怨，不录旧罪，是冉雍之行也。
子路	不畏强御，不侮矜寡，其言循性，其都以富，材任治戎，是仲由之行也。
公西华	齐庄而能肃，志通而好礼，傧相两君之事，笃雅有节，是公西赤之行也。
冉有	恭老恤幼，不忘宾旅，好学博艺，省物而勤也，是冉求之行也。
曾参	满而不盈，实而如虚，过之如不及，先王难之。博无不学，其貌恭，其德敦；其言于人也，无所不信；其桥大人也，常以浩浩，是以眉寿，是曾参之行也。
子张	美功不伐，贵位不善，不侮不佚，不傲无告，是颛孙师之行也。
子夏	学之深，送迎必敬，上交下接若截焉，是卜商之行也。
子羽	贵之不喜，贱之不怒；苟利于民矣，廉于行己；其事上也，以佑其下，是澹台灭明之行也。
子游	先成其虑，及事而用之，故动则不妄，是言偃之行也。
南宫括	独居思仁，公言言义，其于《诗》也，则一日三覆"白圭之玷"，是宫绦之行也。
高柴	自见孔子，出入于户，未尝越礼。往来过之，足不履影。启蛰不杀，方长不折。执亲之丧，未尝见齿。是高柴之行也。

从表2-1可以看出，子贡对同门的品行特点概括得均相当准确，评价很高，这说明子贡能够充分认识到别人的长处，正确地评价别人的优点，而且坚持了以"中庸"作为判定品行的根本原则，是在长期观察和认识基础上做出的较为全面客观的评价。

这次对话后，子贡见到孔子并向他做了汇报，孔子对子贡的表现很满意，称赞他说"赐，汝次为人矣"。意即，"子贡啊，你已经懂得人的高下次序了"。孔子也因此觉得可以在此基础上对子贡提出更高要求了，于是就接着为子贡讲了一些"耳之所未闻，目之所未见"的事例和"思之所不至，智之所未及"的道理，进一步阐明了知人、识人不能仅仅通过表面现象，而需要用思维和智慧去考虑和判断。子贡听后深受教益，当下表示"请退而记之"。

第四节 子游：孔门中唯一的南方弟子

子游是孔门中唯一的南方弟子。孔子对子游的教育体现了高超精湛的教育艺术：一是"大道之行"——孔子为子游讲述大同小康理想社会；二是"子游问孝"——孔子对子游的个别化答问教学艺术；三是"子之武城"——孔子借考察子游政绩对弟子进行现场教学。

子游是教育家孔子的重要弟子之一。他在孔门私学中勤学好问，对礼乐之学特别上心，并且一有机会就付诸实践，得到孔子肯定。子游能有如此成就，当然是与孔子对他的悉心教诲分不开的。孔子对子游的教育教学充满智慧和艺术，非常值得梳理与总结。

一、子游的生活史、形象及成就

	姓字	姓言，名偃，字子游，亦称言游
	国别	吴国（今常熟）
	出身	不详
	生卒	公元前 506 年—公元前 443 年（少孔子 45 岁）
	出仕	武城宰
	封号	吴侯、丹阳公、吴公

子游是孔门众多弟子中唯一的南方弟子，为孔子的晚年弟子。

《史记·仲尼弟子列传》载："言偃，吴人，字子游。少孔子四十五岁。"

据孔子研究专家李启谦先生推断，子游可能是在孔子周游列国的晚期拜师的。[①] 但是子游究竟是怎样远赴北地、从游孔子的，则已不可考。

子游为人大气直率。从《论语》中可以看得出来，子游为人行事不拘小节，反对那种唠唠叨叨、过于烦琐的言行。子游曰："事君数，斯辱矣；朋友数，斯疏矣。"（《论语·里仁》）这种性格对他的求师问学以及治学都有很大的影响。王充在《论衡》中称，"子游，大材也"。

子游"习于礼，以文学著名"（《孔子家语·七十二弟子解》），在孔门弟子中列于"文学"科之首。《论语·先进》载："文学：子游、子夏。"

子游因其聪明好学，在孔门当中享有较高声誉。子贡称赞他"先成其虑，及事而用之，故动则不妄"。孔子也说："欲能则学，欲知则问，欲善则详，欲给则豫。当是而行，偃也得之矣。"（《孔子家语·弟子行》）孔子难得夸奖弟子，这已经是很高的评价了。

子游20多岁即任"武城宰"，实践"礼乐教化"，受到孔子的肯定。

子游的学术贡献主要在于"道启东南"。孔子曾云："吾门有偃，吾道其南。"意即我门下有了子游，我的学说才得以向南方传播。故子游被誉为"南方夫子"。子游61岁时回到江南故乡，在虞山等地收徒讲学，弟子数以千计。朱熹认为子游"敏于闻道，得其精华"，是南方儒学学脉之祖。

二、"大道之行"：孔子为子游讲述大同小康理想社会的特殊一课

《礼记·礼运》载："昔者仲尼与于蜡宾，事毕，出游于观之上，喟然而叹。仲尼之叹，盖叹鲁也。言偃在侧曰：'君子何叹？'孔子曰：'大道之行也，与三代之英，丘未之逮也，而有志焉。大道之行也，天下为公。选贤与能，讲信修睦，故人不独亲其亲，不独子其子，使老有所终，

---

① 李启谦. 孔门弟子研究 [M]. 济南：齐鲁书社，1987：103.

壮有所用，幼有所长，矜寡孤独废疾者，皆有所养。男有分，女有归。货，恶其弃于地也，不必藏于己；力，恶其不出于身也，不必为己。是故谋闭而不兴，盗窃乱贼而不作，故外户而不闭。是谓大同。今大道既隐，天下为家，各亲其亲，各子其子，货力为己，大人世及以为礼。城郭沟池以为固，礼义以为纪；以正君臣，以笃父子，以睦兄弟，以和夫妇，以设制度，以立田里，以贤勇知。以功为己，故谋用是作，而兵由此起。禹、汤、文、武、成王、周公，由此其选也。此六君子者，未有不谨于礼者也。以著其义，以考其信，著有过，刑仁讲让，示民有常。如有不由此者，在势者去，众以为殃。是谓小康。'"

这段文字记载异常珍贵，所以照录于此。文中"昔者"表明这件事发生在很久以前，现在是对往事的追忆。"言偃"为子游自称，表明所忆之事是亲自"闻诸夫子"。当时的情景是，孔子参加完蜡祭在观上出游，发出一声长叹。紧跟在侧的年轻弟子子游便随即问道："君子何叹？"这一问深深触动了孔子，他便对子游发表了一篇长长的谈话，实际上是给子游上了具有特殊意义的一课：为他描述了自己的社会理想——大同社会和小康社会。这一课的特殊性究竟在哪里呢？台湾学者张其昀先生认为："大同之道为孔子'天下为公'最崇高之理想，其一生精神所在者，此也。然及门中独为子游言之，何也？盖子游习于礼，为专门名家，故言之特详。"①这一次特殊授课的艺术水平也是很高的，可从以下几方面来认识：其一，就孔子的教学语言来说，其描述非常具体形象，气势磅礴；就其教学内容来说，涉及社会的政治、经济、伦理状态以及人民的生活水平等，非常丰富。其二，就其教学逻辑来说，先讲大同再讲小康，先是描述现象然后归纳概括，层次分明、线索清晰。其三，就其教学技巧来说，将智慧与激情有机结合，娓娓道来，入情入理。其四，就其教学效果来说，孔子对子游上的这一课，当时就在对方脑海中留下了深刻的印象，甚至他日后在武城任上以礼乐治邑的作为都能找到这一课影响的微妙印记。

① 张其昀. 孔学今义 [M]. 北京：北京大学出版社，2009：249.

三、孔门问对：孔子对子游的个别化答问教学艺术

子游勤学好问，既善于领会孔子的精神实质，又擅长"复问"甚至连续追问。孔子对于勤学好问的学生自是喜欢，也有耐心进行深入的"答问"。虽是常见的问与答，如果细细品味，总是能够发现其中深蕴的奥妙：子游之问并不像子贡之问那样讲究技巧，但表现出对所问问题的浓厚兴趣，尤其关注实施中的具体细节。因为他立志要做礼乐之教的实践者，所以在向师问学时就做足了相应的准备。孔子作为老师也深知子游之志，就因势将他向礼乐大义处引领。

1. 问孝

《论语·为政》载："子游问孝。子曰：'今之孝者，是谓能养。至于犬马，皆能有养；不敬，何以别乎？'"这是说子游向孔子请教孝道，孔子回答说："现在一般所谓的孝顺父母，认为只要做到养活父母，就算是尽孝了。如此说来，人在饲养犬马等动物时，也一样供给它们食物。如果不以恭敬之心侍奉父母，那和养动物又有何区别呢？"孔子论孝重在一个"敬"字，养而能敬，才算合了孝的内外之道，这也与其一贯的主张相一致。

其实，在《论语·为政》中，共有四个弟子（包括子游）先后向孔子问孝，孔子给了他们不同的回答。具体问对情况见表2-2。

表2-2 关于孝的问答

提问者	孔子的回答
孟懿子	无违。（生，事之以礼；死，葬之以礼，祭之以礼。）
孟武伯	父母唯其疾之忧。
子游	今之孝者，是谓能养。至于犬马，皆能有养；不敬，何以别乎？
子夏	色难。有事，弟子服其劳；有酒食，先生馔，曾是以为孝乎？

其中，孟懿子是鲁国贵族，他向孔子请教"孝"，孔子只答两个字"无违"，即不违背礼制。而弟子樊迟不解其意，孔子就对他做了进一步说

明："生，事之以礼；死，葬之以礼，祭之以礼。"对孟懿子这样的明大义之人，孔子自然无须多说，但对樊迟，则一定详加解释。

孟武伯是孟懿子的儿子，他向孔子请教"孝"，孔子回答"让父母只担心子女的疾病"，意即在其他方面都应该让父母放心。对于孟武伯来说，当然不存在孝亲的物质条件问题，但孔子委婉地对他提出的这条忠告，要实际做到其实并不容易。

学生子夏问孝，孔子也是先回答两个字"色难"，是说满足父母的常规意愿很容易，通过父母的表情而揣摩他们的心意却很难。《盐铁论·孝养》中说："故上孝养志，其次养色，其次养体。"孔子随后讲的"有事，弟子服其劳；有酒食，先生馔"均属养体的范围，而养色则是比养体更难实现的孝的层级。

相比较而言，孔子对子游问孝的回答内含的道理是非常深刻的。对父母真正的孝，必须以敬为先，以敬为本，这样才能体现出人类的文明。否则，便同养犬马没有本质的区别了。孔子在回答时，由"今之孝者，是谓能养"开始，让人觉得平易，然后突然转折到"至于犬马，皆能有养"，出人意料地将孝父母与养犬马两相并列，形成强烈对比，最后以"不敬，何以别乎?"反问子游，令子游心灵受到震撼。孔子对孝的精辟见解深刻地影响了中国传统伦理文化，自此"孝"与"敬"紧密相连，汉语中"孝敬"一词在中国民众中深入人心即是明证。

2. 问礼

子游对"礼"非常关注，在这方面向孔子问的问题也较多，而且往往问得非常具体、深入。《礼记·檀弓上》载："子游问丧具，夫子曰：'称家之有亡。'"子游再问丧事应该怎么操办，孔子说："要跟家里财力相称。"那么分寸又该怎么掌握呢？于是子游进一步问："有亡恶乎齐?"孔子告诉他："有，毋过礼。苟亡矣，敛首足形，还葬，县棺而封，人岂有非之者哉！"从子游的不断追问中可以看出，他所关心的不仅是礼的形式要求，更关心的是怎样在实践中把握礼的精神实质。

子游在向孔子问礼时多次使用"复问""进曰"的提问方式。《礼记·礼运》载："言偃复问曰：'如此乎礼之急也?'""言偃复问曰：'夫子之极言礼也，可得而闻与?'"也就是说，一旦谈到关于礼的话题，子游总是问了再问，而孔子对于子游之问也是答了再答。一方是学而不厌，一方是诲人不倦。学生的乐学和老师的乐教相交融，这就是人们所说的："什么是好学生? 遇到了好老师的学生就能成为好学生。什么是好老师? 遇到了好学生的老师就能成为好老师。"《礼记·仲尼燕居》载："仲尼燕居，子张、子贡、言游侍，纵言至于礼。子曰：'居! 女三人者。吾语女礼，使女以礼周流，无不遍也。'……言游进曰：'敢问礼也者，领恶而全好者与?'子曰：'然。''然则何如?'"在这里，子游的提问显然更进了一步，求知非常急切，在孔子答了"然"后，紧接着追问"然则何如?"孔子再次为他做了非常详细、深入的回答。可见，子游之所以拥有深厚的礼学修养，是与其对于礼的重视、富有兴趣、善于探问分不开的。而孔子在与学生对话交流时循循善诱，使学生欲罢不能，则尽显一位教育家的教学艺术风范。

四、"子之武城"：孔子借考察子游政绩对众弟子进行现场教学

据学者考证，周敬王三十六年至四十一年，子游担任了鲁国的武城宰（武城在今山东费县境内，宰为行政首长）。[①] 子游治理武城，注重礼乐教化，积极实践孔子的政治理想，一时政绩斐然，声名远播。已至晚年的孔子便带领众弟子亲到武城，考察子游的政绩，进行现场教学。

《论语·阳货》载："子之武城，闻弦歌之声。夫子莞尔而笑，曰：'割鸡焉用牛刀?'子游对曰：'昔者偃也闻诸夫子曰："君子学道则爱人，小人学道则易使也。"'子曰：'二三子! 偃之言是也。前言戏之耳。'"这是说孔子一到武城就听到了弦歌之声，便情不自禁地微微一笑，说："杀鸡哪里用得着宰牛的刀?"孔子的微笑显然表达了他对子游的认可，但

---

① 邹旭光. 子游其人及其学术要旨 [J]. 江南大学学报（人文社会科学版），2006（1）：66-70.

他的话却容易让人误解为子游在"小题大做"。子游马上郑重其事地说："从前我从老师您那里听说过这样一句话：'君子学道则爱人，小人学道则易使也。'"言外之意是，我就是按照您的教诲去做的，怎么反倒不对了呢？孔子见子游认真起来，也马上收起笑脸，对跟随其后的众弟子说："同学们！子游的话是对的。刚才我说的那句话只是跟他开个玩笑罢了。"孔子带领弟子亲自到武城考察，"闻弦歌之声"，意味着平时孔子在教弟子时反复强调的礼乐之教已在武城落地生根、开花结果。已仕弟子子游在老师开玩笑后做的辩解非常巧妙，实际上起到了在现场向同门说明自己以礼乐治邑的理论依据，就是从孔子那里学到的为政之道。孔子的"偃之言是也"，充分肯定了子游以礼乐治邑的正确性，消除了可能产生的误解。孔子此前的"莞尔而笑"和此后的"前言戏之耳"，则显示了孔子幽默风趣的一面，使整个现场氛围轻松愉快。

《论语·雍也》还记载："子游为武城宰。子曰：'女得人焉耳乎？'曰：'有澹台灭明者，行不由径，非公事，未尝至于偃之室也。'"这很像孔子在武城现场教学的继续。孔子问："子游啊，你治理武城也有一段时间了，不知你在武城有没有发现贤良之人？"子游说："有啊。有一个叫澹台灭明的人。他做事合乎正道，光明磊落。可是，尽管他就住在本邑内，没有公事他从来不到衙署来找我。"子游所提到的这个叫澹台灭明的人，字子羽。关于他的事迹，史书中记载很少，我们从《大戴礼记·卫将军文子》中子贡的一段评语可知，澹台灭明是一个"贵之不喜，贱之不怒"的人。他主张损上益下，尽量减少下层民众的负担；耻于独富独贵，总是把民众的利益放在重要的位置上。举贤任能是为政成功的重要条件，所以孔子在众弟子面前问子游"得人焉耳乎"，既是对子游从政成绩的考察，也是对众弟子进行从政教育的一项内容。

第五节　子夏：孔门中以文学著称的弟子

子夏是孔门私学中"文学"科的杰出弟子。孔子对子夏的教育体现了高超精湛的教育艺术：一是孔门问对——孔子对子夏的个别化教学艺术；二是孔子对子夏的数度告诫与发展预测；三是孔子以《诗》《书》《礼》《乐》《易》《春秋》全面培养子夏的文学才能。

在孔门弟子中，子夏出身清寒而个性独立。所谓"诸侯之骄我者，吾不为臣；大夫之骄我者，吾不复见"（《荀子·大略》）。他从学于孔子时，年轻聪颖、勇武勤学、擅长"发明"、专注文学。孔子在教育子夏时，与这位高足深入对话、教学相长，甚至发出"起予者商也"的由衷赞叹。我们在今天解读孔子对子夏的教学艺术，重塑子夏的历史形象，实在是一件有趣而有益的事情。

一、子夏的生活史、形象及成就

	姓字	姓卜，名商，字子夏
	国别	卫国
	出身	清寒之家
	生卒	公元前 507 年—？（少孔子 44 岁）
	出仕	卫国行人、鲁国莒父宰
	封号	魏侯、河东公

子夏出身寒门。《说苑》载："商之为人也，甚短于财。"《初学记》载："子夏家贫，徒有四壁。"《荀子·大略》载："子夏贫，衣若县鹑。"据《正字通》解："鹑尾特秃，若衣之短结，故凡敝衣曰衣若县鹑。"这是说他因为家里贫穷，衣服破烂得像悬挂着的鹌鹑。

子夏到孔门受业较晚，为孔子晚年弟子。

子夏性格勇敢、孤傲、规模狭隘、交友慎重。①

子夏以"文学"著称。《论语·先进》载："德行：颜渊，闵子骞，冉伯牛，仲弓。言语：宰我，子贡。政事：冉有，季路。文学：子游，子夏。"东汉徐防说："《诗》《书》《礼》《乐》，定自孔子；发明章句，始于子夏。"（《后汉书·徐防传》）子夏"发明章句"，则更具体地说明了他在传经中的独特贡献。

子夏曾两次出仕：一次是任卫国行人，一次是任鲁国莒父宰。

子夏晚年讲学于西河，为魏文侯师。从学者有 300 多人。据《史记·儒林列传》载："如田子方、段干木、吴起、禽滑釐之属，皆受业于子夏之伦。"

子夏老年丧子，因悲伤过度致双目失明。

子夏得享长寿。据《温县卜氏家谱》记载，子夏卒于公元前 400 年，享年 107 岁。另有享年 101 岁和 87 岁之说。他的教育生涯，即使从其为孔子守丧期满之年（公元前 476 年）算起，也长达六七十年。② 子夏为传播儒学和发展教育事业做出了突出贡献。

二、孔门问对：孔子对子夏的个别化教学艺术

子夏是孔门弟子中擅长运用老师所教知识的弟子，他与孔子进行的对话水平是很高的，所以孔子称赞他"起予者商也"。在这一点上，他与颜渊有同有异。颜渊虽然在"退而省其私"时"亦足以发"，却限于"自发"，所以孔子并不满意，认为颜渊对自己"无所助益"，因为那样终究

① 杨朝明，宋立林. 孔子弟子评传 [M]. 北京：中国社会出版社，2012：242-244.
② 高培华. 卜子夏考论 [M]. 北京：社会科学文献出版社，2012：69.

算不上真正意义上的教学相长。

1. 问诗得礼，教学相长

《论语·八佾》载："子夏问曰：'"巧笑倩兮，美目盼兮，素以为绚兮。"何谓也？'子曰：'绘事后素。'曰：'礼后乎？'子曰：'起予者商也！始可与言《诗》已矣。'"受到孔子称赞的弟子有很多，但被称作"起予者"的却只限子夏一人。子夏问了一句"诗"——"'巧笑倩兮，美目盼兮，素以为绚兮。'何谓也？"，孔子对答了一幅"画"——"绘事后素。"以"画"答"诗"，看似答非所问，却充满语言和思维的张力，反映了孔子"由此及彼"启发教学的高明艺术。子夏非常机灵，紧接着老师的话继续发挥，联想得更远，说："那么，是不是礼在仁之后呢？"这是一次由"诗""画"到"礼""仁"的思维飞跃，比孔子的由"诗"到"画"的思维跨度要大得多。当时子夏出彩的临场发挥可能超出孔子的意料，所以孔子格外兴奋，情不自禁地称赞："子夏啊，你真是能启发我的人。现在可以同你讨论《诗》了。"

2. 侍居论礼，八问八答

《礼记·孔子闲居》中记载了"孔子闲居，子夏侍"，这正是弟子问学和孔子因材施教的好机会，师生由此展开一场八轮次的对话。为便于直观了解和对比分析，特将此次师生长篇对话的相关内容表解如下（见表2-3）。

表2-3 子夏与孔子的问答

轮次	子夏问	孔子答
一	敢问《诗》云"凯弟君子，民之父母"，何如斯可谓民之父母矣？	夫民之父母乎，必达于礼乐之原，以致五至，而行三无，以横于天下，四方有败，必先知之。此之谓民之父母矣。
二	民之父母既得而闻之矣，敢问何谓五至？	志之所至，诗亦至焉；诗之所至，礼亦至焉；礼之所至，乐亦至焉；乐之所至，哀亦至焉。哀乐相生。是故正明目而视之，不可得而见也；倾耳而听之，不可得而闻也；志气塞乎天地，此之谓五至。

轮次	子夏问	孔子答
三	五至既得而闻之矣，敢问何谓三无？	无声之乐，无体之礼，无服之丧，此之谓三无。
四	三无既得略而闻之矣，敢问何诗近之？	"夙夜其命宥密"，无声之乐也。"威仪逮逮，不可选也"，无体之礼也。"凡民有丧，匍匐救之"，无服之丧也。
五	言则大矣，美矣，盛矣！言尽于此而已乎？	何为其然也？君子之服之也，犹有五起焉。
六	何如？	无声之乐，气志不违；无体之礼，威仪迟迟；无服之丧，内恕孔悲。无声之乐，气志既得；无体之礼，威仪翼翼；无服之丧，施及四国。无声之乐，气志既从；无体之礼，上下和同；无服之丧，以畜万邦。无声之乐，日闻四方；无体之礼，日就月将；无服之丧，纯德孔明。无声之乐，气志既起；无体之礼，施及四海；无服之丧，施于孙子。
七	三王之德参于天地，敢问何如斯可谓参于天地矣？	奉三无私以劳天下。
八	敢问何谓三无私？	天无私覆，地无私载，日月无私照。奉斯三者以劳天下，此之谓三无私。其在《诗》曰："帝命不违，至于汤齐。汤降不迟，圣敬日齐。昭假迟迟，上帝是祗。帝命式于九围。"是汤之德也。天有四时，春秋冬夏，风雨霜露，无非教也。地载神气，神气风霆，风霆流形，庶物露生，无非教也。清明在躬，气志如神，嗜欲将至，有开必先，天降时雨，山川出云。其在《诗》曰："嵩高惟岳，峻极于天。惟岳降神，生甫及申。惟申及甫，惟周之翰。四国于蕃，四方于宣。"此文武之德也。三代之王也，必先令闻。《诗》云："明明天子，令闻不已。"三代之德也。"弛其文德，协此四国。"大王之德也。

子夏蹶然而起，负墙而立，曰："弟子敢不承乎！"

从教学论视角来分析，此次"侍居教学"具有以下特点：其一，因是孔子"闲居"，又因为只有子夏在"侍"，氛围轻松而亲切，所以师生间的对话得以充分展开，这在《论语》中是难得见到的。其二，所涉及的问题有"民之父母""五至""三无""五起""三无私"等，从回答的从容、详细和周密程度来看，孔子对这些问题是有深思熟虑的。其三，子夏由《诗》中句子延伸开来，问到许多有关礼的问题，一个问题接着一个问题地向孔子探求，十分好学。孔子论礼，不仅语句精练、整齐，还不时引《诗》为证，增加了教学的形象性和趣味性。其四，当孔子给予解答时，子夏也如醍醐灌顶，赞叹不已："言则大矣，美矣，盛矣！"言语之间流露出对老师的敬仰和对于礼的重视。其五，子夏的发问语多为"敢问……，何如斯可谓……？""敢问何谓……？""敢问何如斯可谓……？"等，表明其态度非常谦恭、诚恳。其六，此次侍居教学的效果很好："子夏蹴然而起，负墙而立，曰：'弟子敢不承乎！'"

3. 巧用比喻，妙论君道

《尸子》载："孔子谓子夏曰：'商，汝知君之为君乎？'子夏曰：'鱼失水则死，水失鱼犹为水也。'孔子曰：'商，汝知之矣。'"孔子与子夏探讨为君之道，子夏将君民关系比作鱼水关系，受到了孔子的肯定："商，汝知之矣。"子夏与孔子之间心有灵犀、相谈甚契。

三、孔子对子夏的数度告诫与发展预测

孔子的告诫教育是值得关注和深入研究的。告诫是因为发现了一些发展的苗头，从而发出警告或劝诫，提醒人加强预防，以避免出现严重后果。对于学生来说，告诫具有警醒和预防的功能。语言形式多为"不要……"。孔子的教育预测是建立在深厚教育经验基础之上的，是对学生发展趋势做出的合理、准确的判断。

1. 告诫教育——孔子的担心

《论语·雍也》载："子谓子夏曰：'女为君子儒！无为小人儒！'"关于"君子儒""小人儒"，历来有不同的看法。何晏《论语集解》引孔安国的观点说："君子为儒，将以明道；小人为儒，则矜其名。"而刘宝楠

在《论语正义》中则认为："君子儒能识大而可大受，小人儒则但务卑近而已。君子小人以广狭异，不以邪正分。小人儒不必是矜名，注说误也。"台湾学者蔡仁厚认为："子夏于四科列在文学，其学谨笃有余而恢弘不足，所以孔子特警而进之。"① 也就是说，孔子对子夏进行告诫教育，无非是怕子夏的发展偏离"君子儒"的目标而滑向"小人儒"的歧路。

《论语·子路》载："子夏为莒父宰，问政。子曰：'无欲速，无见小利。欲速，则不达；见小利，则大事不成。'"这是说子夏做了莒父宰后，向孔子请教为政之道，孔子当时只给了他一句忠告："无欲速，无见小利。"孔子大概看到子夏思想中务实的一面，担心子夏为了追求短期政绩而无视人民群众的根本利益和长远利益，并且阐明这么告诫他的道理："越是强调速度，往往越是达不到预期效果；太贪求小的利益，往往做不成大的事情。"

《论语·先进》载："子贡问：'师与商也孰贤？'子曰：'师也过，商也不及。'曰：'然则师愈与？'子曰：'过犹不及'。"就是说孔子发现子夏在礼上"有所不及"，就有针对性地提出告诫。这种告诫对子夏是否起到了警示和修正的作用呢？《说苑·修文》载："子夏三年之丧毕，见于孔子。孔子与之琴，使之弦。援琴而弦，衎衎而乐。作而曰：'先王制礼，不敢不及也。'子曰：'君子也。'"子夏所说"不敢不及"，显然是对孔子"商也不及"的回应。这表明子贡或将孔子的告诫对子夏做了转述，而子夏也在孔子告诫之后自觉纠正自己的偏差，并且大见成效，所以才会得到孔子的肯定。

2. 发展预测——孔子的慧眼

所谓预测，是指人们在一定条件下依据对发生过或正在发生的事件的观察、思考，对该事件将来会如何发展所做出的一种陈述与判断。孔子晚年非常关心学生的发展，并且根据自己的观察和了解做出了准确的预测。《孔子家语·六本》载："孔子曰：'吾死之后，则商也日益，赐也日

---

① 蔡仁厚. 孔门弟子志行考述 [M]. 台北：台湾商务印书馆，1969：107.

损。'"曾参对此大惑不解，就问："何谓也？"孔子解释说："商也好与贤己者处，赐也好说不若己者。不知其子视其父，不知其人视其友，不知其君视其所使，不知其地视其草木。故曰：与善人居，如入芝兰之室，久而不闻其香，即与之化矣。与不善人居，如入鲍鱼之肆，久而不闻其臭，亦与之化矣。丹之所藏者赤，漆之所藏者黑。是以君子必慎其所与处者焉。"也就是说，孔子对子夏所做出的"日益"的预测，一是有事实依据，那就是"好与贤己者处"；二是有理论依据，那就是与何种人久处就会被何种人同化，子夏"好与贤己者处"，就会受到"贤己者"的同化，所以会有"日益"的结果。孔子对子夏发展做出的预测启示我们，如果教师具有一定的预测能力，肯定会有益于学生的发展。就像苏联教育家凯洛夫所说："教师站在人们未来专业的摇篮边，因为他应当是第一个能够看出和发展学生能力的人，他应当首先看清楚学生当中未来的设计师、飞行家、农学家、工程师、医师、工业和农业的劳动者或科学和文化的活动家。"①

四、孔子以《诗》《书》《礼》《乐》《易》《春秋》全面培养子夏的"文学"才能

孔子晚年已经倦于从政而专心教学，与早期设学授徒时不同，他开始将重点转移到文献典籍的整理与传授上。这一时期的弟子多年轻聪明、勤学上进，所以在这方面取得的成绩也是相当突出的，子夏就是其中的佼佼者。子夏不仅在帮助孔子整理和编纂经书方面做出过重大贡献，而且在诸经的传授上，在孔门之中功劳最大。孔子以《诗》《书》《礼》《乐》《易》《春秋》全面培养子夏的"文学"才能，为子夏日后设学授徒、传经续教打下了坚实的学养基础。史上所传孔子的六经之教绝非虚言，这在子夏身上即可得到明证。

① 凯洛夫. 教育学 [M]. 陈侠，等译. 北京：人民教育出版社，1957：71.

1. 孔子与子夏深入讨论《诗》

《韩诗外传》载："子夏问曰：'《关雎》何以为《国风》始也?'孔子曰：'《关雎》至矣乎!……子其勉强之，思服之。天地之间，生民之属，王道之原，不外此矣。'子夏喟然叹曰：'大哉《关雎》，乃天地之基地。'"子夏问的问题很有趣，就是："《关雎》一诗为什么是《国风》的开篇呢?"孔子便从《关雎》之人、道、事几个方面为子夏做了深入的分析阐述，使得子夏顿时领悟到《关雎》的精微，并发出长长的慨叹。

2. 孔子询问子夏读《书》的心得

《韩诗外传》载："子夏读《书》已毕。夫子问曰：'尔亦可言于《书》矣。'子夏对曰：'《书》之于事也，昭昭乎若日月之光明，燎燎乎如星辰之错行，上有尧舜之道，下有三王之义。弟子所受于夫子者，志之于心不敢忘。'"这是说，子夏读完《书》，去见孔子，孔子主动问及子夏读《书》的心得。子夏不仅谈了对《书》的认识——"《书》之于事也，昭昭乎若日月之光明，燎燎乎如星辰之错行"，而且诚恳地表达了学习的态度，即"弟子所受于夫子者，志之于心不敢忘"。

3. 子夏在孔子葬礼上"行夫子之志"

子夏在丧礼方面有很深的造诣，深得孔子真传，而且他自认为能够理解孔子的心意。《礼记·檀弓上》载："孔子之丧，有自燕来观者，舍于子夏氏。子夏曰：'圣人之葬人与? 人之葬圣人也，子何观焉? 昔者夫子言之曰："吾见封之若堂者矣，见若坊者矣，见若覆夏屋者矣，见若斧者矣，从若斧者焉。"马鬣封之谓也。今一日而三斩板，而已封，尚行夫子之志乎哉!'"这是说子夏主持孔子的丧葬礼，而且认为是"行夫子之志"，实践了孔子的心意。

4. 子夏向孔子弹琴汇报学乐的成果

《史记·孔子世家》载，孔子"自卫反鲁，然后乐正，《雅》《颂》各得其所"。礼乐不相离,是儒家礼乐思想的重要内容,也是子夏学之于孔子的基本原则。《说苑·修文》记载子夏除丧后弹琴得到孔子赞扬的故事,说明子夏对孔子的礼乐思想已经非常精通,并且孔子对于他所达到的境界也是相当满意的:"子夏哀已尽,能引而致之于礼,故曰君子也。"也就是说,子夏在乐方面的修养是符合礼的要求的。

5. 孔子与子夏分享读《易》的感悟

《说苑·敬慎》载:"孔子读《易》至于'损''益',则喟然而叹。子夏避席而问曰:'夫子何谓叹?'孔子曰:'夫自损者益,自益者缺,吾是以叹也。'子夏曰:'然则学者不可以益乎?'孔子曰:'否。天之道,成者未尝得久也。夫学者以虚受之,故曰得苟接知持满……'子夏曰:'善,请终身诵之。'"孔子晚年读《易》,将一生的人生经验都融汇进去了,所以会"喟然而叹",但是年轻的子夏怎么会理解呢?孔子毫无保留地与子夏分享自己读《易》的感悟,这对于子夏来说真是"听君一席言,胜读十年书"啊,所以他非常珍惜,感动地说:"太好了,就让我记诵它一辈子吧!"

6. 孔子向子夏传授《春秋》

《春秋》一般被认为是孔子所作。《孟子·滕文公下》说:"孔子成《春秋》而乱臣贼子惧。"孔子在编写《春秋》的过程中,"笔则笔,削则削,子夏之徒不能赞一辞"(《史记·孔子世家》)。这里提到了子夏的名字,说明孔子编写《春秋》期间,子夏一直跟在孔子身边,亲见孔子是如何编写的。因为子夏长于"文学",并且在学术传播方面很有资质,孔子作《春秋》的目的就是希望它广为流传,所以去世之前将"《春秋》属商"。子夏对《春秋》的认识也非常深刻,如董仲舒《春秋繁露·俞序》说:"故卫子夏言:'有国家者,不可不学《春秋》,不学《春秋》,则无以见前后旁侧之危,则不知国之大柄,君之重任也。'"

第六节 子张：将孔子教诲"书诸绅"的弟子

子张是孔门私学中将孔子教诲"书诸绅"的弟子。孔子对子张的教育体现了高超精湛的艺术：一是孔门问对——孔子对子张的个别化教学艺术；二是相师之道——孔子对子张的身教艺术。此外，子张与同门"相观而善"的真实关系所具有的教育价值也值得认真审视。

子张是孔子晚年的弟子，他年轻志高、容仪堂堂。孔子对这位弟子，既有循循善诱的"言教"，又有细致入微的"身教"，在其成长道路上不断地以各种方式为之指点迷津。子张对孔子的教诲非常重视，甚至将之写到衣带上以日夜提醒、对照修行。子张气象宏大、交友广泛，但性情偏激、坚持己见，同门对其褒贬不一。我们在今天细致分析孔子对子张的教学艺术，客观还原子张与同门的真实关系，对于教师思考现实的教育教学问题不乏有益的启示。

一、子张的生活史、形象及成就

	姓字	姓颛孙，名师，字子张
	国别	陈国（今河南淮阳）
	出身	鄙家
	生卒	公元前 503 年—公元前 447 年（少孔子 48 岁）
	出仕	无
	封号	陈伯、宛邱侯、陈公

子张为春秋末年陈国人。《史记·仲尼弟子列传》载："颛孙师，陈人，字子张。少孔子四十八岁。"也有说他是鲁国人的。

子张出身微贱。《吕氏春秋·尊师》载："子张，鲁之鄙家也。"这里的"鄙"即小，"鄙家"即小户人家，地位相当低微。《尸子》载："颜涿聚，盗也；颛孙师，驵也。……孔子教之，皆为显士。""驵"指马市上的经纪人。在这一点上，子张与孔子有些相似之处。《史记·孔子世家》载："孔子贫且贱。"孔子也曾自称"多能鄙事"。

子张是一个才貌出众的人。在孔门弟子中，子张的容仪是最令人称道的。《论语·子张》载："曾子曰：'堂堂乎张也。'"在曾参看来，子张容貌堂堂，这是毋庸置疑的。对于能收子张这样容仪堂堂的弟子，孔子也感到欣慰且引为自豪。《尚书大传》载，孔子将颜回、子贡、子张、子路四位弟子看作自己的"四友"，这样评价说："自吾得师也，前有辉，后有光，是非先后与？……文王有四臣以免虎口，丘有四友以御侮。"在孔子看来，正是相貌堂堂的子张进入门下，才使自己身边变得光彩敞亮的。

子张性情偏激，为人勇武。《论语·先进》载："师也辟。""辟"意"偏"，"师也辟"是说子张性情偏激。《论语·子张》载，子张曾说"士见危致命，见得思义"。意思是作为一个"士"，临到危难的时候，就要把自己的生命拿出来；看到有利可得时，便要考虑一下应该不应该得。《太平御览》载："子路勇且力，其次子贡为智，曾参为孝，颜回为仁，子张为武。"可见，子张是个性情偏激且具有勇武精神的人。

子张志高意广，又坚持己见，同门对子张"友之而弗敬"。

子张虽曾热心学干禄，却始终未从政。

孔子死后，子张独立招收弟子，宣扬儒家学说，是"子张之儒"的创始人。《史记·儒林列传》载："自孔子卒后，七十子之徒散游诸侯，……故子路居卫，子张居陈，澹台子羽居楚，子夏居西河，子贡终于齐。"这样看来，子张最后是在陈国定居下来，并以陈国为基地发展自己的势力。据《韩非子·显学》载，孔子死后，儒分为八，而"子张之儒"位居首位，可见子张之学在当时的影响。

钱穆《先秦诸子系年》引《堀坊志》云"子张卒年五十七"，时为鲁悼公二十一年（公元前447年）。《礼记·檀弓上》载："子张病，召申祥而语之曰：'君子曰终，小人曰死。吾今日其庶几乎！'"申祥为子张之子，后为鲁穆公之臣。由子张对儿子的临终遗言看，子张对自己的一生是满意的。

二、孔门问对：孔子对子张的个别化教学艺术

在《论语》二十篇中，记载"子张问"的就有十余处之多。"作为孔子弟子，在学问上子张很喜欢博，他向孔子请教的问题既大且广。"① 子张志高意广，有疑即问，孔子根据子张的性格特点与问题所在，对他进行因材施教。有时直言相告，有时逐层解析，有时反问促思，有时辨析明异，有时晓之以理，有时导之以行。

1. 问"干禄"：问得直接，答得干脆

《论语·为政》载："子张学干禄。子曰：'多闻阙疑，慎言其余，则寡尤；多见阙殆，慎行其余，则寡悔。言寡尤，行寡悔，禄在其中矣。'"

子张竟然向孔子学习"干禄"，即怎样求得官位俸禄。问题问得如此直截了当，这在孔门弟子中大概只有子张才能做得出来吧。樊迟虽然有"稼""圃"之问，可算得直接，但孔子却没有耐心回答他，并且说"小人哉，樊须也"。很显然，孔子对樊迟的提问是不满意的。而这次子张的"干禄"之问却得到了完全不同的对待，虽然子张问的方式过于直接，但孔子还是给了足够坦率的回答，那就是："多听听，保留有疑问的地方，其余有把握的问题慎重地进行谈论，就会减少错误；多看看，保留有疑问的地方，其余足够自信的事情慎重地去做，就会减少懊悔。说话减少错误，做事减少懊悔，官位俸禄就在这里面了。"可见孔子对弟子问学的不同答问方式，其实反映了他对弟子问学内容的认可与否的基本态度。

---

① 高专诚. 孔子·孔子弟子［M］. 太原：山西人民出版社，1989：340.

2. 问"从政"：先总后分，逐层解析

《论语·尧曰》载："子张问于孔子曰：'何如斯可以从政矣？'子曰：'尊五美，屏四恶，斯可以从政矣。'子张曰：'何谓五美？'子曰：'君子惠而不费，劳而不怨，欲而不贪，泰而不骄，威而不猛。'子张曰：'何谓惠而不费？'子曰：'因民之所利而利之，斯不亦惠而不费乎？择可劳而劳之，又谁怨？欲仁而得仁，又焉贪？君子无众寡，无小大，无敢慢，斯不亦泰而不骄乎？君子正其衣冠，尊其瞻视，俨然人望而畏之，斯不亦威而不猛乎？'子张曰：'何谓四恶？'子曰：'不教而杀谓之虐；不戒视成谓之暴；慢令致期谓之贼；犹之与人也，出纳之吝谓之有司。'"

子张此次"问从政"和前面"学干禄"已有明显不同，"从政"之问相当从容，而"干禄"之问过于急切。朱熹《四书章句集注》引尹氏之言曰："子张之学，病在乎不务实，故孔子告之皆笃实之事，充乎内而发乎外者也。"子张向孔子请教说："怎样才能处理好政事呢？"孔子说："尊崇'五美'，摒除'四恶'，这样就可以处理好政事了。"因为说得非常概括，所以造成子张的"愤悱"，待子张再问"何谓五美"时，孔子顺势推出"五美"之目："君子惠而不费，劳而不怨，欲而不贪，泰而不骄，威而不猛。"子张继续追问"何谓惠而不费？"，希望得到老师对其内涵的更为具体的阐述，孔子便连用五个反问句启发子张对其中的道理进行深入的思考。这样，"五美"的问题就解决了。那么"四恶"又指什么呢？孔子再答："不教而杀谓之虐；不戒视成谓之暴；慢令致期谓之贼；犹之与人也，出纳之吝谓之有司。"在这次对话中，孔子采用了"先总后分，逐层解析"的教学艺术策略，这样做显得思路清晰、纲举目张。孔子不是将内容和盘托出，而是诱导子张深入探求；不仅告知子张从政的要求，而且启发他思考其中的道理，确可称得上语重心长、循循善诱了。

3. 问"仁"：故装未知，反问促思

《论语·公冶长》载："子张问曰：'令尹子文三仕为令尹，无喜色；三已之，无愠色。旧令尹之政，必以告新令尹。何如？'子曰：'忠矣。'

曰：'仁矣乎？'曰：'未知；——焉得仁？'"崔子弑齐君，陈文子有马十乘，弃而违之。至于他邦，则曰："犹吾大夫崔子也。"违之。之一邦，则又曰："犹吾大夫崔子也。"违之。何如？'子曰：'清矣。'曰：'仁矣乎？'曰：'未知；——焉得仁？'"

子张问历史上的人物，在一定程度上透露了他的从政雄心，或许子张是想以他们为榜样成就"仁政"吧。至此，弟子之问、老师之对已是"高手过招"了。子张表面上在问令尹子文和陈文子的所作所为"何如"，其实内心所关切的是他们究竟是不是"仁矣乎"。孔子虽然对此心知肚明，但是在教学中却"引而不发"，只是根据自己的判断标准将他们分别归为"忠"与"清"，且看子张如何反应。果然如孔子所料，子张将心底的真正疑惑说了出来：他们到底达到"仁"了没有？孔子说："不知道。他们怎么能达到仁？"孔子的话说得意味深长，估计子张需要为此反复琢磨许久，从而收获更多。看来，子张是非常重视"仁"的，只是没有能够准确领会"仁"的精神实质，所以选择了自己认为可能达到了"仁"的两个人物来向孔子请教。没想到，不仅没有得到孔子的认可，而且孔子也没有向他说明判断"仁"的标准。让人困惑的是孔子竟然两次说他"不知道"，更是两次反问子张"焉得仁"，言外之意是"子张啊，你再想想吧，'仁'可不是轻易即可达到的啊"。后来，子张再次去请教孔子"仁"的问题。《论语·阳货》载："子张问仁于孔子。孔子曰：'能行五者于天下为仁矣。''请问之。'曰：'恭、宽、信、敏、惠。恭则不侮，宽则得众，信则人任焉，敏则有功，惠则足以使人。'"看来，"仁"的问题曾长期困扰着子张，始终未能解决好。子张的同学如曾参、子游均曾质疑其"为仁"，应该是有所依据的。

4. 问"达"：找准惑源，辨析明异

《论语·颜渊》载："子张问：'士何如斯可谓之达矣？'子曰：'何哉，尔所谓达者？'子张对曰：'在邦必闻，在家必闻。'子曰：'是闻也，非达也。夫达也者，质直而好义，察言而观色，虑以下人。在邦必达，在家必达。夫闻也者，色取仁而行违，居之不疑。在邦必闻，在家必闻。'"

子张向孔子请教"士怎样才可以称作通达"？孔子为了了解子张的想法，就反问道："你所说的通达是什么意思？"子张回答说："在邦为诸侯必定有名，在家为卿大夫也必定有名。"孔子说："这只是有名，不是通达。"紧接着，孔子帮助子张辨析"达"与"闻"："所谓达，那是要品质正直，好行仁义之事，善于揣摩别人的话语，观察别人的脸色，经常想着谦恭待人。这样的人，在邦为诸侯必定通达，在家为卿大夫必定通达。至于有名声的人，只是表面上装出仁德的样子，而行动上却往往违背仁德，自己还以仁人自居不疑惑。这样的人在邦为诸侯、在家为卿大夫只能骗取名望。"孔子针对子张的思想困惑，深入了解其产生困惑的根源，发现其症结在于没有辨明"达"与"闻"，于是采用"概念辨析法"，对"达"与"闻"的精神实质和外在形式进行了辨析，使得子张受到思想的触动，从而去追求真正的"达"。与此次问"达"相似，子张还曾向孔子问"明"、问"崇德辨惑"，孔子都给予了相应的辨析，澄清了子张的疑惑。看来，孔子所用的"概念辨析法"可以算是其有效教学的基本策略之一了。

5. 问"行"：晓之以理，导之以行

　　《论语·卫灵公》载："子张问行。子曰：'言忠信，行笃敬，虽蛮貊之邦，行矣。言不忠信，行不笃敬，虽州里，行乎哉？立则见其参于前也，在舆则见其倚于衡也，夫然后行。'子张书诸绅。"

　　针对子张的问题，孔子先是"晓之以理"，并将正反两面相结合以增强说服力："说话忠恳诚实，行为扎实认真，即使到了少数民族国家，也能行得通。说话不忠恳诚实，行为不扎实认真，即使在本乡本土，能行得通吗？"再之后，"导之以行"，教给子张具体的方法："站着时好像看到这两则信条就树立在自己面前，在车厢中时好像这两则信条就靠在车辕前的横木上。做到这样，就能行得通了。"子张听了老师的话，觉得很有道理。为了能像老师提示的那样随时看到这些话以对照修行，子张就把这些话写在了自己腰间的垂带上。"子张书诸绅"表明孔子的教诲引起子张的重视，并且马上付诸行动。子张以后在这方面的修养确见成效，甚至还发

表了这方面的言论来教育别人。如"子张曰：'执德不弘，信道不笃，焉能为有？焉能为亡？'"（《论语·子张》）可见，他在这方面受到了孔子较深刻的教育。近年出土的郭店楚简《忠信之道》载："忠，仁之时也；信，义之期也。是故古之所以行乎蛮貊者，如此也。"这些非常接近子张从孔子那儿所受到的忠信教育，所以很可能与"子张之儒"有关。

三、相师之道：孔子对子张的身教艺术

《论语·卫灵公》载："师冕见，及阶，子曰：'阶也。'及席，子曰：'席也。'皆坐，子告之曰：'某在斯，某在斯。'师冕出。子张问曰：'与师言之道与？'子曰：'然；固相师之道也。'"意即盲人乐师冕会见孔子，走到台阶前，孔子说："这是台阶。"走到座位边，孔子说："这是座席。"大家都坐下后，孔子告诉冕说："某某坐在这里，某某坐在这里。"冕走了以后，子张问道："这是同乐师讲话的方式吗？"孔子说："是的，这就是帮助盲人乐师的方式。"

以上即为教育家孔子对弟子子张进行身教的经典案例。

身教的效果通常取决于身教者的修养。孔子重视礼乐，很喜欢同乐师交往。《论语》中就有多处记载。《论语·八佾》载："子语鲁大师乐，曰：'乐其可知也：始作，翕如也；从之，纯如也，皦如也，绎如也，以成。'"《论语·泰伯》载："师挚之始，《关雎》之乱，洋洋乎盈耳哉！"古代的乐师往往是盲人，这可能与盲人的听觉较常人发达，而音乐又是声音的艺术有关吧。孔子对这些乐师非常尊重。薛瑄《读书录》中言："观圣人与师言，辞语从容，诚意恳至，真使人感慕于数千载之上。常人见贵人则知敬，见敌者则敬稍衰，于下人则慢之而已。圣人于上下人己之间，皆一诚敬之心。"① 台湾学者傅佩荣认为："这段资料看起来没什么，但事实上正好反映出儒家替别人着想的心，我们说'如心为恕'，如心就是将心比心。跟任何人来往，都要设想他的情况，千万不能主观、自私。"②

① 转引自程树德. 论语集释（下）[M]. 北京：中华书局，2013：1293.
② 傅佩荣. 向孔门弟子借智慧 [M]. 北京：中华书局，2011：163.

其实尊重人乃孔子一贯的表现。《论语·子罕》载："子见齐衰者、冕衣裳者与瞽者，见之，虽少，必作；过之，必趋。"孔子见到穿着齐衰孝服的人，穿戴着礼帽和礼服的贵族以及盲人，即使是年龄小的，他也一定会从座位上站起来。当经过这些人眼前时，一定要快步走过去。孔子为什么这样做呢？据研究，孔子这样做具有三种不同的含义：对穿着丧服的人行礼，是对失去亲人者的同情与悲悯；对大夫及其以上戴冕的贵族行礼，是贵族文化与绅士风度的体现；对盲人行礼，是因为他们有乐教的修养，是礼乐文明的守护者。①

身教本质上是一种行为艺术。孔子在真诚地对待并热心帮助师冕，设身处地地为他着想。他在接待师冕时的每一个动作、每一句话语，无不在为自己的弟子做出做人的示范。子张当时在场，将这一切看在眼里，记在心上，以后无论什么时候想起，都会历历在目，知道该如何尊重人、如何帮助人。这就是孔子的身教艺术。与言教相比，身教往往更能产生深远的影响。

① 李竞恒. 论语新劄：自由孔学的历史世界［M］. 福州：福建教育出版社，2014：173.

第七节　曾参：孔门中修养精进且孝行突出的弟子

曾参是孔门私学中修养精进且孝行突出的弟子。孔子对曾参的教育体现了高超精湛的艺术：一是孔门问对——孔子对曾参的个别化教学艺术；二是"参来勿内"——孔子对曾参"愚孝"言行"以怒示警"的教学艺术；三是"三省吾身"——孔子指导曾参进行自我教育的艺术。

曾参是孔门私学中修养精进且孝行突出的弟子。他没有颜回、子贡之"敏"，也没有子游、子夏之"才"，但是他个性沉稳、专注做事、善于反省、身体力行，最终在道德学问上达到"慎独"的境界，成为中国文化史上一个非常重要的承上启下的人物。孔子对曾参的教育既有点化促悟，又有以怒示警；不但身教为先，而且引导自育。

一、曾参的生活史、形象及成就

	姓字	姓曾，名参，字子舆，亦称曾子
	国别	鲁国
	出身	平民
	生卒	公元前 505 年—公元前 435 年（少孔子 46 岁）
	出仕	无
	封号	郕伯、郕国公、宗圣

曾子，名参，字子舆，春秋末年鲁国南武城（今山东费县）人。其父曾晳也是孔子的弟子。在孔门私学中，父子同为孔子弟子的，除了颜路和颜回之外，就是曾晳和曾参了。父子先后为孔子弟子，说明父辈对孔子教育的认可。子辈的成就超越了父辈，与得到了父辈的早期教育影响是分不开的。

曾参是孔子晚年的弟子中年龄较小者。《史记·仲尼弟子列传》载："曾参，……少孔子四十六岁。"曾参少年时期随其父曾晳耕种于故里。《说苑·立节》载，"曾子衣敝衣以耕"，自食其力。其早期教育，应为曾晳对其进行启蒙，以后才入孔门学习。据考证，曾参入孔门时间应为孔子返鲁之后的鲁哀公十一年（公元前484年），曾参时年21岁。[①]《史记·仲尼弟子列传》载："孔子以为能通孝道，故授之业。"这说明曾参少时的孝行即得到孔子的关注。

曾参并不聪敏，甚至有些鲁钝。孔子曾说"参也鲁"（《论语·先进》）。孔安国注曰："鲁，钝也。曾子性迟钝。"学者李启谦认为，曾子就是一个性情沉静、动作较慢的人。他这样的性格只是不太活泼，但不能说他脑子愚笨。[②] 也就是说，曾参之"鲁"只是"不敏"而已，并非"不智"。朱熹在《四书章句集注》中引用程颐等人的注释："曾子之学，诚笃而已。圣门学者，聪明才辩，不为不多，而卒传其道，乃质鲁之人尔。故学以诚实为贵也。""曾子之才鲁，故其学也确，所以能深造乎道也。"北宋二程对曾参的"鲁"做出了合理的评价，他们说："参也鲁。然颜子没后，终得圣人之道者，曾子也。"（《二程集》）正因为曾参"鲁"，专心向学，心无旁骛，所以能继颜回之后，终得孔子之道。

曾参本人是典型的孝子。《孟子》载有曾参养曾晳必有酒肉、曾晳嗜羊枣而曾参不忍食羊枣的故事。《战国策·燕策》载，曾参"义不离亲一夕宿于外"。《新语·慎微》载，"曾子孝于父母，昏定晨省，调寒温，适轻重，勉之于糜粥之间，行之于衽席之上"。《孔子家语·七十二弟子解》

---

① 罗新慧. 曾子研究：附《大戴礼记》"曾子"十篇注译 [M]. 北京：商务印书馆，2013：65.

② 李启谦. 孔门弟子研究 [M]. 济南：齐鲁书社，1987：136.

载，虽然后母"遇之无恩"，而曾参仍"供养不衰"。《礼记·檀弓上》载，曾参遭遇父丧时"水浆不入于口者七日"。后被元代郭居敬选入《二十四孝》，产生了深远的社会影响。孔子高度评价曾参："孝，德之始也；悌，德之序也；信，德之厚也；忠，德之正也。参中夫四德者也。"（《孔子家语·弟子行》）

长期以来，在人们的心目中，曾参是一个"战战兢兢，如临深渊，如履薄冰"（《论语·泰伯》）的谦谦君子形象。其实，这只是曾参形象的一个方面。另一方面，曾参却又是弘毅、刚强、傲视王侯的"高士""斗士"，这一形象往往为人们所忽略。如曾参成名后影响很大，"齐迎以相，楚迎以令尹，晋迎以为上卿"（《韩诗外传》），但曾参均力辞不就。

曾参作为儒家思想的重要传人，其弟子和再传弟子众多。据文献所载，著名弟子有乐正子春、公明仪、公明子高、子襄、阳肤等。清代学者崔述说"圣道之显，多由子贡；圣道之传，多由曾子。子贡之功在当时，曾子之功在后世"（《洙泗考信录·余录》），可谓公允之论。

曾参静心修养，得享高寿。《史记·仲尼弟子列传》载，曾参"死于鲁"。《阙里文献考》载："曾子年七十而卒。"张其昀著《孔学今义》称："曾子寿至九十。"但均不知何据。

二、孔门问对：孔子对曾参的个别化教学艺术

孔子擅长与弟子进行问答对话，是对话教学艺术大师。在孔门私学中，与孔子直接进行问对，是弟子们接受孔子教育的重要形式。孔子对曾参个别化教学的典型案例就有如下几桩。

1. "一以贯之"：孔子对曾参的"点化促悟"教学艺术

《论语·里仁》载："子曰：'参乎！吾道一以贯之。'曾子曰：'唯。'子出，门人问曰：'何谓也？'曾子曰：'夫子之道，忠恕而已矣。'"意思是，孔子说："曾参啊，我的道是可以用'一'贯穿起来的。"曾参说："是。"孔子出去后，其他弟子问曾参："是什么意思啊？"曾参说："老师

的道，只是忠恕而已。"

此处所记反映的情形，应为曾参在孔门学习已有时日后发生的。从文中可知，当时在场的弟子不只曾参一人，而孔子独独叫着曾参的名字说"吾道一以贯之"，可见孔子对曾参的器重。而曾参也心领神会地回答："唯。"孔安国注曰："直晓不问，故答曰唯。"孔子没有明说'一以贯之'的"一"是什么，曾参似乎非常清楚，而从孔子随后没有说什么就离开了可以推断，他对曾参如此回答是默默认可的。观《论语》及其他史籍可以发现，和孔子如此对话的仅此一例。

那么这个"一"到底是什么呢？当时在场的其他弟子都不解其意，只好问曾参："是什么意思啊？"曾参向他们解释说："老师的道，只是忠恕而已。"从曾参的语气来看，是言之凿凿的。这些弟子应是和曾参一起学习的同门，他们对于孔子一贯之道的领悟显然没有曾参那样深刻，这也说明孔子只问曾参，是因为对弟子的学习状况了然于胸。

孔子对于曾参的回答应该是感到欣慰的。因为据《论语·卫灵公》载，子贡也曾聆听孔子讲述"一以贯之"之道："子曰：'赐也，女以予为多学而知之者与？'对曰：'然，非与？'曰：'非也，予一以贯之。'"从子贡回答时的不得要领看，孔子对此是不满意的，甚至有点失望。他先是明确否定了子贡的回答，进而直接告诉子贡说"予一以贯之"。此后也不知过了多长时间，子贡终于向孔子问道："有一言而可以终身行之者乎？"孔子回答："其恕乎！己所不欲，勿施于人。"二者的根本不同在于，对于孔子的一贯之道，曾参是自己悟出的，而子贡则是老师告知的。

2. "闻诸夫子"：孔子对曾参的"孝行评价"教学艺术

《论语·子张》有两处记载了曾参向弟子转述自己亲闻孔子教诲的情况。

曾子曰："吾闻诸夫子：人未有自致者也，必也亲丧乎！"

曾子曰："吾闻诸夫子：孟庄子之孝也，其他可能也；其不改父之臣与父之政，是难能也。"

从文字记述形式来看，此两处"曾子曰"透露出较为特殊的信息。一是尊称曾参为"曾子",由此可推知,这很有可能是由曾参弟子记述的。二是曾参特别表明自己所言为"吾闻诸夫子",其语言形式有点像佛经中的"如是我闻"。这一方面可以看出孔子确曾对曾参进行过这方面的教育,另一方面也可以看出曾参对老师教诲的尊崇。

从曾参转述的孔子的教诲内容来看,都与对"孝"行的评价有关。前一章孔子教育曾参说:"人的感情在平时是不会自动发挥到极致的,如果有,那应该是其父母去世的时候吧。"《论语集解》引马融注曰:"言人虽未能自致尽于他事,至于亲丧,必自致尽。"这也是告诫人们必须竭诚尽哀于亲丧,以表孝心。后一章孔子教育曾参说:"孟庄子的孝,其他的都容易做到,而留用他父亲的家臣,不改变他父亲的施政纲领,这是别人难以做到的。"这和孔子对孝道的一贯主张相吻合,《论语·学而》即载有他曾说"三年无改于父之道,可谓孝矣"。孔子一再对曾参进行孝道教育,受此影响,曾参终于成长为以孝见长的儒学思想家。

3. 询问"七教":孔子对曾参的"由孝而政"教学艺术

《孔子家语·王言解》载:"曾子曰:'敢问何谓七教?'孔子曰:'上敬老则下益孝,上尊齿则下益悌,上乐施则下益宽,上亲贤则下择友,上好德则下不隐,上恶贪则下耻争,上廉让则下耻节。此之谓七教。七教者,治民之本也。政教定,则本正也。凡上者,民之表也,表正则何物不正?'"大意是说,曾参向孔子请教说"请问'七教'是什么?"孔子就向曾参解释道:"执政者尊敬老人,而老百姓越孝敬父母;执政者按年龄大小封爵,而老百姓越顺从兄长;执政者喜爱施舍,而老百姓越信实;执政者亲近有才能的人,而老百姓越慎重选择朋友;执政者乐于给人恩惠,而老百姓就光明正大;执政者讨厌贪婪,而老百姓就以争夺为耻辱;执政者刚强果敢,而老百姓就廉洁知耻;老百姓都有了榜样,政务就减轻了。这就叫'七教'。七种教化,是治国治民的根本,教化稳定,社会习尚就端正了。执政的人,乃是老百姓的榜样,只要榜样端正了,什么事物会不端正呢。"

从孔子对曾参所提问题的回答看,孔子认为执政者的德行对于老百姓的影响是直接的，因为在他看来，"凡上者，民之表也，表正则何物不正"。其德政就是从"上敬老""下益孝"开始的，而将其中的道理推而广之，即可使"民皆有别，则政不劳矣"。他指出所谓"七教"，是"治民之本也"，而"政教定，则本正也"。孔子面对曾参的询问，答以"由孝而政"的道理，体现的正是他一贯的"循循然善诱"的教学艺术风格。

三、"参来勿内"：孔子对曾参愚孝言行"以怒示警"的教学艺术

据《孔子家语》等文献记载，曾晳教子极为严厉苛刻："曾子耘瓜，误斩其根。曾晳怒，建大杖以击其背。曾子仆地而不知人久之。有顷，乃苏，欣然而起，进于曾晳曰：'向也参得罪于大人，大人用力教，得无疾乎?'退而就房，援琴而歌，欲令曾晳而闻之，知其体康也。"大意是：曾参耘瓜误断其根，曾晳大怒，以大棒将儿子打昏。曾参并没有记恨，醒来后的第一件事便是安慰父亲。之后回到房内弹琴唱歌，以便让父亲知道自己身体没有问题。曾晳教子的故事，应该是中国人"棍棒下面出孝子"这一古训的体现。

然而，孔子对此并不赞同，尤其是对曾参的"愚孝"言行。据载："孔子闻之而怒，告门弟子曰：'参来勿内。'曾参自以为无罪，使人请于孔子。子曰：'汝不闻乎? 昔瞽瞍有子曰舜，舜之事瞽瞍，欲使之，未尝不在于侧；索而杀之，未尝可得。小棰则待过，大杖则逃走。故瞽瞍不犯不父之罪，而舜不失烝烝之孝。今参事父，委身以待暴怒，殪而不避，既身死而陷父于不义，其不孝孰大焉? 汝非天子之民也? 杀天子之民，其罪奚若?'曾参闻之曰：'参罪大矣。'遂造孔子而谢过。"大意是说：孔子听说了这些情况就大怒，告诉弟子们"如果曾参来了，不要让他进门"。曾参自认为无罪，托人向孔子请教。孔子对来人说："你没听说过吗? 昔日舜侍奉父亲，父亲使唤他，他总在父亲身边；父亲要杀他，却找不到他。父亲轻轻地打他，他就站在那里忍受；父亲用大棍打他，他就逃跑。因此他的父亲没有背上不义之父的罪名，而他自己也没有失去为人之子的

孝心。如今曾参侍奉父亲，把身体交给暴怒的父亲，父亲要打死他，他也不回避。他如果真的死了就会陷父于不义。相比之下，哪个更为不孝？另外，你不是天子的臣民吗？杀了天子的臣民，又会犯多大的罪啊？"曾参听后，说："我的罪过很大呀！"于是造访孔子而向他谢罪。

由上可见，对于曾参来说，父亲曾皙之"怒"，是怒其干活不细；老师孔子之"怒"，是怒其孝行过愚。父亲曾皙的教育是"棒打"，老师孔子的教育是"勿内"。棒打是身体惩罚，轻则伤其皮肉，重则危及性命；"勿内"是精神惩罚，重在触其灵魂，激起警觉。只是"参来勿内"的教育效力还不够，这由"曾子自以为无罪"可以知道；孔子就再以长篇言教转告，举"舜事其父"为例，对照分析，循循善诱，终于使曾参意识到自己"罪大矣"，从而心服口服地上门"谢过"。或许，正是这一次"勿内"教育，才使曾参幡然醒悟，知道了凡事皆需要反思，在"孝"道上精进修养，终有成就。

四、"三省吾身"：孔子指导曾参进行自我教育的艺术

儒家的修养理论强调向内用力，要求做到克己内省。孔子就要求其弟子在修养过程中严格要求自己，"克己复礼"（《论语·颜渊》），以提高个人修养水平为重，不为外部名利所诱。[1] 孔子本人即是自我教育的典范，对弟子们形成潜移默化的教育影响。作为孔门弟子的曾参，之所以学问和修养都取得很高的成就，主要凭借他"内省"和"慎独"的自我教育功夫。

关于内省，曾参说："吾日三省吾身——为人谋而不忠乎？与朋友交而不信乎？传不习乎？"（《论语·学而》）意思是，每天多次反省自己：替别人办事是否尽心竭力了？同朋友往来是否诚实？老师传授的学业是否复习了？曾参的思维灵活性不够，但深刻性突出。所以他非常专注，思维很有深度。曾参说："士不可以不弘毅，任重而道远。仁以为己任，不亦

---

① 李如密. 儒家教育理论及其现代价值 [M]. 北京：中华书局，2011：159.

重乎？死而后已，不亦远乎？"（《论语·泰伯》）

关于"慎独"，曾参说："十目所视，十手所指，其严乎！富润屋，德润身，心广体胖，故君子必诚其意。"（《大学》）大意是，当独处而无人觉察时，要像有许多眼睛在盯着你、许多人的手在指着你的时候那样，谨慎地使自己的行为符合道德标准。曾子认为"慎独"首先要求"诚意"，要诚实无伪、真心无欺，要言行内外一致，在一切场合中都自觉地践履道德准则。

《荀子·法行》有载："曾子曰：'无内人之疏而外人之亲，无身不善而怨人，无刑已至而呼天。内人之疏而外人之亲，不亦远乎！身不善而怨人，不亦反乎！刑已至而呼天，不亦晚乎！《诗》曰："涓涓源水，不雝不塞。毂已破碎，乃大其辐。事已败矣，乃重太息。"其云益乎！'"这段话意思是说：曾参主张不要疏远家人，而亲近外人；不要本身不善，怨恨他人；不可刑法临到自己，而呼叫上天。疏远家人，而亲近外人，不违反常理吗？本身不善，怨恨他人，不也悔之已晚了吗？古诗说："细流的水源，不填就不会蔽塞，毂辘已破碎了，这才加固它的辐条；事情已经失败了，这才高声长叹。"这还有什么补救呢？这些认识比较集中地体现了作为孔门弟子的曾参亲疏有度、严于律己、防微杜渐、注重自我修养的思想。

曾参一生言行谨慎，哪怕是病中甚至临终时刻都无丝毫懈怠。《论语·泰伯》载："曾子有疾，召门弟子曰：'启予足！启予手！《诗》云："战战兢兢，如临深渊，如履薄冰。"而今而后，吾知免夫！小子！'"曾参的身份是"士"，但其寝眠之具，却是大夫才能享用的华丽竹席。弥留之际，当童子指出这一点后，曾参当即要求儿子换掉竹席。曾参在生命的最后时刻坚持换席，为其一生恪守"礼不逾节"做了生动的诠释，成为道德人格自我完善的典范。

第八节 冉有：孔门中多才多艺、擅长理财的弟子

　　冉有是孔门私学中多才多艺、擅长理财的弟子。孔子对冉有的教育体现了高超精湛的教育艺术：一是孔门问对——孔子对冉有的个别化教学艺术；二是补偏救弊——孔子对冉有的批评教育艺术。

　　冉有是一个有突出优点和突出缺点的人。他出身微贱，活泼乐观，擅长从政理财，是孔门"政事"科的第一名；但是他对仁德修养不感兴趣，曾因处事失度、聚敛附益等受到孔子的严厉批评。深入了解冉有其人以及孔子对他的教育策略与艺术，有助于我们今天更好地教育那些优缺点并存且都突出的学生。

一、冉有的生活史、形象及成就

	姓字	姓冉，名求，字子有，亦称冉有
	国别	鲁国
	出身	贱人
	生卒	公元前 522 年—？（少孔子 29 岁）
	出仕	季氏宰
	封号	徐侯、彭城公

冉有出生于公元前 522 年，春秋末年鲁国人。卒年不详。

冉有出身微贱。孔子有三位冉姓著名弟子，分别是冉伯牛（冉耕）、冉雍（仲弓）和冉有（冉求），并且他们来自同一宗族。据《孔子家语·七十二弟子解》载："冉求，字子有，仲弓之宗族。"又云："冉雍，字仲弓，伯牛之宗族。"《史记·仲尼弟子列传》载："仲弓父，贱人。"三冉皆在孔门十哲之列，世称"一门三贤"。冉有的多才多艺，或许与其出身寒门、历经磨难不无关系。

冉有性格活泼，常常保持乐观的心态。《论语·先进》记载他侍立于孔子身边"侃侃如也"，一副温和快乐的样子，与闵子骞的恭敬谨慎、子路的躁进刚强形成鲜明的对比。他平日做事有些退缩，因而孔子在教学过程中还特意培养其积极上进的态度。

在周游列国前，冉有就给季氏做事。孔子周游列国时，冉有伴随左右，甚至亲为驾车。"子适卫，冉有仆。"（《论语·子路》）《史记·孔子世家》载，冉有于鲁哀公三年被召回国，为季氏宰。《左传·哀公十一年》载，冉有在鲁国与齐国的战斗中勇立战功，并成功说服季康子迎接孔子回鲁。

冉有在孔门弟子中以多才多艺著称，曾多次获孔子称赞，如他对鲁大夫孟武伯说"求也，千室之邑，百乘之家，可使为之宰也"（《论语·公冶长》），在鲁国执政季康子面前说"求也艺，于从政乎何有？"（《论语·雍也》），并说"若臧武仲之知，公绰之不欲，卞庄子之勇，冉求之艺，文之以礼乐，亦可以为成人矣"（《论语·宪问》）。冉有的多才多艺，集中地体现在政治、经济、军事三个方面。孔子是很欣赏冉有的，《论语·子罕》载，孔子曾自述："吾少也贱，故多能鄙事"，"吾不试，故艺"。大概是因为自己也拥有"艺"吧，所以孔子对同样有"艺"的冉有就多了一分惺惺相惜。

二、孔门问对——孔子对冉有的个别化教学艺术

孔子教育教学精彩纷呈，往往表现在对各弟子的个别化教学上。对于冉

有，孔子在教育教学中既有精心的指点，又有巧妙的评点，还有着意的激励。冉有在孔子因材施教的培育下，在从政、理财等方面都有长足的进步。

1. 指点艺术——周游路上指点冉有治国方略

《论语·子路》载："子适卫，冉有仆。子曰：'庶矣哉！'冉有曰：'既庶矣，又何加焉？'曰：'富之。'曰：'既富矣，又何加焉？'曰：'教之。'"意即孔子到卫国去，冉有为他驾车。孔子说："人口真多呀！"冉有就问："人口已经够多了，再要做些什么呢？"孔子说："使他们富起来。"冉有再问："那富了以后还要做些什么呢？"孔子说："教化他们。"在去往卫国的颠簸路途上，师生间的对话就构成情境教学的生动画面。师生颇有兴致，讨论得也深入。冉有意气风发，问了再问，非常好学，表现出对于政事的特殊兴趣。孔子深谋远虑，答了再答，语言高度简洁概括，体现出孔子对冉有"画龙点睛"式的点拨艺术。整个师生问答气势恢宏，展现了师徒俩的雄才大略，是孔子与冉有关系最默契时的真实写照。孔子认为政事治理要遵循"庶—富—教"的发展逻辑，相信这对于冉有日后非常重视和擅长财经工作不无影响。孔子的这一思想也是一贯的。《说苑·建本》载："子贡问为政，孔子曰：'富之。既富，乃教之也。'"这与此处对冉有进行点拨教育的内容是完全一致的。

孔子善于利用一切可能的机会对学生进行教育，从他在路上与驾车的弟子对话即可见一斑。有意思的是，还有一次与上述"冉有仆"教学情境类似的"樊迟御"。《论语·为政》载："樊迟御，子告之曰：'孟孙问孝于我，我对曰：无违。'樊迟曰：'何谓也？'子曰：'生，事之以礼；死，葬之以礼，祭之以礼。'"从这也可以看出，孔门弟子对于驾车技能（仆、御）均可熟练掌握。其实，孔子本人也是这方面的能手。《论语·子罕》载："达巷党人曰：'大哉孔子！博学而无所成名。'子闻之，谓门弟子曰：'吾何执？执御乎？执射乎？吾执御矣。'"

2. 评点艺术——同学侍坐时评点冉有的从政志向

《论语·先进》载：子路、曾皙、冉有、公西华侍坐，孔子让大家谈论各自的志向，在子路主动发言之后，孔子主动询问冉有："求！尔何如？"冉有回答说："方六七十，如五六十，求也为之，比及三年，可使足民。如其礼乐，以俟君子。"此后，孔子评点说："安见方六七十如五六十而非邦也者？"从孔子主动询问冉有的情况来看，他是非常关心冉有的发展志向的。从冉有所做的干练回答来看，冉有对自己的政事管理能力是自信的，对自己并不擅长的礼乐则谦虚地说"以俟君子"。冉有的这段话说得确实非常有谦谦君子的风度，他才讲了句"方六七十"，又退缩成"如五六十"，才讲了句"可使足民"，又周旋了个"如其礼乐，以俟君子"。正如刘宝楠在《论语正义》中所说："冉求能治大国，而只言小国，是其性谦退也。"这尤其和子路的莽撞不让形成鲜明的对照。从孔子事后的评点来看，他对冉有的志向还是比较满意的。

特别需要指出的是，冉有在政事上具有突出的优势，即他擅长的是"足民"。应该说，这抓住了当时政事的重点与关键。先秦思想家都看到了"富民"的重要性。如《管子·治国》就有这样的论述："凡治国之道，必先富民。民富则易治也，民贫则难治也。奚以知其然也？民富则安乡重家，安乡重家则敬上畏罪，敬上畏罪则易治也。民贫则危乡轻家，危乡轻家则敢陵上犯禁，陵上犯禁则难治也。"但是冉有的回答也暴露了其日后从政的最大弱点，即欠缺"礼乐"。这与孔子"庶—富—教"的治国逻辑相对照，存在严重的缺陷，同时也就埋下了冉有在思想行动上同孔子屡屡发生冲突的隐患。

3. 激励艺术——针对冉有退缩个性鼓励其"闻斯行之"

《论语·先进》载："子路问：'闻斯行诸？'子曰：'有父兄在，如之何其闻斯行之？'冉有问：'闻斯行诸？'子曰：'闻斯行之。'公西华曰：'由也问闻斯行诸，子曰，"有父兄在"；求也问闻斯行诸，子曰，"闻斯行之"。赤也惑，敢问。'子曰：'求也退，故进之；由也兼人，故退之。'"在这里，孔子对于冉求所问"闻斯行诸"的问题，根据其个性特点给出了肯定性的回答，他的理由是"求也退，故进之"。这说明孔子对学生的了解是非常准确深入的，教育是因材施教。问题是孔子对冉有的激励教育究竟有没有产生效果呢？答案应该是肯定的。这从冉有后来能够主动为公西华的母亲请求粮米、积极建议伐齐并在战争中表现英勇、大胆起用年轻的樊须担当重任、想方设法说服季氏迎接孔子归鲁等行为中均能得到证明。如果没有孔子有针对性的教育，冉有很难发生如此重大的转变。

三、补偏救弊——孔子对冉有的批评教育艺术

冉有是一个优点突出、缺点也突出的弟子。针对冉有的缺点与过错，孔子进行了相应的旨在补偏救弊的批评教育。或指出要害，或阐明原则，或训导过错，或极言警醒，孔子对冉有的批评教育形式也是多样的。

1. 指出要害——批评冉有不能坚持

《论语·雍也》载："冉求曰：'非不说子之道，力不足也。'子曰：'力不足者，中道而废。今女画。'"大意是，冉有说："不是我不喜欢老师的仁道，只是个人的能力不够呀。"孔子说："如果是能力不够的话，一定是走到半路才不得不停下来。现在是你还没走呢就画地自限。"冉有从政能力非常突出，但仁义修养十分欠缺，自己又不想努力学习，就向孔子辩解，推脱为"力不足"。孔子一针见血地挑明这是冉有为自己所找的借口，指出他的实际情况与"力不足"根本不符，暗指其"非不能也，是不为也"。孔子的批评准确而深刻，非常到位，但方式上还较为委婉，且留有余地，其中含有期待："仁德的学习对你来说不是能力问题，只要愿意努力，你是完全能够达到的。"

对于"力不足"的问题，孔子曾在另一次与弟子的对话中明确表示："有能一日用其力于仁矣乎？我未见力不足者。盖有之矣，我未之见也。"（《论语·里仁》）意即："有没有人能在一整天内将其心力用在行仁上的？我没见过力量不够的。或许有这样的人吧，只是我没见到罢了。"冉有在仁德修养上"画地自限"，自然让孔子不满意。特别是和好学的颜渊相比，简直天壤之别。子谓颜渊，曰："惜乎！吾见其进也，未见其止也。"（《论语·子罕》）在孔子看来，君子修养是不能自我设限的。因为

没有人能限制自己的成功，只有自己限制自己。应该说，"德能不配"是冉有在孔门学习时就存在的问题，孔子为此对冉有进行多次因材施教，但正是冉有的"画"（画地自限），致使收效甚微。孔子虽然多次称赞冉有的政治才能，但大多时候对其仁德修养有所保留："求也，千室之邑，百乘之家，可使为之宰也，不知其仁也。"（《论语·公冶长》）

2. 阐明原则——批评冉有不能适度

《论语·雍也》载："子华使于齐，冉子为其母请粟。子曰：'与之釜。'请益。曰：'与之庾。'冉子与之粟五秉。子曰：'赤之适齐也，乘肥马，衣轻裘。吾闻之也：君子周急不继富。'"事情大致是：公西华出使齐国，冉有热心地为其母亲申请粮米。孔子说："给她一釜吧。"冉有请求再增加一些，孔子说："那就给一庾吧。"结果，冉有给了五秉米。[①] 孔子知道了这件事后，一是没有怀疑冉有假公济私，看来粮米补助确实符合有关规定或惯例；二是没有批评冉有自作主张，看来冉有的处理也确实在其可以做主的范围之内。只是这件事反映了冉有处事不能适度，所以孔子便委婉地批评他说："公西华这次去齐国，车前驾着肥马，身上穿着轻裘。我听说，君子应周济穷急之人而不应周济富裕之人。"这段话前面通过事实说明公西华家是"富"而非"急"，后面从道理上让冉有明白"周急不继富"的原则。在孔子看来，对于公西华母亲的粮米补助给一釜就可以，顶多一庾足够了，可是冉有最后给的远远超过这一数量，便不是适度了。

当然，孔子并不是心疼粮米，如有必要，就是再多点也是应该的。《论语·雍也》还记载了另一件事："原思为之宰，与之粟九百，辞。子曰：'毋！以与尔邻里乡党乎！'"原思也是孔子弟子，据《史记·游侠列传》载，他"终身空室蓬户，褐衣疏食"，家境清贫。此次孔子请他出任总管，给他小米九百斗作为俸禄，原思觉得太多，推辞不受。孔子就说："不要推辞！真要有多余的话就送给你的邻里乡亲吧！"联系前一例来看，对比何等鲜明：冉有是嫌少追讨，原思则是嫌多推辞；孔子对前者不

---

① 釜、庾、秉均为古代量名。一釜等于六斗四升，一庾等于二斗四升，一秉等于十六斛。

愿多给，而对后者却主动给了许多。其原则是：一是根据周济对象是"急"还是"富"来确定需要的程度，二是根据个人享用还是与人分享来评判价值的大小。凡事都有轻重缓急，与其替人锦上添花，不如为人雪中送炭。

3. 训导过错——批评冉有不能谏止

《论语·季氏》载，季氏要攻伐邻国颛臾，孔子对冉有提出批评，认为不能谏止此事是冉有的过错。他说："有，无乃尔是过与？"意即："冉有，这不就是你的过错吗？"接着阐明不该攻伐颛臾的理由："夫颛臾，昔者先王以为东蒙主，且在邦域之中矣，是社稷之臣也。何以伐为？"冉有面对老师的疾言厉色，只好辩解说这是季氏自己的主张，他和子路都不想这样做。孔子说："求！周任有言曰：'陈力就列，不能者止。'危而不持，颠而不扶，则将焉用彼相矣？且尔言过矣，虎兕出于柙，龟玉毁于椟中，是谁之过与？"此时冉有非但不接受孔子的指责，而且为季氏的举动寻找借口说："今夫颛臾，固而近于费。今不取，后世必为子孙忧。"对此，孔子给予了严厉的批评，他说："求！君子疾夫舍曰欲之而必为之辞。丘也闻有国有家者，不患贫而患不均，不患寡而患不安。盖均无贫，和无寡，安无倾。夫如是，故远人不服，则修文德以来之。既来之，则安之。今由与求也，相夫子，远人不服，而不能来也；邦分崩离析，而不能守也；而谋动干戈于邦内。吾恐季孙之忧，不在颛臾，而在萧墙之内也。"

在整个事件过程中，冉有三次说话：第一次，是报告孔子季氏将伐颛臾的消息；第二次，是辩解伐颛臾不是自己的意思；第三次，是为季氏伐颛臾找借口。孔子也三次说话：第一次，直接责问冉有的过错；第二次，进一步指出冉有的过错在于没有履职谏止；第三次，系统阐述了自己的思想及观点。每次开口均以直呼冉有的名字"求！"开始，对话语气急促，显示出内心情绪激动，在前两次讲话中竟使用了四次反问——"无乃尔是过与？""何以伐为？""焉用彼相矣？""是谁之过与？"，言辞犀利，直逼要害，使冉有无法躲闪文饰，只好说出真相。在第三次讲话中，孔子对冉有提出诚恳的批评，语调逐渐舒缓，雄辩地阐述自己的观点，回归他一贯的晓之以理、以理服人的教育家风范。

4. 极言警醒——批评冉有助纣为虐

《论语·先进》记载说："季氏富于周公，而求也为之聚敛而附益之。"孔子非常生气，对众弟子说："非吾徒也。小子鸣鼓而攻之，可也。"据《左传》记载，事情原委是这样的：当时冉有为季氏家臣，季氏想"用田赋"，让冉有去征求孔子的意见，孔子不予回答。后来孔子私下告诉他，做事情要"度于礼，施取其厚，事举其中，敛从其薄"，即向百姓索取要微薄。但是最终冉有没有听从老师的劝诫，帮助季氏聚敛财富。所以，孔子才说："冉有不再是我的学生了，你们这些学生可以大张旗鼓地攻击他。"大概是想以如此极端之言，令冉有反思警醒吧。

孔子一句"非吾徒也"，表达了对冉有的极度失望。在孔子批评学生的话中，这可能是最严重的一句了。但如果仔细考察就会发现，对于冉有来说，发展到这一步，也是有些逻辑线索的：冉有以"力不足"为由放弃对仁德的学习，就已经释放出思想上的信号了；他不听孔子建议，执意多给公西华母亲粮米，就已经在行动上走偏了；他帮着季氏策划攻伐颛臾，就已经严重违背孔子仁政德治的教诲了；他利用自己所擅长的财经管理能力为季氏聚敛财富，则实属助纣为虐，直接走向孔门的对立面了。前几次，孔子对冉有的过失均给予批评教育，希望他能改过迁善。但冉有一而再、再而三地变本加厉，终于触及孔子能够容忍的底线，迎来孔子不满的大爆发。眼看着当年曾驾车同游、意气风发、以天下为己任的弟子，一步一步发展为依附权贵、为害人民的人，作为教育家的孔子该是怎样地"恨铁不成钢"啊！那么，孔子在激愤地说完"非吾徒也"之后，是不是就把冉有开除出了孔门呢？看来是没有，要真是那样的话，就不会有冉有为孔门十哲、"政事"科第一的记载了。

第九节 宰予：孔门中最擅长言辞的弟子

宰予是孔门私学中最擅长言辞的弟子。孔子对宰予的教育体现了高超精湛的教育艺术：一是孔门问对——孔子对宰予的个别化教学艺术；二是"言实乃信"——孔子对宰予言语能力的评价教育艺术；三是"朽木不可雕也"——孔子对宰予的惜时教育和诚信教育艺术。

宰予是孔门中最擅长言辞的弟子。他古灵精怪，特立独行，常常思考一些稀奇怪异的问题，发表一些与众不同的见解，做出一些令人瞠目的事情。孔子面对这样一个弟子，焕发出教育的责任感与热情，更加讲求教学的智慧与技巧，既有效地促使宰予充分发展了言语能力，又在惜时和诚信方面对其进行相应的补偏救弊，最终将其培养成"言语"科的第一名。在现实教育中，一旦出现这样的学生，我们会比孔子更高明吗？

一、宰予的生活史、形象及成就

	姓名	姓宰，名予，字子我，亦称宰我
	国别	鲁国
	出身	不详
	生卒	前 522 年—？（少孔子 29 岁）
	出仕	无
	封号	齐侯、临淄公、齐公

宰予，姓宰，名予，字子我，亦称宰我，春秋末年鲁国人。《大成通志·先贤列传上》载，宰予小孔子29岁。

宰予入孔门私学较早，曾追随孔子周游列国，共同经历艰难。《吕氏春秋·慎人》载："孔子穷于陈、蔡之间，七日不尝食，藜羹不糁。宰予备矣。"周游期间，宰予曾受孔子派遣，使于齐国、楚国。《孔丛子》就载有"宰我使于齐""孔子使宰我使于楚"等。

宰予天资聪颖，好问善辩，具有独立思考、勇于质疑的精神。他向孔子提出的许多问题都较为犀利、富有深度，有自己的见解。其特立独行的个性和不甘庸常的言行，给人留下深刻的印象。这在当时的社会历史环境下是难能可贵的，但同时也会因难容于周围的人而遭受孤立。

宰予在孔门弟子中以能言善辩著称，孔子曾评价说："言语：宰我，子贡。"（《论语·先进》）孔子把宰予置于"言语"科之首，排在"利口巧辩"的子贡前面，这说明孔子对他的口才是非常看重的。此后，孟子也赞宰予"善为说辞"（《孟子·公孙丑上》），司马迁说他"利口辩辞"（《史记·仲尼弟子列传》），都承认他有相当的辩才。

宰予卒年不详。据朱彝尊著《孔子弟子考》，宰予在后世被多次追封，"唐赠齐侯，宋赠临淄公，改齐公"[①]。

二、孔门问对——孔子对宰予的个别化教学艺术

宰予是一个资质颇高、擅长言语、具有叛逆精神的学生，他问的问题以及问问题的方式都很特别。哪怕是老师不愿回答的问题，或者与老师的思想相抵触的问题，甚至是可能会惹老师生气的问题，他都敢于提出。[②]孔子对宰予所提问题的回答，也就更讲究技巧与策略。他们师生之间展开的一次又一次问对，其中的教育意蕴值得我们细细体味。

---

① 朱彝尊. 孔子弟子考［M］. 北京：中华书局，1985：5.
② 郭德茂. 宰予与孔子之关系论［J］. 汕头大学学报，2006（4）：47-50.

1. 问仁者救人

《论语·雍也》载："宰我问曰：'仁者，虽告之曰："井有仁焉。"其从之也？'子曰：'何为其然也？君子可逝也，不可陷也；可欺也，不可罔也。'"意思是说，宰予问道："假设有人告诉仁者说：'井中有仁。'他应追随仁人进入井中吗？"孔子说："为何要这样做呢？仁者可以为求仁而死，但不能被人陷害；他可以被欺骗，但不能被愚弄。"

《论语》中问仁的章句很多，学生多以恭谨的态度按照夫子所说去执行。宰我的问仁则反映出他怀疑的态度，他理解的仁是盲从，曲解了仁者面对事情时的态度与分辨能力。宰予虽是问仁人仁事，但提问的方式甚是奇特。他先假设了一个两难的情境：一个仁人被告知，另一个仁人掉到井里，情势非常危急，问他该不该跳到井里救人呢？其实，宰予的问题本身就是一个陷阱，一般人回答这样的问题无异于"跳井"。若是回答这个仁人该跳井去救另一个仁人，则此仁人虽然"仁"，结果却是会因不智而既救不了另一个仁人，同时自己也重蹈覆辙、陷入危境。而若是回答这个仁人不该跳井去救另一个仁人，则马上陷入仁人"不仁"（见死不救）之中，结果就是虽智不仁。这对于提倡"仁者爱人"的孔子来说，无疑是被人"故意出了个难题"。

孔子对宰予既煞有介事又像开玩笑的"小聪明"行为洞若观火，从容地回答"为什么要这样做呢？"，并且不待宰予追问事先准备好的"这样会不会是不仁啊"之类的问题，而直指要害地阐明观点："君子可以为求仁而死，但不能被人陷害；他可以被欺骗，但不能被愚弄。"孔子的这一回答明面上是对宰予进一步阐明仁人不该盲目跳井救人的道理，暗地里还有警告宰予以后不要再用"构陷"的方式去出难题让别人上当的意思。宰予当然是很古灵精怪的，他听了孔子的这番话后，会不会感慨自己的"小聪明"遇到了老师的"大智慧"，反而弄巧成拙呢？

2. 问三年之丧

《论语·阳货》载："宰我问：'三年之丧，期已久矣。君子三年不为礼，礼必坏；三年不为乐，乐必崩。旧谷既没，新谷既升，钻燧改火，期可已矣。'子曰：'食夫稻，衣夫锦，于女安乎？'曰：'安。''女安，则为之！夫君子之居丧，食旨不甘，闻乐不乐，居处不安，故不为也。今女安，则为之！'宰我出。子曰：'予之不仁也！子生三年，然后免于父母之怀。夫三年之丧，天下之通丧也，予也有三年之爱于其父母乎！'"

"三年之丧"是早期儒家的重要主张。如《中庸》载："三年之丧，达乎天子。父母之丧，无贵贱，一也。"这也是孔子赞同的丧礼制度，他的弟子子夏、闵子骞等，皆"三年丧毕"才去见他。此处虽是宰予"问丧"，其实是宰予向孔子直接表明自己对三年之丧的质疑，和改三年之丧为一年之丧的设想及理由。在宰予看来，三年之丧为期过长，容易导致礼坏乐崩；为了不影响正常的生活，一年就可以了。对此，孔子没有斥责，也没有附和，而是用"归谬法"，先假设宰予的观点正确，再推论出其行为的不妥，对宰予动之以情。孔子问："在父母丧期内，吃精细的米饭、穿锦缎做成的衣服，你心安吗？"不料宰予竟回答："心安。"至此，孔子还是没有从正面驳斥，而是继续从侧面迂回教育宰予："你心安，那你就这么做吧！君子居丧期间，吃美味不香，听音乐也不乐，正常起居心不安，所以不那么做。现在既然你觉得安心，那么你就按照你想的那样去做吧！"等宰予退出去之后，孔子才正面阐述自己的观点："宰予真是不仁啊！孩子出生三年后，才能脱离父母的怀抱。父母去世后守孝三年，这是天下一致的礼制。宰予也得到了父母三年的怀抱之爱啊！"

从文中记述来看，此次问对形势乃"一攻一守"。先是宰予为"攻"势，孔子则是"守"势。后面竟被孔子逆转，孔子气盛反攻，宰予则气短反守。同时，此次思想交锋乃"一革新一循旧"，宰予代表革新的力量，孔子代表循旧的力量。革新者的理由有力，循旧者的情感深厚。宰予之问明显没有动摇孔子对"三年之丧"的坚守，而孔子之答似乎也没有说服宰予放弃自己改"三年之丧"为"一年之丧"的设想。宰予之问体现了他勇于质疑传统和老师的精神，更表明他针对三年之丧的弊端进行改革的现实合理性以及他想改为一年之丧的合乎逻辑的理由。孔子之答既晓之以理，又动之以情，虽然不失一贯的循循善诱的教育风格，但终因思想循旧而缺乏令人心服口服的教育力量。

3. 问五帝之德

《孔子家语·五帝》详细记载了宰予主动要求学习五帝之德的情形。他先是问孔子关于黄帝的事："昔者吾闻诸荣伊曰：'黄帝三百年。'请问黄帝者人也，抑非人也？何以能至三百年乎？"孔子曰："可也，吾略闻其说。"孔子对宰予的问题做了详细的回答。宰予此后又一鼓作气连续提出问题："请问帝颛顼""请问帝喾""请问帝尧""请问帝舜""请问禹"等，表现出强烈的求知欲。孔子觉得宰予过于急躁了："汝欲一日遍闻远古之说，躁哉！予也。"但宰予当即辩解说："昔予也闻诸夫子曰：'小子毋或宿。'故敢问。"孔子看宰予如此执着，便一一做了回答。宰予问得饶有兴趣，正所谓"学而不厌"。孔子答得很有耐心，真正是"诲人不倦"，并且显示出自己好古博学的修养。

有意思的是，宰予问完了，孔子答完了，师生竟又有一番意味深长的对话。孔子曰："予！大者如天，小者如言，民悦至矣。予也非其人也。"宰我曰："予也不足，以戒敬承矣。"大意是，孔子说："宰予啊！古帝王的功德大的像天一样，小的像我所说的，人民都非常高兴满意。"他话锋一转，语重心长地说："宰予啊，你不是能够懂得这些道理的人啊！"这是感慨宰予与这些人物相比差距太大了。宰予也非常认同，他说："我啊是有很大的不足，所以就谨慎恭敬地接受您的教诲啊。"

4. 问社主用木

《论语·八佾》载："哀公问社于宰我。宰我对曰：'夏后氏以松，殷人以柏，周人以栗，曰，使民战栗。'子闻之，曰：'成事不说，遂事不谏，既往不咎。'"意思是：哀公向宰予询问社主该用什么树木。宰我回答说："夏后氏用松木，殷商人用柏木，周人用栗木，意思是使人民畏惧战栗。"孔子听到后，说："已经做了的事不要再解释了，已经完成了的事不要再劝谏了，已经过去了的事不要再追究了。"

在此首先需要明确两点：一是哀公为什么要问社。古代土神叫社，哀公问的社应该是社主，即为祭祀土神时所立的一块木制牌位。作为农业社会的统治者，哀公当然重视社的作用，为社主做什么样的牌位就是一件值得重视的事。二是宰予的回答是什么意思。宰予回答夏代用松、商代用柏、周代用栗，还特别强调了周代用栗木做社主的政治文化意涵是"使民战栗"。这实际上透露出宰予对三代政治文化的一种看法，强调社的作用是"使民战栗"，对于哀公来说具有强烈的暗示意向。朱熹就曾指出，宰予想搞"使民战栗"的社，这种想法"启时君杀伐之心"，是非常糟糕的。很显然，这与孔子一贯主张的德政仁治、仁者爱人等思想是格格不入的。

那么，孔子听了宰予的这些话后，是怎样教育他的呢？对于宰予的"使民战栗"说，孔子当然是一百个不赞同，但是宰予"话已出口，覆水难收"，而且毕竟宰予是自己门下弟子，必须尽到教育的责任，再说还有其他弟子在看自己怎样处理这件事呢，所以就说了"成事不说，遂事不谏，既往不咎"这样几句话。对这几句话一直众说纷纭，有人认为是说三代之事的，有人认为是说宰予的。其实，孔子说的这几句话很可能是语义双关的，既是说三代的事都已经过去了，那都是"当时人"做的"当时事"，现在不要再像他们那样做了；也是说宰予的话尽管不恰当，但已经说出去了，过去了的事就让它过去吧，不再追究了。宰予作为孔门"言语"科的高材生，对于老师的"话里有话"想必能够心领神会吧。应该说，孔子的"既往不咎"代表了一种宽容的精神，在一些特殊的时候，对一些特殊的人与事，宽容本身也是一种教育力量和教育艺术。

三、"言实乃信"——孔子对宰予言语能力的评价教育艺术

《孔丛子·记义》载，宰予受孔子之命出使楚国，楚王想送孔子"安车象饰"，宰予便施展其卓越口才婉言谢绝，他说："夫子无以此为也。"楚王问他什么缘故，他解释说："臣以其用，思其所在观之，有以知其然。"接着就向楚王介绍他所了解的孔子："自臣侍从夫子以来，窃见其言不离道，动不违仁。贵义尚德，清素好俭。仕而有禄，不以为积。不合则

去，退无吝心。妻不服彩，妾不衣帛，车器不雕，马不食粟。道行则乐其治，不行则乐其身，……若夫观目之靡丽，窈窕之淫音，夫子过之弗之视，遇之弗之听也。故臣知夫子之无用此车也。"楚王听后对孔子增进了了解，感慨地说："乃今而后知孔子之德也大矣。"宰予回鲁后转告孔子，孔子就问其他弟子宰予所说如何。子贡说宰予的话"未尽夫子之美也。夫子德高则配天，深则配海。若予之言，行事之实也"。孔子说："夫言贵实，使人信之，舍实何称乎？是赐之华不若予之实也。"他明确赞同宰予平实的说辞，而不赞成子贡华丽的辞章。他把宰予置于子贡之前，确有道理。

由上可见，宰予的言语能力确实非常出色。在此事件中，宰予一举数得：充分展现了自己的言语能力，借机宣传了老师孔子的高尚德行，婉言谢绝了楚王的赠车意愿，得到了孔子的肯定评价。当然，更重要的是孔子对宰予的言语能力所做出的评价。宰予说得好是因为他对孔子的深刻了解，这种了解是建立在他与孔子长期相处、深度交往的基础之上的。也就是说，"言语"不完全是一种辞令技巧，它是与所表达的内容密切相关的。孔子首先阐明其"言实乃信"的言语观，他说："夫言贵实，使人信之，舍实何称乎？"这是对一个人言语能力进行评价的主要依据。接着，他将子贡有些浮华的言辞表达与宰予务求实际的言辞表达进行比较，得出结论性的评语："是赐之华不若予之实也。"孔子的这一评价教育价值是多方面的：对于宰予来说，其言语能力得到了老师的认可，足可慰藉；对于子贡来说，其言辞表达的浮华倾向受到批评，当会引起反思；对于其他弟子来说，这无异于一次非常难得的"言语"案例教育，对于他们确立正确的言语观和发展自己的言语能力，都是受益无穷的。

四、"朽木不可雕也"——孔子对宰予的惜时教育和诚信教育艺术

《论语·公冶长》载："宰予昼寝。子曰：'朽木不可雕也，粪土之墙不可杇也；于予与何诛？'子曰：'始吾于人也，听其言而信其行；今吾于人也，听其言而观其行。于予与改是。'"意思是：宰予白天睡大觉。

孔子说："腐烂的木头没法雕刻，泥土散落的墙壁没法粉刷。对于宰予，还有什么可责备的呢？"孔子又说："开始我对于人，是听到他的言语便相信其行为；如今我对于人，是听到他的言语，而观察其行为。从宰予开始，我改变了看人的态度。"

宰予究竟犯了何错，竟让孔子如此光火。如果仔细考察一下，我们就会发现，宰予之错其实有二：一是怠学，没有好好惜时努力。常言道：聪明人易懈怠。宰予就是聪明人，一不小心就懈怠了。孔子最看重的就是勤奋好学，勤奋好学的基本品质便是惜时。孔子本人就是非常惜时的。《论语·子罕》载："子在川上，曰：'逝者如斯夫！不舍昼夜。'"而宰予白天睡大觉、浪费掉大好时光的怠学表现让孔子非常失望。二是失信，没有做到言行一致。或许宰予曾经说过要惜时勤奋等很漂亮的话，结果却出现了白天睡大觉这样怠学虚度的行为，所以孔子才说，是宰予言行不一的表现让他以后对人要"听其言而观其行"。

针对宰予这两方面的过错，孔子的教育是体现"因材施教"原则的。首先是进行"惜时"教育。孔子用了两个形象的比喻——"朽木不可雕"和"粪土之墙不可杇"来形容不能惜时的严重后果。木头之所以腐杇，是因为放置的时间长了；墙壁泥土松动散落，也是因为年岁久了的缘故。这样的后果一旦形成，就很难挽回了。所以木头如果已经腐杇，那就无法再做雕刻之材了；墙壁如果已经出现泥土松落，那就不能再进行粉饰了。这是非常令人遗憾的事情。人生也是如此，所谓"少壮不努力，老大徒伤悲"。可见，孔子用形象化的比喻来对宰予进行"惜时"教育。除此之外，上海博物馆藏的楚简《弟子问》中有载："子曰：'小子，来，取余言。春秋不恒至，老不复壮。'"[1] 这说明孔子是经常告诫弟子要惜时向学的。其次是进行"诚信"教育。孔子用了两句句式整齐的"格言"来阐明言行一致的道理。他说："始吾于人也，听其言而信其行；今吾于人也，听其言而观其行。"有"始"有"今"，始"信"而今"观"，对比何等鲜明，表达富含哲理。尤其是最后一句"于予与改是"，对于怠学又失信的宰予应该不啻一记棒喝吧。

---

① 马承源. 上海博物馆藏战国楚竹书（五）[M]. 上海：上海古籍出版社，2005：270.

第十节　孔门私学中其他弟子群像（上）

　　因为孔子秉承"有教无类"的办学宗旨，所以孔门弟子不仅人数众多，而且个性差异很大。本节着重考察了闵子骞、冉雍、澹台灭明、高柴、樊迟、漆雕开、公西华、有若等弟子在孔门私学受教育的情形，从中可以看出孔子对他们的教育体现了高超精湛的教学艺术。有时哪怕是片言只语，或指点，或感慨，或批评，或激励，均可"于细微处见精神"，让后来人知道究竟什么才是真正的教育。

　　孔门弟子众多，除了当时就受瞩目、文献记载较多、后世影响较大的之外，还有一些弟子，因为种种原因，在历史文献中留下的记载较少，其生平事迹与思想言论很难准确考述。但他们都是孔门弟子群体中不可缺少的成员。孔子对他们有教无类、因材施教、启发诱导，其教学艺术多姿多彩、深邃精美，成功地塑造了弟子们生动活跃、神采各异的群像。

一、闵子骞："孝哉闵子骞"

	姓字	姓闵，名损，字子骞
	国别	鲁国
	出身	平民
	生卒	公元前 536 年—？（少孔子 15 岁）
	出仕	费宰
	封号	费侯、琅琊公、费公

闵子骞，姓闵，名损，字子骞，春秋末年鲁国人。生于公元前536年（比孔子少15岁），卒年不详。

闵子骞早年丧母，受继母虐待；帮父亲拉车，受父亲鞭打。在孔门中的表现被记载下来的有：（1）为人沉静寡言，孔子曾说他："夫人不言，言必有中。"（《论语·先进》）（2）动作老成持重，所谓"闵子侍侧，訚訚如也"（《论语·先进》），即恭敬正直的样子。（3）以德行著称，为孔门十哲中"德行"科第二名。《论语·先进》载："德行：颜渊，闵子骞，冉伯牛，仲弓。"（4）不愿意做官。《论语·雍也》载："季氏使闵子骞为费宰。闵子骞曰：'善为我辞焉！如有复我者，则吾必在汶上矣。'"意思是，季氏派人请闵子骞去做费邑的长官，闵子骞对来请他的人说："请你替我好好推辞吧！如果再来召我，那我一定跑到汶水那边去了。"从这段话表达的语气看，闵子骞推辞做官的意思是非常坚决的。

《韩诗外传》卷二记载了闵子骞在孔门修养的全过程："闵子骞始见于夫子，有菜色，后有刍豢之色。子贡问曰：'子始有菜色，今有刍豢之色，何也？'闵子曰：'吾出蒹葭之中，入夫子之门。夫子内切瑳以孝，外为之陈王法，心窃乐之。出见羽盖龙旗，旃裘相随，心又乐之。二者相攻胸中而不能任，是以有菜色也。今被夫子之教浸深，又赖二三子切瑳而进之，内明于去就之义，出见羽盖龙旗，旃裘相随，视之如坛土矣，是以有刍豢之色。'"闵子骞从始有"菜色"到有"刍豢之色"，是因为内心深处经历了激烈的斗争，受孔子思想的深刻影响，即所谓"被夫子之教浸深"，终于"内明于去就之义"，视荣华富贵如粪土，其道德修养遂进入自觉自由的境界。这就能很好地解释他为什么那样坚决地辞官不做了。

闵子骞的孝行非常突出。《太平御览》载："闵损……早失母，后母遇之甚酷，损事之弥谨。损衣皆藁枲为絮，其子则绵纩重厚。父使损御，冬寒失辔，后母子御则不然。父怒，诘之，损默然而已。后视二子衣，乃知其故，将欲遣妻。谏曰：'大人有一寒子，犹尚垂心；若遣母，有二寒子也。'父感其言，乃止。"由此可见，闵子骞是深明大义的。后母毕竟不同于亲母，二者最大的不同在于，后者有血缘关系而前者没有。孝后母当然与孝亲母也就不同，其孝行已超越血亲之爱了，这也正是闵子骞孝行的非同寻常之处。所以，他的一番话感动了其父亲，使之打消原意，也使后母感激而成为他的慈母，他的两个异母弟弟也因受感动而行弟道①。闵子骞之孝在当时影响很大，其事迹在民间广为流传。

孔子对于弟子闵子骞的孝行大加赞赏，说："孝哉闵子骞！人不间于其父母昆弟之言。"（《论语·先进》）意即闵子骞真是孝顺啊！因为他的孝行，人们没有非议他的父母兄弟。孔子对闵子骞孝行的评价，着眼于"孝"的家庭维系功能和社会和谐功能，对于闵子骞本人来说是重要的激励，对于其他弟子来说，也树立了一个良好的榜样。孔子弟子中多孝子，这就为孔门私学带来了一种良好的声誉和特别的荣耀。

二、冉雍："雍也可使南面"

	姓字	姓冉，名雍，字仲弓
	国别	鲁国
	出身	贱人
	生卒	公元前 522 年—?（少孔子 29 岁）
	出仕	季氏宰
	封号	薛侯、下邳公、薛公

冉雍，姓冉，名雍，字仲弓，鲁国人。生于公元前 522 年，少孔子 29 岁，卒年不详。

冉雍出身贫贱，但德行突出，才智过人。早年拜师孔子，跟随先生周游列国。鲁哀公十三年（公元前 482 年），冉雍当上季氏家族的总管。孔子评价他："犁牛之子骍且角，虽欲勿用，山川其舍诸?"（《论语·雍也》）意思是：那耕牛的儿子长着赤色的毛、整齐的角，虽然不想用它做牺牲来祭祀，山川之神也不会答应。这说明冉雍虽然出身贫贱，但他超群拔俗的才能仍会有用武之地，因而孔子评价冉雍说："雍也可使南面。"

---

① 李炳南. 论语讲要［M］. 苏州：弘化社，2014：442.

（《论语·雍也》）这里所说的"南面"，一般是指君主和贵族的位置。

《论语·公冶长》载："或曰：'雍也仁而不佞。'子曰：'焉用佞？御人以口给，屡憎于人。不知其仁，焉用佞？'"意思是，有人说冉雍内心仁德却不善口才，孔子予以反驳："我不知道他仁德与否，但为什么一定得善口才呢？"《论语》中说刚毅、木讷接近仁德，又说巧言令色的人仁德很少。由此，冉雍之不善口才并不代表其内心缺少仁德。

冉雍提出为政要居心恭敬，行之以简，得到了孔子的认同。《论语·雍也》载："仲弓问子桑伯子。子曰：'可也简。'仲弓曰：'居敬而行简，以临其民，不亦可乎？居简而行简，无乃大简乎？'子曰：'雍之言然。'"意思是：冉雍向孔子打听子桑伯子这个人怎么样。孔子说："此人尚可，办事简要而不烦琐。"冉雍说："居心恭敬严肃而行事简要，这样来治理百姓，不是也可以吗？平时就追求简单，不能深思熟虑，还以简单的方法办事，这岂不是太简单了吗？"孔子说："冉雍啊，这话你说得对呀。"

冉雍对于老师的指教身体力行。《论语·颜渊》载："仲弓问仁。子曰：'出门如见大宾，使民如承大祭。己所不欲，勿施于人。在邦无怨，在家无怨。'仲弓曰：'雍虽不敏，请事斯语矣。'"冉雍向孔子请教"仁"，孔子教导他说："出门工作要像去接待贵宾，役使百姓要像去承当大祀典那样严肃认真、小心谨慎。不要把自己都不喜欢的东西强加给别人。无论在家在国都不要无端怨恨。"冉雍听罢，受益匪浅，立即回答先生说："弟子虽然不聪慧，但将按照先生的教诲去实行。"

后来冉雍果然言行如一，笃行仁德，被孔子定为"德行"科弟子的代表之一，与颜回、闵子骞并列。他的同窗好友子贡也给他很高的评价："在贫如客，使其臣如借。不迁怒，不深怨，不录旧罪，是冉雍之行也。"（《孔子家语·弟子行》）就是说，冉雍不以贫穷为累；不把臣下当私有财产，而当作借重的使者；不拿别人出气；不加深对他人的怨恨；也不计较别人以往犯过的错误。冉雍在这些方面的表现足见其品行的高洁和器量的宽宏。

三、澹台灭明："以貌取人，失之子羽"

姓字	姓澹台，名灭明，字子羽	
国别	鲁国	
出身	士	
生卒	公元前 512 年—？（少孔子 39 岁）	
出仕	无	
封号	江伯、金乡侯	

澹台灭明，姓澹台，名灭明，字子羽，春秋末年鲁国人。

澹台灭明与子游关系密切。《论语·雍也》载："子游为武城宰。子曰：'女得人焉耳乎？'曰：'有澹台灭明者，行不由径，非公事，未尝至于偃之室也。'"这是说孔子与已经做了武城宰的弟子子游谈到有无发现人才时，子游将澹台灭明向孔子做了介绍，特别肯定了其品行端庄、公正无私的表现。

澹台灭明是孔门弟子中才高貌丑的典型。澹台灭明做了孔子的弟子后，更加注重个人德行修养。《史记·仲尼弟子列传》载，澹台灭明"状貌甚恶。欲事孔子，孔子以为材薄。既已受业，退而修行，行不由径，非公事不见卿大夫"。澹台灭明后来取得了引人瞩目的成就："南游至江，从弟子三百人，设取予去就，名施乎诸侯。"孔子听说后非常感慨，说："吾以言取人，失之宰予；以貌取人，失之子羽。"对于自己差点因"以貌取人"而失掉澹台灭明这个人才，孔子进行了深刻的反省，并以此来警示当时的孔门弟子和所有后来者，其胸襟之博大、用意之深远，在教育家中是非常少见的。

四、高柴："善为吏者树德"

高柴，姓高，名柴，字子羔，亦称子皋、子高、季皋等。春秋末年卫国人，一说齐国人。生于公元前 521 年。

姓字	姓高，名柴，字子羔，亦称子皋、子高、季皋等
国别	卫国（一说齐国）
出身	不详
生卒	公元前 521 年—？（少孔子 30 岁）
出仕	费宰、成邑宰、卫之士师、武城宰
封号	共城伯、共城侯

　　根据相关史料记载，高柴的基本情况如下：（1）身材矮小。《史记·仲尼弟子列传》记载他"长不盈五尺"，约合今天 1.5 米高。[①]（2）相貌丑陋。《孔子家语·七十二弟子解》说他"状貌甚恶"。（3）性格愚直。孔子曾对几位弟子做过评述："柴也愚，参也鲁，师也辟，由也嗲。"（《论语·先进》）他认为高柴愚直而不知通变。（4）孝行突出。高柴侍奉父母特别孝顺，孔子也称赞他"柴于亲丧，则难能也"。（5）非常好学。上海博物馆的战国楚简中有一篇《子羔》，记述高柴向孔子请教尧、舜、禹、契、后稷的事情，[②] 说明他是一位非常好学的弟子。

　　高柴行政能力非常突出。年轻时，子路就派他任费宰。（《论语·先进》）孔子周游列国期间，他随子路任"卫之士师"，即刑狱之官。（《孔子家语·致思》）回鲁国后又担任过武城宰（《孔子家语·七十二弟子解》）、成邑宰（《礼记·檀弓下》），具有丰富的行政经验，他可能是孔子弟子中担任官职最多的人。《说苑·至公》记载了一则关于高柴的故事，很能说明他的行政能力。故事说他在卫国做刑狱官时，依法砍了一名罪犯的脚，后罚他守卫城门。后来卫国发生内乱，高柴正是在那位受刑的守门人的帮助下逃出卫国，幸免于难。高柴不解地问守门人为何不借机报复他，反而助他逃走。守门人说："我因罪受刑，罪有应得。但当你判我的刑时，看得出来你反复掂量，想为我开脱减刑，表现出了仁爱之心。当罪行确定，临当行刑时，你心里也很难受。因此，我并不怨恨你，自然要帮

---

① 李启谦. 孔门弟子研究 [M]. 济南：齐鲁书社，1987：185.

② 徐刚. 孔子之道与《论语》其书 [M]. 北京：北京大学出版社，2009：218.

你出逃。"孔子听了这事之后，感慨地说："善为吏者，树德；不善为吏者，树怨。公行之也，其子羔之谓欤！"可见孔子虽然认为高柴愚直，但仍肯定他行政有方，善于树德。

五、樊迟："善哉问！"

姓字	姓樊，名须，字子迟，亦称樊迟
国别	鲁国（一说齐国）
出身	不详
生卒	公元前 505 年—？（少孔子 46 岁）
出仕	无
封号	樊伯、益都侯

樊须，姓樊，名须，字子迟，亦称樊迟，春秋末年鲁国人（一说齐国人）。

樊迟是孔子晚年弟子，比孔子少 46 岁，应该是在孔子周游列国之后进入孔门私学的，跟从孔子学习时间不长。

樊迟脾气急躁，缺乏耐心，表现在学习和修养上是常急于求成。

从《论语》的记载来看，樊迟是个十分好学的弟子。他向孔子问了许多问题，其中最著名的是"请学稼"。《论语·子路》载："樊迟请学稼。子曰：'吾不如老农。'请学为圃。曰：'吾不如老圃。'樊迟出。子曰：'小人哉，樊须也！上好礼，则民莫敢不敬；上好义，则民莫敢不服；上好信，则民莫敢不用情。夫如是，则四方之民襁负其子而至矣，焉用稼？'"这应该是樊迟进入孔门私学不久后的事情，孔子对他提问的不满是显而易见的。

但是从此之后，樊迟发生了非常大的转变，主要表现在将注意力用到"正地方"了。如《论语》就记载了樊迟多次向孔子请教"仁""知""崇德""修慝""辨惑"等问题，孔子都给予耐心的回答。

樊迟三次问"仁"。其一，《论语·子路》载："樊迟问仁。子曰：

'居处恭，执事敬，与人忠。虽之夷狄，不可弃也。'"孔子对樊迟解释"仁"，说平常在家规规矩矩，办事严肃认真，待人忠心诚意，即使到了夷狄之地也不可背弃。其二，《论语·颜渊》载："（樊迟）问仁。子曰：'爱人。'"孔子再次解释说，仁就是爱人。其三，《论语·雍也》载："（樊迟）问仁。曰：'仁者先难而后获，可谓仁矣。'"孔子进一步解释说，有仁德的人付出一定的努力，然后收获果实，可以说是仁德了。

樊迟两次问"知"。其一，《论语·颜渊》载："（樊迟）问知。子曰：'知人。'樊迟未达。子曰：'举直错诸枉，能使枉者直。'"樊迟问什么是智，孔子回答说就是了解人。樊迟还不明白，孔子进一步解释说，提升正直的人，将其放在邪恶的人之上，就能让邪恶的人变得正直。其二，《论语·雍也》载："樊迟问知。子曰：'务民之义，敬鬼神而远之，可谓知矣。'"樊迟再一次问什么是智，孔子告诉他，使民做事合乎道义，使民众敬重鬼神却不被鬼神迷惑，这就可以说是智了。

有一次，樊迟连发三问，被孔子称赞"善哉问！"《论语·颜渊》载："樊迟从游于舞雩之下，曰：'敢问崇德，修慝，辨惑。'子曰：'善哉问！先事后得，非崇德与？攻其恶，无攻人之恶，非修慝与？一朝之忿，忘其身，以及其亲，非惑与？'"樊迟借陪孔子游舞雩台之机，向孔子连提三问："请问怎样提高品德？怎样改正自己的邪念？怎样可以明辨是非？"孔子先是肯定地说"问得好呀！"，接着用三个"非……与？"的排比句诱导樊迟深入思考："先努力做事，然后才有所收获，不就是提高品德了吗？常常反省自己，批判自己的缺点而不去批判别人的缺点，不就可以消除恶念了吗？由于一时的气愤，就忘了自身的安危，以至于牵连自己的亲人，这不就是迷惑吗？"

从"问学稼、学圃"被孔子批评为"小人哉，樊须也"，到"问崇德，修慝，辨惑"而被孔子称赞"善哉问"，樊迟的变化实在是太大了！

六、漆雕开："子使漆雕开仕"

漆雕开，姓漆雕，名开，字子开，一说字子若。春秋末年鲁国人，一说蔡国人。生于公元前 540 年，卒年不详。

姓字	姓漆雕，名开，字子开，一说字子若
国别	鲁国（一说蔡国）
出身	不详
生卒	公元前 540 年—？（少孔子 11 岁）
出仕	无
封号	滕伯、平舆侯

《墨子·非儒》载，漆雕开形残。也就是说，漆雕开受过刑，以致身残。《孔丛子·诘墨》对此评论道："漆雕开形残，非行己之致，何伤于德哉！"可见，漆雕开并不因"形残"而"伤德"，人们都能理解这"非行己之致"。

漆雕开好学但不乐仕。《论语·公冶长》载："子使漆雕开仕。对曰：'吾斯之未能信。'子说。"意即：孔子叫漆雕开去做官。他回答说："我对此事还没有信心。"孔子听了从内心感到高兴。关于此事，《孔子家语·七十二弟子解》中有更详细的记载："漆雕开，蔡人，字子若。少孔子十一岁。习《尚书》，不乐仕。孔子曰：'子之齿可以仕矣，时将过。'子若报其书曰：'吾斯之未能信。'孔子悦焉。"意思是说，漆雕开研习《尚书》，不喜欢从政。孔子对他说："你这个年龄应该从政了，否则将错过时机。"漆雕开书面答复孔子说："我对出仕之道尚未研习明了。"孔子对此感到非常高兴。

这里需要辨析的问题有二：其一，漆雕开果真像他说的那样能力与信心不足吗？当然不是。孔子是识才的，他主动让漆雕开出仕，一定是看准了他具备从政的条件。其二，漆雕开为什么还要说"吾斯之未能信"呢？难道是他要在深入学习之后再从政吗？当然也不是。表面上看，他表现出谦虚的态度，其实这只不过是他的托辞罢了。他应该是对研习学术更有兴趣，而无意于从政。孔子或许正是看透了漆雕开的心思，觉得他的选择是适合的，才从内心为漆雕开感到高兴。

事实也证明了孔子的判断是正确的，漆雕开后来主要从事学术事业，并且取得了重要的成就。《韩非子·显学》载，孔子死后，儒分为八，其中就有"漆雕氏之儒"。据郭沫若《十批判书》中的考证，"漆雕氏之儒"就是漆雕开及其弟子所形成的儒家学派。《汉书·艺文志》曾有"《漆雕子》十三篇"的记载。这说明他的著作在东汉时还流传于世，可惜后来失传了。

七、公西华："可使与宾客言也"

	姓字	姓公西，名赤，字子华
	国别	鲁国
	出身	不详
	生卒	公元前 509 年—？（少孔子 42 岁）
	出仕	无
	封号	邵伯、巨野侯

公西赤，姓公西，名赤，字子华，亦称公西华，春秋末年鲁国人。

公西华应该是在孔子周游列国后进入孔门私学的，他当时年龄较小，少孔子 42 岁。

公西华善于思考和质疑。《论语·先进》载，有一次，他发现子路和冉有向孔子问同样的问题——"闻斯行诸？"，孔子却给了不一样的回答，感到非常困惑，就向孔子请教。孔子向来喜欢勤学好问的弟子，见公西华提出自己的疑惑，就向他阐明了其中的道理："求也退，故进之；由也兼人，故退之。"这让公西华领略了孔子因材施教的魅力。

公西华的个人志向是做个执礼的傧相。《论语·先进》载，子路、冉有、曾皙、公西华侍坐，孔子就让他们各言其志。公西华说："非曰能之，愿学焉。宗庙之事，如会同，端章甫，愿为小相焉。"孔子对此评点道："宗庙会同，非诸侯而何？赤也为之小，孰能为之大？"他充分肯定了公西华的志向。

公西华也确实是向着这个方向努力的，并且扎扎实实地具备了相应的能力。《论语·公冶长》载，孟武伯曾经问孔子，公西华能不能够得上"仁"。孔子实事求是地说："赤也，束带立于朝，可使与宾客言也，不知其仁也。"这就是说，在孔子看来，公西华是适合做外交官的。

公西华后来果然成为一名外交官。《论语·雍也》载："子华使于齐，冉子为其母请粟。子曰：'与之釜。'请益。曰：'与之庾。'冉子与之粟五秉。子曰：'赤之适齐也，乘肥马，衣轻裘。吾闻之也：君子周急不继富。'"从冉有一再请求给公西华母亲追加粮米补助来看，公西华此次出使齐国的时间应该比较长，任务也比较繁多。如果说孔子在情绪上有一点不满的话，那主要是对冉有处事失中而发的，绝不是对公西华有什么意见。

八、有若："状似孔子"

姓字	姓有，名若，字子有，后被尊称有子
国别	鲁国
出身	不详
生卒	公元前 508 年—?（少孔子 43 岁）
出仕	无
封号	汴伯、平阴侯

有若，姓有，名若，字子有，后被尊称为有子，春秋末年鲁国人。

有若非常好学，刻苦努力。《荀子·解蔽》载："有子恶卧而焠掌，可谓能自忍矣。"这是说，有若在学习时，夜以继日。为了防止打瞌睡，就特意准备下火堆，必要时用火烙手掌以提神。其刻苦精神令人感佩，足可以和"头悬梁，锥刺股"相映生辉。

有若的长相很像孔子。《史记·仲尼弟子列传》载："孔子既没，弟子思慕，有若状似孔子，弟子相与共立为师，师之如夫子时也。"但由于有若回答不出师兄弟们所提出的问题，最后还是被请下了夫子的宝座。《孟子·滕文公上》记载了当时的情景："他日，子夏、子张、子游以有若似圣人，欲以所事孔子事之，强曾子。曾子曰：'不可。江汉以濯之，秋阳以暴之，皜皜乎不可尚已。'"

事实上，有若不仅外貌像孔子，其思想也像孔子。《论语》中有几则"有子曰"，如果换成"子曰"，大概许多人也不会发现有什么不对。

其一，有若论"孝"。有子曰："其为人也孝弟，而好犯上者，鲜矣；不好犯上，而好作乱者，未之有也。君子务本，本立而道生。孝弟也者，其为仁之本与！"（《论语·学而》）意思是：如果一个人孝顺父母、敬爱兄长，却喜欢触犯上级，这种人是很少的；不喜欢触犯上级，却喜欢造反，这种人从来没有过。君子专心致力于基础工作，基础确立了，"道"就会产生。孝顺父母，敬爱兄长，这就是"仁"的基础吧。

其二，有若论"和"。有子曰："礼之用，和为贵。先王之道，斯为美；小大由之。有所不行，知和而和，不以礼节之，亦不可行也。"（《论语·学而》）意思是：礼的应用，以和谐为贵。以前圣王们治理国家，最可宝贵之处就在这里，不论大小事情，都遵循了这样的原则。如果有的地方行不通，那一定是为了和谐而一味地追求和谐，而不知道用礼加以节制，所以也就行不通了。

其三，有若论"礼"。有子曰："信近于义，言可复也。恭近于礼，远耻辱也。因不失其亲，亦可宗也。"（《论语·学而》）意思是：信约接近或者符合义，诺言就可以兑现。恭敬符合礼，就能避免耻辱。凭借他亲近应当亲近的人，也能确定他是可靠的人。

从中可以看出孔子思想对有若的深刻影响，也就是说，孔子的教诲在有若那里真正扎下根来了。在孔门弟子中，和孔子思想深度契合的，早期当属颜渊，后期就是有若了，有若对孔子思想的理解是同期其他同门难以相比的。《礼记·檀弓上》就记载，曾参说，孔子关于丧葬的主张是"丧欲速贫，死欲速朽"。有若当即反驳说："这绝不是老师的观点。"曾参就强调说："这是我自己听老师说的。"有若坚持说："你听错了，老师绝不会说这样的话。"后来子游出来澄清说："老师虽说过此话，但那是针对过于浪费钱财的人说的气话，不是希望所有的人都如此。"由此可见，有若对于孔子思想的认识是相当深刻的。

第十一节　孔门私学中其他弟子群像（下）

孔门众多弟子尽管个性差异很大，但有一些相近、互补的现象。本节考察了颜路与曾皙、原宪与公晰哀、冉伯牛与司马牛、公冶长与南宫适、宓子贱与巫马期、公良孺与陈亢、林放与孺悲等弟子在孔门私学接受教育的情形，可以看出孔子对他们的教育体现了高超精湛的教学艺术。若是仔细辨析、体味其中的同中之异、异中之同，我们不禁慨叹孔子教学艺术的辩证与精微。

正像浩瀚星空中有一些双子星，在茫茫黑夜里相映生辉一样，孔门私学众弟子中，也有许多相映成趣的人物。他们或者成就不分伯仲，或者名气难别上下，或者身份同样特殊，或者遭遇惊人相似，或者政风截然不同，或者命运殊途同归，他们的名字常常连在一起，给人留下深刻的印象。

一、颜路和曾皙：既是弟子又是家长

颜路和曾皙均为孔子早期弟子，他们应该非常认同孔子的教育，所以才将自己的儿子也送入孔门私学，这样他们就又成了孔门弟子的家长。颜路的儿子颜回后来被称为"复圣"，曾皙的儿子曾参后来被称为"宗圣"。

1. 颜路

姓字	姓颜，名无繇（由），字路
国别	鲁国
出身	不详
生卒	公元前 545 年—？（少孔子 6 岁）
出仕	无
封号	杞伯、曲阜侯、杞国公

颜路，姓颜，名无繇，字路，春秋末年鲁国人，少孔子 6 岁，为孔子早期弟子。《孔子家语·七十二弟子解》载："孔子始教学于阙里而受学。"同时，他也是孔子的得意弟子颜回的父亲。《史记·仲尼弟子列传》载："父子尝各异时事孔子。"

《论语·先进》载："颜渊死，颜路请子之车以为之椁。子曰：'才不才，亦各言其子也。鲤也死，有棺而无椁。吾不徒行以为之椁。以吾从大夫之后，不可徒行也。'"意思是，颜回死了，（他的父亲）颜路请求孔子卖掉车子，给颜回买个外椁。孔子说："（虽然颜回和孔鲤）一个有才一个无才，但都是我们各自的儿子。孔鲤死的时候，也是有棺无椁。我没有卖掉自己的车子步行而给他买椁。因为我曾做过大夫，是不可以步行的。"

颜回是孔子的得意门生。孔子多次高度称赞颜回，认为他有很好的品德，又好学上进。颜回死了，他的父亲颜路请孔子卖掉自己的车子，给颜回买椁。尽管孔子十分悲痛，但他不愿意卖掉车子。他解释说，他曾经担任过大夫一级的官员，而大夫必须有自己的车子，不能步行，否则就违背了礼。一般认为，这反映了孔子对礼的严谨态度。其实，这一理由很可能只是一种托词，真正的原因是这与孔子一贯反对厚葬的主张相冲突，所以孔子找了个冠冕堂皇的理由来加以拒绝。

"少年丧父，中年丧妻，老年丧子"，历来被中国人看作人生三大不幸，此处就是两个人至老年而痛失爱子的父亲之间的饱含人生凄凉的对话。同时这也是老师与学生之间的真诚交流，是孔子对只比自己小 6 岁的老学生的再一次言传身教。

2. 曾晳

姓字	姓曾，名点，字子晳（皙），亦称曾晳、曾蒧
国别	鲁国
出身	平民（先祖是贵族）
生卒	不详
出仕	无
封号	宿伯、莱芜侯

曾晳，姓曾，名点，春秋末年鲁国人。他是孔子的早期弟子，也是孔子著名弟子曾参的父亲。

曾晳在《论语》中仅出现一次，但给人深刻印象。《论语·先进》载，有一次，子路、曾晳、冉有、公西华侍坐，孔子启发他们各言其志。在子路、冉有、公西华相继表达了自己的愿望之后，曾晳说："莫春者，春服既成，冠者五六人，童子六七人，浴乎沂，风乎舞雩，咏而归。"意思是：暮春三月，春天衣服都穿定了，我陪同五六位成年人、六七个小孩，在沂水洗洗澡，在舞雩台上吹吹风，一路唱歌，一路走回来。孔子听完曾晳的描述，长叹一声说："吾与点也！"

孔子为什么赞同曾晳的发言呢？这是因为曾晳所描绘的景象，不仅直接而自然地反映了他的志向，更是间接而巧妙地反映了孔子的志向。为什么这么说呢？这是有依据的。《论语·公冶长》载，有一次，颜渊、子路侍，孔子也让他们"各言尔志"，在子路、颜渊谈完自己的志向后，子路表示想听听老师的志向，孔子当即明确地表达了自己的志向是"老者安之，朋友信之，少者怀之"。两相对照可见，曾晳所描绘的景象简直就是孔子志向的一种形象化的注脚，所以孔子才感慨地说："我赞同曾晳说的啊。"

孔子抓住了一个最佳教育时机而"喟然叹曰"，饱含感情，很有感染力。而"吾与点也"表达了一种认同、肯定，其作用有三：一是让曾晳有一种被认同的感受，得到激励；二是让其他在场的弟子获得境界上的升华；三是巧妙暗示了自己的志向与情怀。从总体上看，这一案例堪称教育史上"适时而教、启发诱导"教学的典范。

二、原宪与公晰哀：两位知耻不仕的君子

原宪与公晰哀的家境均非常贫寒，但都安贫乐道，坚守君子之志，终身不仕，成就了自己的道德形象，受到后世的称赞。孔门弟子中有多人深受孔子思想影响，于乱世中选择隐居不仕，也即选择了孔门弟子常见的人生归宿之一。

1. 原宪

姓字	姓原，名宪，字子思，亦称原思、原思仲
国别	鲁国
出身	不详
生卒	公元前 515 年—？（少孔子 36 岁）
出仕	无
封号	原伯、任城侯

原宪，姓原，名宪，字子思，亦称原思、原思仲。春秋末年鲁国人，生于公元前 515 年，卒年不详。

原宪在孔门学习时就非常注重个人道德修养。《论语·宪问》载，他曾向孔子问"耻"。子曰："邦有道，谷；邦无道，谷，耻也。"意思是：如果国家政治清明，做官领取俸禄；如果国家政治黑暗，仍做官领俸禄，这就是耻辱。根据实际情况决定是否进退，是孔子一贯的主张。《论语·泰伯》载："子曰：'笃信好学，守死善道。危邦不入，乱邦不居。天下有道则见，无道则隐。邦有道，贫且贱焉，耻也；邦无道，富且贵焉，耻也。'"这与孔子对原宪的教诲精神实质完全一致。

原宪还曾向孔子问"仁人"。《史记·仲尼弟子列传》载："子思曰：'克伐怨欲不行焉，可以为仁乎？'孔子曰：'可以为难矣，仁则吾弗知

也。'"这是说原宪请教老师孔子，如果一生之中努力避免"好胜、自夸、怨恨、贪心"等四种毛病，就算是仁人了吧？孔子就告诉他不好说这就是仁人了，但是这样做已经难能可贵了。

原宪对孔子的教诲身体力行，终于成为不看重利益而看重道德的君子。这从两件事上得以彰显：一是辞粟不受。《论语·雍也》载："原思为之宰，与之粟九百，辞。子曰：'毋！以与尔邻里乡党乎！'"二是不仕。孔子去世后，原宪隐居卫国，终身未仕。《史记·仲尼弟子列传》载："孔子卒，原宪遂亡在草泽中。"《孔子家语·七十二弟子解》载，"孔子卒后，原宪退隐，居于卫"，过着"不厌糟糠，匿于穷巷"（《史记·货殖列传》）的生活。

2. 公晳哀

姓字	姓公晳，名哀，字季次
国别	齐国
出身	贫寒
生卒	不详
出仕	无
封号	郑伯、北海侯

公晳哀，姓公晳，名哀，字季次。春秋末年齐国人。生卒年不详。其家境非常贫寒，《史记·游侠列传》载，公晳哀"闾巷人也"，"终身空室蓬户，褐衣疏食不厌"。可知他出身低微，一生穷困，过着物质匮乏的生活。

公晳哀和原宪的人生轨迹非常相似，其名字也常连在一起。如《史记·游侠列传》载："季次、原宪，闾巷人也，读书怀独行君子之德，义不苟合当世，当世亦笑之。"看来生活穷困而又洁身自好，自古以来就会被世俗之人讥笑，但是公晳哀和原宪们却不因被"笑"而放弃或改变对"君子之德"的坚守。在"义不苟合当世"的情况下，他们如果没有强大的内在精神支柱，是难以抗衡外部的压力的。

公晳哀不屈节求仕的品德受到孔子的特别推崇。《孔子家语·七十二弟子解》载，公晳哀"鄙天下多仕于大夫家者，是故未尝屈节人臣，孔子特叹贵之"。事实上，不是他没有能力出仕，而是他不愿意"屈节"出仕，这可能就是孔子觉得公晳哀之难能可贵的地方。《史记·仲尼弟子列传》载，孔子说："天下无行，多为家臣，仕于都；唯季次未尝仕。"可见，孔子对公晳哀的表现是给予充分肯定与高度赞赏的。

三、冉伯牛和司马牛：同样名"耕"，字中都有"牛"

冉伯牛与司马牛一个出身贫民，一个出身贵族，但都进了"有教无类"的孔门私学。特别有趣的是，出身贫贱的冉伯牛名"耕"，字"伯牛"，而出身贵族的司马牛竟也名"耕"，字"子牛"。"二牛"均遭遇坎坷，一染重病，一忧兄弟，令人感慨。

1. 冉伯牛

姓字	姓冉，名耕，字伯牛
国别	鲁国
出身	贫贱
生卒	公元前 544 年—？（少孔子 7 岁）
出仕	无
封号	郓侯、东平侯、郓公

冉伯牛，姓冉，名耕，字伯牛。春秋末年鲁国人。出身贫贱。少孔子7岁，为孔子早年弟子。

冉伯牛擅长"节小物"，即处理日常琐细事务。《尸子》载："仲尼志意不立，子路侍；仪服不修，公西华侍；礼不习，子贡侍；辞不辨，宰我侍；亡忽古今，颜回侍；节小物，冉伯牛侍。"在众弟子中，孔子常让冉伯牛来做这类事情，说明他务实而细致，在这方面确有特长。

冉伯牛为人品行端正，以德行著称。《白虎通·寿命》载："冉伯牛危言正行。"《论语·先进》载："德行：颜渊，闵子骞，冉伯牛，仲弓。"《孟子·公孙丑上》载："冉牛、闵子、颜渊善言德行。"这些都说明冉伯牛这个人品行端正，无愧于孔门十哲的殊荣。

后来，冉伯牛不幸染上重病。《论语·雍也》载："伯牛有疾，子问之，自牖执其手，曰：'亡之，命矣夫！斯人也而有斯疾也！斯人也而有斯疾也！'"从孔子"自牖执其手"看，冉伯牛确实病得异常严重。《史记·仲尼弟子列传》说他有"恶疾"，《淮南子·精神训》则说"冉伯牛为厉"。这可能是老师和学生最后的分别场景吧。孔子晚年所受的精神打击简直就是接踵而至：先是弟子冉伯牛染病而死，再是儿子孔鲤死，又接着是弟子颜渊死，然后是学生子路死于非命。面对病危的冉伯牛，孔子也只能悲凉地感慨："怕是活不了了，这是命啊！这样的人得了这样的病！这样的人得了这样的病！"师生之间竟有如此感人至深的情意，肯定令当时在场的所有人都为之动容了。

2. 司马牛

姓字	姓司马，名耕，字子牛
国别	宋国
出身	贵族
生卒	不详
出仕	无
封号	向伯、楚丘侯

司马牛，姓司马，名耕，字子牛，春秋末年宋国人，出身贵族。

司马牛的性格是"多言而躁"（《史记·仲尼弟子列传》），就是话多性急。《论语·颜渊》载："司马牛问仁。子曰：'仁者，其言也讱。'曰：'其言也讱，斯谓之仁已乎？'子曰：'为之难，言之得无讱乎？'"孔门弟子中向孔子问仁者很多，但孔子对司马牛的回答是很有针对性的，直接告诉他"仁德的人，说话谨慎"。司马牛对这一答案存疑，就进一步确认："说话谨慎就可以称为仁了吗？"孔子就因势利导地启发他："做起来困难，说的时候能不谨慎吗？"

司马牛年龄不大，却常怀忧惧。原来司马牛兄弟四人，以他最小。因其几位兄长皆卷入宋国内乱，他常常忧郁难解。《论语·颜渊》载，司马牛曾就此事向同门子夏倾诉说："人皆有兄弟，我独亡。"子夏就劝慰他说："商闻之矣：死生有命，富贵在天。君子敬而无失，与人恭而有礼。四海之内，皆兄弟也——君子何患乎无兄弟也？"《论语·颜渊》载："司马牛问君子。子曰：'君子不忧不惧。'曰：'不忧不惧，斯谓之君子已乎？'子曰：'内省不疚，夫何忧何惧？'"这是说司马牛问孔子什么是君子，孔子就有针对性地回答："君子不担忧，也不畏惧。"司马牛依然不敢相信，就再进一步确认："不担忧，不畏惧，这就可以叫作君子了吗？"孔子就语气肯定地告诉他："如果内心省察后而不感到愧疚，那还有什么可忧愁、可惧怕的呢？"

应该说，孔子对司马牛的几次谈话教育都体现了"因学定教、因材施教"的基本精神，呈现了一种高超精湛的教学艺术。

四、公冶长和南宫适：分别做了孔子的女婿和侄女婿

公冶长和南宫适是孔门私学中两位身份非常特殊的弟子，因为他们被老师孔子看中，分别做了孔子的女婿和侄女婿。能够得到孔子如此青睐的人，身上一定具备非同一般的品质。孔子选择女婿和侄女婿的眼光，曾引起许多人的好奇与猜测。

1. 公冶长

姓字	姓公冶，名长，字子长	
国别	齐国（一说鲁国）	
出身	不详	
生卒	不详	
出仕	不详	
封号	莒伯、高密侯	

公冶长，姓公冶，名长，字子长，春秋末年齐国人（一说鲁国人）。在孔门弟子中，公冶长堪称谜一样的人物。其谜有三。

谜之一：他的身世履历不详。其出身家境、生卒年月、是否出仕等情况均不得而知。

谜之二：他被投进监狱的罪名不详。《论语·公冶长》载："子谓公冶长，'可妻也。虽在缧绁之中，非其罪也'。以其子妻之。"看来，公冶长确曾被关进监狱，但究竟是因为什么罪名却无法得知。孔子也只是说"非其罪也"，语焉不详。至于后世流传他因懂鸟语而被鸟儿惩罚入狱，也已被清代学者崔东壁批为"荒诞鄙陋"，不足为信。

谜之三：孔子欣赏他的原因不明。从孔子说他"可妻也"看，孔子对这位弟子有着别样的态度；从"以其子妻之"，即将女儿嫁给了他的实际行动看，孔子是真的信任他、欣赏他。但问题是孔子到底欣赏公冶长的哪一点呢？其实并不明确。《孔子家语·七十二弟子解》载，公冶长"为人能忍耻"。这是说他在待人接物方面，特别能忍让。但这到底是不是"可妻也"的直接原因呢？后人也无法妄加推测。

2. 南宫适

姓字	姓南，名宫适，字子容，亦称南容、南宫括、南宫绍
国别	鲁国
出身	不详
生卒	不详
出仕	不详
封号	郏伯、龚丘侯

南宫适，姓南，名宫适①（一说姓南宫，名适②），字子容，亦称南容、南宫括、南宫绍。

孔子欣赏南宫适是有据可查的。非常可靠的证据有以下两点。

一是孔子认为南宫适是"尚德君子"。《论语·宪问》载："南宫适问于孔子曰：'羿善射，奡荡舟，俱不得其死然。禹稷躬稼而有天下。'夫子不答。南宫适出，子曰：'君子哉若人！尚德哉若人！'"从这段文字记

---

① 李启谦. 孔门弟子研究［M］. 济南：齐鲁书社，1987：171.
② 卞朝宁.《论语》人物评传［M］. 南京：江苏人民出版社，2015：436.

载中可以看出，孔子对南宫适的欣赏是溢于言表、不加掩饰的。

二是孔子做主将侄女嫁给了他。《论语·公冶长》载："子谓南容，'邦有道，不废；邦无道，免于刑戮'。以其兄之子妻之。"意思是，孔子评说南宫适："国家政治清明，不被废弃；国家政治黑暗，也不致被施以刑罚。"于是把自己的侄女（哥哥孟皮的女儿）嫁给他。《论语·先进》也记载："南容三复白圭，孔子以其兄之子妻之。"南宫适把"白圭之玷，尚可磨也；斯言之玷，不可为也"这几句诗反复诵读，让孔子认识了南宫适的品德追求，所以放心地将侄女嫁给了他。

值得一提的是，孔子对其侄女也是关怀备至的。《礼记·檀弓上》载："南宫绦之妻之姑之丧，夫子诲之髽，曰：'尔毋从从尔，尔毋扈扈尔。'"意思是，南宫适的妻子去参加婆母的丧礼，孔子告诫她（一定要）梳丧髻，嘱咐道："你不要把丧髻梳得高高的，也不要梳得太大。要用榛木代替发簪，长度不超过一尺（因为是丈夫的母亲，故从赏缫之礼），束发下垂的长度为八寸。"

五、宓子贱和巫马期：为政风格迥异的单父宰

宓子贱和巫马期先后做过单父宰，均取得不错的政绩，但是他们的为政风格迥异，形成鲜明对比。在后来的史书中，许多时候他们二人的名字与事迹都是并列的。

1. 宓子贱

姓字	姓宓，名不齐，字子贱	
国别	鲁国	
出身	不详	
生卒	公元前 521 年 — 公元前 445 年（少孔子 30 岁）	
出仕	单父宰	
封号	单伯、单父侯	

宓子贱，姓宓，名不齐，字子贱。春秋末年鲁国人。少孔子30岁。

宓子贱非常注重品德修养，受到孔子称赞。《论语·公冶长》载："子谓子贱，'君子哉若人！鲁无君子者，斯焉取斯？'"孔子这样评论宓子贱："宓子贱这个人真是个君子啊！如果鲁国没有君子，他从哪里得来这样的品德呢？"在孔门众弟子中能够被孔子直接称为"君子"，是相当不容易了。

后来宓子贱担任单父宰，政绩斐然。《韩诗外传》卷八载："子贱治单父，其民附。孔子曰：'告丘之所以治之者。'对曰：'不齐时发仓廪，振困穷，补不足。'孔子曰：'是小人附耳，未也。'对曰：'赏有能，招贤才，退不肖。'孔子曰：'是士附耳，未也。'对曰：'所父事者三人，所兄事者五人，所友者十有二人，所师者一人。'孔子曰：'所父事者三人，足以教孝矣。所兄事者五人，足以教弟矣。所友者十有二人，足以祛壅蔽矣。所师者一人，足以虑无失策，举无败功矣。'"从宓子贱向孔子汇报的施政主张与措施来看，无论是赈困济穷、赏能招贤，还是教孝教悌、师友相辅，都是符合孔子一贯倡导的仁政德治思想的，所以，孔子对此给予了充分的肯定。

2. 巫马期

姓字	姓巫马，名施，字子期，亦称巫马期
国别	鲁国
出身	不详
生卒	公元前521年—? （少孔子30岁）
出仕	单父宰
封号	鄪伯、东阿侯

巫马施，姓巫马，名施，字子期，亦称巫马期，春秋末年鲁国人，少孔子30岁。

巫马期对夫子的教诲领会深刻。《韩诗外传》卷二载："子路与巫马期薪于韫丘之下，陈之富人有处师氏者，脂车百乘，觞于韫丘之上。子路与巫马期曰：'使子无忘子之所知，亦无进子之所能，得此富，终身无复见夫子，子为之乎？'巫马期喟然仰天而叹，阗然投镰于地，曰：'吾尝闻之夫子："勇士不忘丧其元，志士仁人不忘在沟壑"，子不知予与？试予与？意者其志与？'子路心惭，负薪先归。"从上述记载中巫马期以"闻之夫子"的话来义正词严地斥责子路可以看出，巫马期是将孔子的教诲牢记在心而且坚定不移的。

巫马期也曾担任单父宰，政绩也不错。但与宓子贱相比，其施政风格截然不同。《吕氏春秋·察贤》载："宓子贱治单父，弹鸣琴，身不下堂，而单父治。巫马期以星出，以星入，日夜不居，以身亲之，而单父亦治。巫马期问其故于宓子，宓子曰：'我之谓任人，子之谓任力；任力者故劳，任人者故逸。'宓子则君子矣。逸四肢，全耳目，平心气，而百官以治，义矣，任其数而已矣。巫马期则不然，弊生事精，劳手足，烦教诏，虽治犹未至也。"意思是，宓子贱治理单父，每天在堂上静坐弹琴，单父就治理得很好。巫马期披星戴月，早朝晚退，昼夜不闲，亲自处理各种政务，单父也治理得很好。巫马期向宓子贱询问其中的缘故。宓子贱说："我的做法叫作使用人才，你的做法叫作使用力气。使用力气的人当然劳苦，使用人才的人当然安逸。"宓子贱算得上君子了。他使四肢安逸，耳目保全，心气平和，而官府的各种事务处理得很好，这是应该的了，他只不过使用正确的方法罢了。巫马期却不是这样。他损伤生命、耗费精气、手足疲劳、教令烦琐，尽管也治理得不错，但还未达到最高境界。

六、公良孺和陈亢：孔门弟子中的护卫者和怀疑者

公良孺和陈亢都是来自陈国的孔门弟子，但二者的形象显然是不一样的。公良孺勇敢善武、仗剑护师，可谓孔门弟子中孔子的忠心护卫者；而陈亢则狡黠善疑、多方搜证，可谓孔门弟子中的动摇怀疑者。

1. 公良孺

姓字	姓公良，名孺，字子正
国别	陈国
出身	不详
生卒	不详
出仕	无
封号	东牟伯、牟平侯

公良孺，姓公良，名孺，字子正，春秋末年陈国人，生卒年月不详。

公良孺身材高大，为人贤良，勇敢有力，常佩剑而行。《史记·孔子世家》载，孔子一行"过蒲，会公叔氏以蒲畔，蒲人止孔子。弟子有公良孺者，以私车五乘从孔子。其为人长贤，有勇力，谓曰：'吾昔从夫子遇难于匡，今又遇难于此，命也已。吾与夫子再罹难，宁斗而死。'斗甚疾。蒲人惧，谓孔子曰：'苟毋适卫，吾出子。'与之盟，出孔子东门"。这段话的意思是，孔子周游列国的时候，路过蒲地，遇上公叔氏据蒲反叛卫国，蒲人阻止孔子继续前进。公良孺自己带了五辆车跟随孔子，他身材高大有才德，且有勇力，慷慨激昂地说："我从前跟随老师周游在匡地遇到危难，如今又在这里遇到危难，这是命里注定的。与其见到老师再次遭难，我宁愿搏斗而死。"公良孺于是跟蒲人打起来，打得很激烈，蒲人害怕了，对孔子说："如果你不到卫国去，我们就结盟，放你走。"孔子与他们订立了盟约，他们这才放孔子一行人从东门出去。

所谓"患难见真情"。正是因为孔门弟子中有着像公良孺这样的忠心护卫者，孔子及其弟子们才能在屡陷绝境时得以成功突围，完成周游列国的壮举。

2. 陈亢

姓字	姓陈，名亢，字子禽
国别	陈国
出身	不详
生卒	公元前 511—？（少孔子 40 岁）
出仕	不详
封号	颖伯、南顿侯

陈亢，姓陈，名亢，字子禽，一说字子亢，春秋末年陈国人。

陈亢对于孔子待弟子与亲子是否相同有疑问，就拐弯抹角地向孔子的儿子伯鱼搜证。《论语·季氏》载："陈亢问于伯鱼曰：'子亦有异闻乎？'对曰：'未也。尝独立，鲤趋而过庭。曰："学诗乎？"对曰："未也。""不学诗，无以言。"鲤退而学诗。他日，又独立，鲤趋而过庭。曰："学礼乎？"对曰："未也。""不学礼，无以立。"鲤退而学礼。闻斯二者。'陈亢退而喜曰：'问一得三，闻诗，闻礼，又闻君子之远其子也。'"经过多方搜证，陈亢得出的结论与他原先想象的竟然大相径庭，老师孔子的高尚师德令他深受感动与教育。

陈亢对于孔子的"闻政"方式存有疑问，就向师兄子贡搜证。《论语·学而》载："子禽问于子贡曰：'夫子至于是邦也，必闻其政，求之与？抑与之与？'子贡曰：'夫子温、良、恭、俭、让以得之。夫子之求之也，其诸异乎人之求之与？'"陈亢问子贡说："我们的老师每到一个国家，一定能听闻这个国家的国政，这到底是我们的老师自己去四处打听而求得的，还是人家主动告诉他的呢？"子贡回答说："我们的老师是靠他的温和、良善、恭敬、节制、谦让五种美德得来的，就算是我们的老师是求得的，这种求法应该也和别人的有所不同吧。"子贡是孔门中的先进弟子，又长期追随孔子，对孔子非常了解，他的回答在一定程度上释解了陈亢的疑问，让他再一次感受到老师孔子道德形象的高大。

七、林放和孺悲：皆曾学礼于孔子

林放和孺悲都曾跟随孔子学礼。孔子对林放的提问大加赞赏，不加掩饰；初见孺悲时对其却不甚满意，甚至故意装病拒见，施以"不教之教"。

1. 林放

姓字	姓林，名放，字子丘
国别	鲁国
出身	不详
生卒	不详
出仕	不详
封号	清河伯

林放，姓林，名放，字子丘，春秋末年鲁国人，生卒年月不详。

林放在孔门私学时，特别关注礼的学习。《论语·八佾》载："林放问礼之本。子曰：'大哉问！礼，与其奢也，宁俭；丧，与其易也，宁戚。'"意思是，林放问"礼的根本是什么"，孔子说："你的问题意义重大啊！就一般礼仪说，与其铺张浪费，宁可朴素俭约；就丧礼说，与其仪文周到，宁可过度悲哀。"这可能是孔子对于礼的一贯主张，因为同样的言论还可见于《礼记·檀弓上》："子路曰：'吾闻诸夫子：丧礼，与其哀不足而礼有余也，不若礼不足而哀有余也。'"两处文字表达的意思大同小异。

弟子问了一个好问题，孔子马上大加赞赏。这是因为在孔子看来林放的这个问题问到了点子上，所以他的回答也是直接干脆，将礼的根本精神揭示出来，从而让林放能够把握住"礼之本"。作为教育家的孔子，能够从弟子所提问题本身或者提问的方式，准确判断其所具有的价值，当即予以赞赏，并且要言不烦地进行指点，这可以看作一种对于擅长悟学的弟子点拨其精要的教学艺术。

2. 孺悲

孺悲，春秋末年鲁国人，生卒年月不详，出身家境不详。

关于孺悲的事迹，史书记载很少。《礼记·杂记下》载："恤由之丧，哀公使孺悲之孔子学士丧礼，《士丧礼》于是乎书。"可见，孺悲是奉鲁哀公之命，拜孔子为师，专门学习"士丧礼"的，而且最后学有所成。

但是，孺悲初见孔子却既不顺利，也不愉快。《论语·阳货》载："孺悲欲见孔子，孔子辞以疾。将命者出户，取瑟而歌，使之闻之。"意思是，孺悲要来拜见孔子，孔子托言有病，拒绝接待。传话的人刚出房门，孔子便把瑟拿下来弹，并且唱着歌，故意使孺悲听到。从孔子"辞以疾"来看，孔子是真不想见孺悲。但孺悲又是奉国君之命而来，不好直接予以拒绝，所以便以身体有病作为托词。但是孔子又怕对方误以为真而不去反思自身之过，因此就拿过瑟来弹奏。尽管如此，孔子还担心孺悲听到瑟声后会以为是别人而为，就干脆亲自唱了起来，让孺悲听到。这样，孺悲可能就会产生疑惑——孔子根本就没有病，但是为什么不见我呢？是我什么地方做得不对吗？那到底错在什么地方呢？——从而达到所谓"不教而教"的效果。这也是孔子教学中的特例，值得关注与研究。

此外，孔门弟子中还有许多有趣的人物，如孟懿子和南宫敬叔——孔子的两个贵族弟子，孔鲤和孔忠——孔子的儿子和侄子，商瞿和梁鳣——善《易》者与求卜者，琴张和牧皮——孔门两"狂士"，等等。此处不一一赘述。

第三章

孔子教学艺术思想新诠

第一节 孔子"周游列国"之教学
活动及其价值再考察

孔子周游列国是其一生活动的重要组成部分，这不仅是政治活动，更是教育活动。孔子周游列国是中国古代教育史上一次"游历教育"的壮举，弟子们的"从游学习"深刻地促进了他们的思想成熟和能力增长，对后世也有多方面的启示。

孔子"周游"之说见于《孔丛子·记问》。据该书记载，孔子作"《操》曰：'周道衰微，礼乐凌迟。文武既坠，吾将焉师？周游天下，靡邦可依……'"。孔子周游列国，是指公元前497年到公元前484年，孔子自55岁弃官离鲁，到68岁自卫返鲁，前后在外凡14年，先后到过卫、陈、宋、曹、郑、蔡、楚等国，随行弟子有颜回、子路、子贡、冉有等十数人。这成为孔子73年人生旅程中最为引人瞩目，也最具有传奇色彩的一段经历。周游列国通常被当作孔子人生经历中的政治活动，而鲜有把它当作教育活动来看待的。笔者认为，周游列国固然是孔子的重要政治活动，但是同时也是孔子一生教育活动不可分割的一部分。孔子在周游列国中的言行，对随行弟子产生了潜移默化的教育影响。"一路坎坷，弦歌不绝"，成就了孔子的游历教学和其弟子们的从游学习，并深刻地影响了后来教育的发展。

一、孔子周游列国中的重要教育事件

周游列国是充满艰辛和曲折的。在这个过程中发生了很多事情，其中孔子有一些言行，因为有弟子在场，就产生了教育影响，成为教育事件。有确切史料记载的重要教育事件有如下一些。

1. 去鲁期间

孔子是匆忙离开鲁国的，所谓"不税冕而行"（《孟子·告子下》）。孔子去鲁时"迟迟吾行"，不忍离开父母之邦。《孟子·尽心下》记载："孔子之去鲁，曰：'迟迟吾行也。'去父母国之道也。去齐，接淅而行，去他国之道也。"孔子的话是对谁说的呢？当然是对其弟子们说的。孔子去鲁与去齐的态度对比如此鲜明，正是他对"父母之国"的深厚感情使然。孔子对弟子既有"迟迟而行"的身教，也有"去父母国之道"的言教，弟子们当然会感于其行而铭记其言的。

2. 适卫期间

卫国是鲁国的兄弟之邦，孔子"入卫五次，在卫居住竟长达近十年"①。卫国是孔子活动最多的地方，史籍记载也较多。

（1）适卫。

《论语·子路》载："子适卫，冉有仆。子曰：'庶矣哉！'冉有曰：'既庶矣，又何加焉？'曰：'富之。'曰：'既富矣，又何加焉？'曰：'教之。'"在由鲁赴卫的路途中，孔子向弟子冉有阐发了"庶—富—教"的社会发展思想，看似脱口而出，实则深思熟虑。后来冉有在从政时特别重视经济财政工作，可能就是受孔子这一思想的影响。

（2）子见南子。

《论语·雍也》载："子见南子，子路不说。夫子矢之曰：'予所否

---

① 李启谦. 孔子居卫之谜：兼谈鲁、卫文化之异同 [J]. 孔子研究，1989（4）：36-43.

者，天厌之！天厌之！'"尽管历来学者对孔子见南子的动因有不同看法，但孔子见了南子应该是事实。正直而坦率的弟子子路对此颇有看法，并将不快写到了脸上。孔子没有对子路做一般性的说明和解释，而是直接指天发誓一番。可见，孔子与子路的师生关系非常特殊。

（3）畏匡。

孔子在匡地的遭遇，史籍多有记载。《论语》中就有两处：一是"子罕"篇载："子畏于匡，曰：'文王既没，文不在兹乎？天之将丧斯文也，后死者不得与于斯文也；天之未丧斯文也，匡人其如予何？'"二是"先进"篇载："子畏于匡，颜渊后。子曰：'吾以女为死矣。'曰：'子在，回何敢死？'"河北定县八角廊汉墓出土的《儒家者言》载："之匡，间（简）子欲杀阳虎。孔子似之，□□孔子□舍。子路怒，奋戟欲下。子止之曰：'何仁义之不意□□《诗》《书》不习，《礼》《乐》不修，则是丘之罪。阳虎如为阳虎，则是非丘□。'"①《史记·孔子世家》更是详细记载了这一过程："将适陈，过匡，颜刻为仆，以其策指之曰：'昔吾入此，由彼缺也。'匡人闻之，以为鲁之阳虎。阳虎尝暴匡人，匡人于是遂止孔子。孔子状类阳虎，拘焉五日。颜渊后，子曰：'吾以汝为死矣。'颜渊曰：'子在，回何敢死！'匡人拘孔子益急，弟子惧。孔子曰：'文王既没，文不在兹乎？天之将丧斯文也，后死者不得与于斯文也。天之未丧斯文也，匡人其如予何！'孔子使从者为宁武子臣于卫，然后得去。"从这些记载可见：在情形危急、弟子畏惧的关头，孔子表现得镇定而自信，是对弟子最好的"身教"；与失散弟子颜渊的玩笑，显示了孔子对弟子安全的关切和有惊无险之后的幽默。

（4）过蒲。

《史记·孔子世家》载："过蒲，会公叔氏以蒲畔，蒲人止孔子。弟子有公良孺者，以私车五乘从孔子。其为人长贤，有勇力，谓曰：'吾昔从夫子遇难于匡，今又遇难于此，命也已。吾与夫子再罹难，宁斗而死。'斗甚疾。蒲人惧，谓孔子曰：'苟毋适卫，吾出子。'与之盟，出孔子东

---

① 国家文物局古文献研究室，河北省博物馆，河北省文物研究所定县汉墓竹简整理组.《儒家者言》释文［J］. 文物，1981（8）：13-19.

门。孔子遂适卫。子贡曰：'盟可负邪？'孔子曰：'要盟也，神不听。'"在这一事件中，一是公良孺的勇武表现对孔子一行的脱难解困起了关键作用；二是一贯重信用的孔子对"要盟"的毁弃及其解释教育了弟子子贡等人。

（5）击磬。

《论语·宪问》载："子击磬于卫，有荷蒉而过孔氏之门者，曰：'有心哉，击磬乎！'既而曰：'鄙哉，硁硁乎！莫己知也，斯己而已矣。深则厉，浅则揭。'子曰：'果哉！末之难矣。'"很显然，这个荷蒉者是一位隐士，在音乐上有着极深的造诣，他从孔子击磬的乐声中听出了其中的含义，并劝孔子"深则厉，浅则揭"。而孔子说："确实如此！按您说的那样做，确实没什么难的啊。"这句话既是对荷蒉者的回应，也是自抒胸臆的感慨，同时也是对在场弟子的教育。言外之意是，我们若是像隐者那样也是不难的，但有为于世就不那么简单了！

3. 在陈期间

孔子应是在公元前 495 年（鲁定公十五年、陈湣公七年）入陈，公元前 491 年（鲁哀公四年、陈湣公十一年）离陈，前后凡四年。这一时期的大事件就是"在陈绝粮"了。

《论语·卫灵公》载："在陈绝粮，从者病，莫能兴。子路愠见曰：'君子亦有穷乎？'子曰：'君子固穷，小人穷斯滥矣。'"子路之怒，是为孔子的遭遇不平，所以才问："君子亦有穷乎？"而孔子的回答语气坚定，足可慰抚子路的躁动不安。《史记·孔子世家》载："孔子知弟子有愠心，乃召子路而问曰：'诗云"匪兕匪虎，率彼旷野"。吾道非邪？吾何为于此？'子路曰：'意者吾未仁邪？人之不我信也。意者吾未知邪？人之不我行也。'孔子曰：'有是乎！由，譬使仁者而必信，安有伯夷、叔齐？使知者而必行，安有王子比干？'子路出，子贡入见。孔子曰：'赐，诗云"匪兕匪虎，率彼旷野"。吾道非邪？吾何为于此？'子贡曰：'夫子之道至大也，故天下莫能容夫子。夫子盖少贬焉？'孔子曰：'赐，良农能稼而不能为穑，良工能巧而不能为顺。君子能修其道，纲而纪之，统而理之，而不能为容。今尔不修尔道而求为容。赐，而志不远矣！'子贡出，颜回入见。孔子曰：'回，诗云"匪兕匪虎，率彼旷野"。吾道非邪？吾何为于此？'颜回曰：'夫子之道至大，故天下莫能容。虽然，夫子推而行之，不容何病，不容然后见君子！夫道之不修也，是吾丑也。夫道既已大修而不用，是有国者之丑也。不容何病，不容然后见君子！'孔子欣然而笑曰：'有是哉颜氏之子！使尔多财，吾为尔宰。'"三位弟子中唯颜回的对答让孔子"欣然而笑"，可知其知孔子之深也。

《论语·公冶长》载："子在陈，曰：'归与！归与！吾党之小子狂简，斐然成章，不知所以裁之。'"这是说孔子居陈期间，想起那些在鲁国的弟子了。据《史记·孔子世家》载，孔子在陈思归，是在鲁哀公三年，此时孔子已年过六十。孔子周游在外颠沛流离，仍然记挂着那些在鲁国的弟子，觉得自己没有尽到老师的责任，让跟在身边的弟子非常感动。

4. 过宋期间

《史记·孔子世家》载："孔子去曹适宋，与弟子习礼大树下。宋司马桓魋欲杀孔子，拔其树。孔子去。弟子曰：'可以速矣。'孔子曰：'天生德于予，桓魋其如予何！'"桓魋为何要加害孔子呢？《礼记·檀弓上》载："夫子居于宋，见桓司马自为石椁，三年而不成。夫子曰：'若是其靡也，死不如速朽之愈也。'"桓魋亲自设计石质的棺椁，三年不成。孔子批评他如此奢靡，死了以后还不如快点腐朽呢。孔子的批评之词可能是桓魋伐树的缘由，对孔子进行欺凌，迫使其离开宋国也是情理之中的事情。孔子与弟子在中途休息时还"习礼大树下"，这是一种怎样的善教乐学的精神呀。而孔子面临危险时坦然自信的态度与话语，对于弟子无疑是一种重要的精神支撑。

5. 居郑期间

《史记·孔子世家》载："孔子适郑，与弟子相失。孔子独立郭东门。郑人或谓子贡曰：'东门有人，其颡似尧，其项类皋陶，其肩类子产，然自要以下不及禹三寸，累累若丧家之狗。'子贡以实告孔子，孔子欣然笑曰：'形状，末也。而谓似丧家之狗，然哉！然哉！'"历来多有借此讥讽、贬损孔子的，但从记载来看其实则未必。对于郑人以古圣时贤来类比自己的形象，孔子谦虚地认为自己不符合，但对被称为"丧家之狗"不仅不愤怒，竟还欣然接受，认为"然哉！然哉！"

6. 在楚期间

在楚国期间，孔子与其弟子多次遭遇隐者。这些隐者身份神秘，因对社会现实不满而走上消极避世的道路。

（1）楚狂接舆歌而过孔子曰："凤兮凤兮！何德之衰？往者不可谏，来者犹可追。已而，已而！今之从政者殆而！"孔子下，欲与之言。趋而辟之，不得与之言。（《论语·微子》）

（2）长沮、桀溺耦而耕，孔子过之，使子路问津焉。长沮曰："夫执舆者为谁？"子路曰："为孔丘。"曰："是鲁孔丘与？"曰："是也。"曰："是知津矣。"问于桀溺。桀溺曰："子为谁？"曰："为仲由。"曰："是鲁孔丘之徒与？"对曰："然。"曰："滔滔者天下皆是也，而谁以易之？且而与其从辟人之士也，岂若从辟世之士哉？"耰而不辍。子路行以告。夫子怃然曰："鸟兽不可与同群，吾非斯人之徒与而谁与？天下有道，丘不与易也。"（《论语·微子》）

（3）子路从而后，遇丈人，以杖荷蓧。子路问曰："子见夫子乎？"丈人曰："四体不勤，五谷不分。孰为夫子？"植其杖而芸。子路拱而立。止子路宿，杀鸡为黍而食之，见其二子焉。明日，子路行以告。子曰："隐者也。"使子路反见之。至，则行矣。子路曰："不仕无义。长幼之节，不可废也；君臣之义，如之何其废之？欲洁其身，而乱大伦。君子之仕也，行其义也。道之不行，已知之矣。"（《论语·微子》）

楚狂接舆、长沮、桀溺、荷蓧丈人均为当时的隐士，言语之间，他们似乎对孔子及其主张都是有所了解的。孔子对于隐者是尊重的，也部分认同他们对社会的认识，"道之不行也，我知之矣"（《礼记·中庸》），但其积极入世的态度是非常坚定的，这对弟子子路来说也是一种无形的教育。子路问津后孔子对他说的话，与他遇荷蓧丈人之后所发的一番感慨，其精神实质是一样的，说明孔子的态度是影响了弟子子路的。

7. 归鲁期间

《左传·哀公十一年》载："孔文子之将攻大叔也，访于仲尼。仲尼曰：'胡簋之事，则尝学之矣；甲兵之事，未之闻也。'退，命驾而行，曰：'鸟则择木，木岂能择鸟?'文子遽止之曰：'圉岂敢度其私，访卫国之难也。'将止。鲁人以币召之，乃归。"孔子的"鸟则择木"观点非常鲜明，意即"君子自己才是行动与抉择的主体"①，这也是他一贯的处世原则。这里既是对孔文子的回应，也是又一次的自我明志，更是对随行弟子的教育。

二、孔子游历教学的特点与价值

孔子周游列国是社会教育，不同于在学校中进行的教育，它是在社会中、为了社会、利用社会资源而进行的教育，其教育效果要接受社会的检验和评价。游历教学是对周游列国前孔门私学教学内容和教学方法的丰富和发展。

1. 游历教学的特点

（1）社会深刻性。

社会是一本大书，其博大精深超乎所有的书籍。游历教学深入社会，走进社会深处，让孔门弟子直视社会的问题，见识统治者的昏聩以及战争与内乱给劳动人民带来的疾苦，感受到了政治理想与社会现实之间的深刻矛盾，锻炼了他们的认识能力、参政能力、交际能力，使其才华有了充分展现的舞台，如公良孺的勇敢、颜渊的善良、子路的直率、子贡的外交才能、冉有的从政能力等。虽然孔子未被重用，但其弟子的才能得到社会承认，从政者甚多。《史记·孔子世家》说"孔子弟子多仕于卫"，这一记

---

① 王健文. 流浪的君子：孔子的最后二十年 [M]. 北京：生活·读书·新知三联书店，2008：28.

录是符合实际的。如子路任卫国的"蒲大夫"，高柴任卫国的"士师"（刑狱之官）（《孔子家语·致思》），子夏任卫灵公的"行人"（外交官）（《韩诗外传》卷六），等等。

在游历中，孔子与所到国家的国君、大臣等进行了交往。孔子见过几国国君？六国国君。其中，在与卫灵公、陈湣公、楚昭王的交往中，得到了他们的善待。孔子与卫国大夫颜浊邹（子路妻兄）、蘧伯玉关系良好，并住在他们家；与陈国司城贞子交往并住在他家里；与楚国叶公、卫国大夫孔文子等交往。他还与耕者、渔夫、猎手、歌童、漂女等社会底层人士，甚至一些隐士交往。在与弟子和时人的问答中，孔子使用各种形式，从多个角度表达自己的思想，对弟子们进行教育。

（2）生活渗透性。

生活最能教育人。日常的生活状态，生命状态、给师生的教学打下了深刻的烙印。生命中有顺境也有逆境。生活是有趣的，也是残酷的。生活教育是原生态的，五味俱全的。与孔子同行的弟子有十数人，他们一面进行政治游说活动，一面进行教育活动，先后到过卫、陈、宋、曹、郑、蔡、楚等国，奔波十四年。只有在卫、陈、楚稍受礼遇，在其他国家则受冷待，甚至遭到武力威胁和围困。"危邦不入，乱邦不居。天下有道则见，无道则隐。"（《论语·泰伯》）这就是在生活中生发出的教育。

孔子周游列国十几年，政治意图虽未能实现，但收获颇丰。他走过许多地方，对各国的政治、社会、人文、地理进行了考察，使他创立的儒家学说得以充实完善。整个社会更成了他们的课堂和教材。他们边走边学、边学边教、游历践行、教学相长，在艰难困苦的遭遇中（如遇难于匡、在陈绝粮等）磨练着意志，在实际活动中提高着认识和各种实际本领。无怪乎楚国令尹子西对楚王说："楚国的使节不如子贡，辅臣不如颜回，将帅不如子路，官尹不如宰我。"（《史记·孔子世家》）这种游历践行的教育方式确实能培育人才，它是前所未有的，对后世也有启发意义。

在游历中，孔子展现了"弦歌不绝"的教育精神，"危邦不入"的政治操守，坚定的道德修养，"道不同不相为谋""知其不可而为之"的理想追求。弟子们之所以在周游列国的艰苦岁月里陪侍左右，是因为受到孔子"师表"形象与人格力量的感召。并且，还陆续有新弟子加入这支队伍。从推行政治理想和求仕上看，周游列国是以失败而告终的；但是从教育教学来看，周游列国则是无比成功的，其意义就在于开创了老师带弟子游历的教育形式和弟子的从游学习方式，这在官学中是没有的。

（3）突出实践性。

游历教学不是"说"的教育，而是"做"的教育。它致力于通过实践来尽可能地改造社会，实际上也部分地改造了社会。它以事实说明孔子及其弟子是多才多艺的，是道德高尚的。

（4）时空变换性。

孔子带领弟子周游列国长达十四年。其中在卫国时间最长，近十年，在陈国三年，其余则或长或短。十四年的时间里，斗转星移，时过境迁，物是人非，经山历水，人车劳顿。

在游历中，时间和空间常常是不确定、随时变换的，遇到了什么人、遇到了什么事，随即进行教育，弟子们也在孔子的言传身教中学到了许多。这种教学方式和读书相比，让学生多了许多的亲历，印象深刻，难以磨灭。师生处于同一时空，朝夕相处，共同经历，共同成长。师生间的多方交往、深入了解，为教师因材施教和弟子因教而学打下了基础，教学更加有针对性。即使到了晚年，孔子还时时想起周游列国的岁月，如《论语·先进》载："子曰：'从我于陈、蔡者，皆不及门也。'"

2. 游历教学的影响

游历教学使孔子的道德形象与政治学说得到广泛的传播，播撒了儒家学说的种子，扩大了孔子儒学的影响，就连隐者都知道孔子是个"知其不可而为之"的人。

孔子在周游期间又收留了很多拜他为师的弟子，如卫国的子贡、子夏，陈国的子张、公良孺等。《史记·孔子世家》载，孔子"过蒲，会公叔氏以蒲畔，蒲人止孔子。弟子有公良孺者，以私车五乘从孔子"。假若孔子学说没有感染力，这些异国青年是不会心甘情愿终生拜孔子为师的。不同国家弟子的加入使孔门私学有了包容性和互补性。李启谦先生在其

《孔门弟子研究》"前言"中指出，不同国家的学生思想有差异性，"鲁国的弟子，如颜回、闵子骞、仲弓、曾子、原宪、冉耕等，都是些老成持重、言行谨慎、不求当官的人。而卫国弟子的思想则比较活泼，如子夏有前期法家的思想因素，子贡、高柴等的思想也比较活跃"①。这些弟子对孔子形象及学说的维护都做出了自己的贡献。孔子曾说："自吾得由，恶言不闻于耳"，"自吾有回，门人益亲"（《史记·仲尼弟子列传》），"吾门有偃，吾道其南"。

孔子周游列国十四年，从未放弃教育弟子的职责，形成了中国古人"读万卷书，行万里路"的理念，开创了注重游学的传统，也体现了孔子对教育事业高度的使命感。② 游历教学在周游列国后仍有延续，如《论语·阳货》载："子之武城，闻弦歌之声。夫子莞尔而笑，曰：'割鸡焉用牛刀？'子游对曰：'昔者偃也闻诸夫子曰："君子学道则爱人，小人学道则易使也。"'子曰：'二三子！偃之言是也。前言戏之耳。'"这一经历影响了此后的教育家孟子、荀子，以及书院的教育。孟子曾带弟子万章、公孙丑等游历，荀子带弟子游于稷下学宫。历代书院教育对此也多有延续。游历教学后来成为我国的传统教育方式之一。

三、孔门弟子从游学习的特点与影响

1. 从游学习的特点

（1）参与性。

所谓"从游"，意即跟从游历。弟子们在从游中参与了老师的许多重要活动，他们是见证者、实施者、批判者、学习者。很多时候，他们不是站在老师的对面，而是跟在老师的身边，什么事情都与老师共同面对。

首先，读社会。弟子们在从游过程中开阔了眼界，看到了在鲁国看不到的，学到了在课堂上学不到的。一是深入了解了社会。他们与各国高层

---

① 李启谦. 孔门弟子研究［M］. 济南：齐鲁书社，1987：12.

② 梅汝莉. 孔子成功改革教育之研究［M］. 北京：北京出版社，2009：203.

的统治者、中层的士大夫、底层的劳动群众都有不同程度的接触，既看见表面高雅、内存倾轧的官方文化，又看见表面冷漠、内存温暖的民间文化，还考察了各诸侯国的为政特色和得失。二是目睹了各国文化差异、风土人情。各国在历史传统、地理特色、风俗人情方面各有独特的地方，如卫国人口较多，楚国多遇隐士，陈国见到"肃慎矢"……。"眼学"比"耳学"印象更加深刻，弟子们看在眼里、记在心上，用自己的眼睛观察，用自己的心灵感受。

其次，读老师。教师是最重要的教育资源。教师形象的多面性是逐步被认识的，教师思想的深刻性是逐渐被体会的。一是孔子形象的多面性：危难之中的淡定从容、欣然接受"丧家之狗"的胸怀、与颜回开玩笑时的幽默、跟子路发誓时的尴尬与认真、辨认"肃慎矢"时的博学等。二是孔子思想的深刻性。弟子们在跟孔子周游列国中，有了更多机会与老师多方面接触和深度交往，从而走近日常生活中的老师，走进老师的心灵深处。老师的思想和形象刻骨铭心地影响了从游的弟子们。

第一，弟子时时聆听孔子的"言教"。孔子对各国政事、人物发表评论，如卫国的君子受到孔子称赞、见于《论语》的就有八位。他称赞祝鲍善治宗庙，王孙贾善治军旅，公叔文子能举贤才（《论语·宪问》），史鱼有"直"的品德，蘧伯玉是个君子（《论语·卫灵公》），公子荆"善居室"（会当家过日子）（《论语·子路》）；更赞美孔文子（仲叔圉）"敏而好学，不耻下问"（《论语·公冶长》），称赞宁武子"邦有道，则知；邦无道，则愚"（《论语·公冶长》）。

第二，弟子处处感受孔子的"身教"。孔子在卫国，住在贤人颜浊邹、蘧伯玉家里，而拒绝了卫灵公宠臣弥子瑕的请求，说明孔子非常注重交往对象的道德品性。《孟子·万章上》载："弥子之妻与子路之妻，兄弟也。弥子谓子路曰：'孔子主我，卫卿可得也。'子路以告。孔子曰：'有命。'"弟子跟在老师身边，可以随时、随地请教老师。荀子说："学莫便乎近其人。学之经莫速乎好其人。"（《荀子·劝学》）

（2）实践性。

学生在游学中获得了展现才能的平台和机会，全面地锻炼了观察能力、思维能力、言语能力、政事能力、生活能力、应对能力，在实践中增进学问见识、提高人格层次。艰苦的生活磨练了学生们的道德意志品质，多彩的活动丰富了他们的知识，开阔了他们的视野。像冉有曾为老师驾车，公良孺保卫老师的安全，子路负责打探渡口，颜回准备大家的餐饭，子贡想办法筹集粮食……。再如，大家一同聚集在大树下演习礼仪；经常接待来访，回答问询，宣传老师的思想；等等。

（3）情感性。

首先，情谊深厚的师生关系。师生同患难，患难见真情。老师遇到困难，弟子总是冲在最前面。跟孔子一起周游列国的弟子都致力于维护老师的形象。如子贡说："他人之贤者，丘陵也，犹可逾也；仲尼，日月也，无得而逾焉。"（《论语·子张》）《史记·孔子世家》载，在季氏召冉有回国前，子贡知道孔子思归，在送别冉有时就叮嘱说："即用，以孔子为招。"冉有回国后几经努力，终于促成孔子归鲁。

其次，相辅相成的同门关系。弟子们在从游学习中增加了互信，表现了各自个性的差异。《论语·述而》载："冉有曰：'夫子为卫君乎？'子贡曰：'诺；吾将问之。'入，曰：'伯夷、叔齐何人也？'曰：'古之贤人也。'曰：'怨乎？'曰：'求仁而得仁，又何怨？'出，曰：'夫子不为也。'"从中可以看出，冉有是很信任子贡的，故将心中疑惑向他和盘托出；子贡也不负其信任，想办法从孔子那里问出答案，明白地告诉冉有，解决了他的疑惑。

2. 从游学习的影响

从游学习对学生发展来说具有不可代替的价值，孔门弟子的从游学习，在周游列国后亦有延续，如《论语·颜渊》载："樊迟从游于舞雩之下。"

这种学习方式深刻地影响了后世书院教学。如《陆九渊集·象山年谱》就记载了当年陆九渊回到家乡后众人从游的盛况："既归，学者辐辏。时乡曲长老，亦俯首听诲。每诣城邑，环坐率二三百人，至不能容，徙寺观。县官为设讲席于学宫，听者贵贱老少，溢塞途巷，从游之盛，未见有此。""在行都，诸贤从游。先生朝夕应酬问答，学者踵至，至不得寝者余四十日。"①

从游学习也受到了现代教育家的重视。1941 年《清华学报》第 13 卷第 1 期刊载了梅贻琦的《大学一解》，对"从游"做了如此趣解："古者学子从师受业，谓之从游。孟子曰：游于圣人之门难为言。间尝思之，游之时义大矣哉。学校犹水也，师生犹鱼也，其行动犹游泳也。大鱼前导，小鱼尾随，是从游也。从游既久，其濡染观摩之效，自不求而至，不为而成。反观今日师生之关系，直一奏技者与看客之关系耳，去从游之义不綦远哉!"② 人民教育家陶行知就倡导"社会即学校"，带领学生深入社会，培养社会急需人才。

现代教育局限于学校的空间，只是学习书本知识，而忽略了学校之外的大空间以及书本知识之外的社会经验的学习，对于学生成长来说是极其不够的。其实，就条件来说，我们具备了远比孔子及其弟子那个时代优越得多的交通、通信等条件，但是怎样超越"言教"和"耳学"，再多一点游历教学和从游学习，是一个应该反思的重要问题。

① 陆九渊. 陆九渊集 [M]. 北京：中华书局，1980：487.
② 刘述礼，黄延复. 梅贻琦教育论著选 [M]. 北京：人民教育出版社，1993：102.

第二节　孔门弟子"同学圈"

本节尝试对孔门部分弟子，如颜回、子路、子贡、子游、子夏、子张、冉有、曾参、宰予等的"同学圈"做初步的考述，希望能在学界一贯重视孔门私学师生关系的研究之外，开启另一崭新的研究视角，以完整地认识孔子教学的全貌。

我国古代儒家教育是以重视交友在人的发展中的作用为其特色的。教育史专家高时良先生研究指出："强调在教师教育下朋友之间切磋琢磨，相互帮助，这也是我国古典教育学的特点。西方教育学所揭示的教与学，通常只局限于教师与学生之间的关系。在我国，儒家从孔子开始，一脉相承，都把朋友的辅助看成教育和教学过程的重要环节。"[①] 孔门弟子间形成的"同学圈"，是个有趣的现象，很有研究的价值，值得进行深入、细致的考述。

一、以颜回为中心的"同学圈"

颜回这个被孔子有意树立的学习榜样享有很高的威望。颜回不仅以自身的修养得到了其他同门应有的尊重，而且也影响了同门中的许多人，使得孔门弟子团结得更加紧密，所以孔子说："自吾有回，门人益亲。"（《史记·仲尼弟子列传》）。《论语》《礼记》《孔子家语》等许多史料的

---

① 高时良. 学记研究[M]. 北京：人民教育出版社，2006：147.

记载，也印证了孔子所言委实不虚。

1. 颜回与子路

颜回与子路在平时常与孔子一起讨论问题，气氛融洽。二人年龄相差很大却情谊深厚，尤其在分别之时更加难舍，故互留赠言以示关怀。《礼记·檀弓下》载："子路去鲁，谓颜渊曰：'何以赠我？'曰：'吾闻之也：去国，则哭于墓而后行；反其国，不哭，展墓而入。'谓子路曰：'何以处我？'子路曰：'吾闻之也：过墓则式，过祀则下。'"清代汪有光在《批檀弓》中对此段文字做了中肯的评价："动以怀归，却含蓄不露。后人赠别诗不能到此。"① 子路离开鲁国时，颜回提醒他注意相关礼仪；子路也特别关照颜回，告知其平时在鲁应该遵循的礼仪细节。

2. 颜回与子贡

子贡是孔门"言语"科的高材生，他对颜回的德行修养非常佩服，且自认不如。《孔子家语·弟子行》载，子贡谈到颜回时说："夫能夙兴夜寐，讽诵崇礼，行不贰过，称言不苟，是颜回之行也。"《论语·公冶长》载，孔子有一次问子贡："女与回也孰愈？"子贡说："赐也何敢望回？回也闻一以知十，赐也闻一以知二。"孔子听后深表同意，甚至还说"吾与女弗如也"。

3. 颜回与曾参

曾参也是孔子的重要弟子，颜回少孔子 30 岁，曾参少孔子 46 岁，颜回早于孔子而卒，曾参则长寿。在《论语·泰伯》中曾参以回忆的口吻称赞颜回的德行，他说："以能问于不能，以多问于寡；有若无，实若虚；犯而不校——昔者吾友尝从事于斯矣。"此处曾参所言"吾友"，古注皆以为指颜回。

---

① 汪有光. 批檀弓 [M]. 刻本. [出版地不详]：[出版者不详]，1887：49.

4. 颜回与其他同门

《论语·先进》载："颜渊死，门人欲厚葬之。子曰：'不可。'门人厚葬之。子曰：'回也视予犹父也，予不得视犹子也。非我也，夫二三子也。'"意思是：颜回死后，其同学想要厚葬他，就请示孔子，没想到孔子明确表示"不可"，但同学们竟一反常情，不顾老师的反对，仍然坚持厚葬了颜回，足见颜回与同门之间的深厚情谊。

二、以子路为中心的"同学圈"

子路与孔子关系密切，孔子周游列国时，子路不离其左右。《史记·仲尼弟子列传》载："子路喜从游。"在维护孔子形象方面，子路是最强有力的一个，孔子曾说："自吾得由也，恶言不入于门，是非御侮与？"（《尚书大传·殷传》）子路个性直率，闻过则喜，讲求信用，乐于助人，坚持原则，敢怒敢言，在其同学圈中具有亲和力和影响力。

1. 子路与颜回

子路擅长政事，颜回注重德行。子路与颜回在年龄、性格及行为方式等方面均有显著不同，但这不妨碍他们和谐相处。《论语·公冶长》载："颜渊季路侍。子曰：'盍各言尔志？'子路曰：'愿车马衣轻裘与朋友共敝之而无憾。'颜渊曰：'愿无伐善，无施劳。'子路曰：'愿闻子之志。'子曰：'老者安之，朋友信之，少者怀之。'"子路的率直坦荡与颜回的谦恭矜持，都给人留下了鲜明深刻的印象。

2. 子路与子贡

子路是"政事"科的高材生，子贡是"言语"科的佼佼者。子贡对子路的品性评价甚高，《孔子家语·弟子行》载：子贡说子路"不畏强御，不侮矜寡，其言循性，其都以富，材任治戎，是仲由之行也"。意即：不畏强暴，不欺负鳏寡，说话遵循本性，居官富庶一方，才能足够治理军队，这就是子路的品行。由此可见，子贡与子路相知甚深，一定是在长期相处基础上才能有如此准确恰当的评价。

3. 子路与冉有

子路与冉有同样具有突出的政事能力，但是二人的个性却有所不同。《论语·先进》载："子路问：'闻斯行诸？'子曰：'有父兄在，如之何其闻斯行之？'冉有问：'闻斯行诸？'子曰：'闻斯行之。'公西华曰：'由也问闻斯行诸，子曰，"有父兄在"；求也问闻斯行诸，子曰，"闻斯行之"。赤也惑，敢问。'子曰：'求也退，故进之；由也兼人，故退之。'"这成为孔子因材施教的经典案例。

4. 子路与高柴

子路欣赏高柴的政事能力，曾推荐他出仕。《论语·先进》载："子路使子羔为费宰。子曰：'贼夫人之子。'子路曰：'有民人焉，有社稷焉，何必读书，然后为学？'子曰：'是故恶夫佞者。'"后来，子路与高柴同时在卫国做官。卫国发生政变，子路得到消息后便急忙入城，在城门口正遇高柴。高柴劝子路"莫践其难"（《史记·卫康叔世家》），子路说"食其食者不避其难"（《史记·仲尼弟子列传》），毅然入城，直至战死。

5. 子路与宰予

宰予在言语能力上表现突出，但在进入孔门之初却因德行表现不良受到子路的严惩。《古微书》载："邑名朝歌，颜渊不舍，七十子掩目，宰予独顾，由蹶堕车。"也就是说，当年孔门弟子路过朝歌，颜回不肯留宿，七十名弟子都捂上了眼睛，唯独宰予忍不住回头去看，被子路发现并一脚端下车。这是唯一一次有文献记载的子路与同门发生的严重冲突。

三、以子贡为中心的"同学圈"

子贡是教育家孔子的重要弟子之一。他擅长辞令与外交，能够从政与经商，具有多方面的才华。子贡在孔门学习时，与老师问对巧妙深入，评论人物纵横开阖。子贡与同学的交往较为广泛，从以下可见一斑。

1. 子贡与颜回

子贡与颜回年龄相仿，同属孔子的早期及门弟子。《论语·先进》载："回也其庶乎，屡空。赐不受命，而货殖焉，亿则屡中。"这是说颜回的学问道德差不多了，可常常穷得没有办法。子贡不安本分囤积投机，猜测行情，竟每每成功。在学问道德方面，子贡不及颜回，但在经商取财方面，能力却比颜回高出多少倍。在孔门弟子中，唯有子贡家累千金。如果说颜回为"贫而乐"的典范，那么子贡或可谓"富而好礼"的榜样。

2. 子贡与子路

《吕氏春秋·察微》载："鲁国之法，鲁人为人臣妾于诸侯，有能赎之者，取其金于府。子贡赎鲁人于诸侯，来而让，不取其金。孔子曰：'赐失之矣。自今以往，鲁人不赎人矣。取其金，则无损于行；不取其金，则不复赎人矣。'子路拯溺者，其人拜之以牛，子路受之。孔子曰：'鲁人必拯溺者矣。'"子贡"赎人而让金"的做法虽与其身份相符，但从社会影响和示范效应来说，确不如子路"拯溺而受牛"，所以孔子才说"赐失之矣"！

3. 子贡与子夏

《孔子家语·六本》记载，孔子说，自己死后，"商也日益，赐也日损"，"商也好与贤己者处，赐也好说不若己者"。在孔门私学，孔子一直密切关注弟子们的交友情况，因为在他看来"不知其人视其友"，主张为人应慎重交友。子贡或许需要为经商和外交积聚人脉，不得不同各种各样的人包括"不如己者"打交道，所以和子夏严格坚持"与贤己者"相处有所不同。这样一来，各自的道德修养必然产生一个"日损"、一个"日益"的结果。可见，孔子作为教育家，其审视学生发展的眼光是犀利的、敏锐的。

4. 子贡与冉有

《论语·先进》载："冉有、子贡，侃侃如也。"可见"侃侃如也"是他俩性格上的共同特征。《论语·述而》载："冉有曰：'夫子为卫君乎？'子贡曰：'诺；吾将问之。'入，曰：'伯夷、叔齐何人也？'曰：'古之贤人也。'曰：'怨乎？'曰：'求仁而得仁，又何怨？'出，曰：'夫子不为也。'"在这里，冉有有了问题，不敢直接去问老师，这可能与孔子所说"求也退"的做事风格有关。而子贡却将问题"转了个弯"去问孔子，自己根据老师的回答做出"夫子不为"的判断，这可能与孔子所说"赐之敏""赐也达"的为人素质有关。

5. 子贡与原宪

《史记·仲尼弟子列传》载："孔子卒，原宪遂亡在草泽中。子贡相卫，而结驷连骑，排藜藿入穷阎，过谢原宪。宪摄敝衣冠见子贡。子贡耻之，曰：'夫子岂病乎？'原宪曰：'吾闻之，无财者谓之贫，学道而不能行者谓之病。若宪，贫也，非病也。'子贡惭，不怿而去，终身耻其言之过也。"子贡与原宪本属同门而处境迥异，见面尴尬势在必然。擅长辞令与外交，在政界与商场上左右逢源的子贡，却在同学原宪面前不慎"失言"了。同学的形象就像一面镜子，同学的话语掷地有声，顿时让得意扬扬的子贡黯然失色、自惭形秽，从而深刻反省其道德修养的"日损"，以致"终身耻其言之过也"。

6. 子贡与其他同门

在颜回、子路相继去世后，子贡成为孔子晚年的精神依托。《史记·孔子世家》载："孔子病，子贡请见。孔子方负杖逍遥于门，曰：'赐，汝来何其晚也？'"可见，子贡在孔子心目中据有不可替代的特殊位置。孔子去世后，子贡的表现更印证了师生感情非同一般。《史记·孔子世家》载："孔子葬鲁城北泗上，弟子皆服三年。……唯子贡庐于冢上，凡六年，然后去。"古语说"师生如父子"，这一传统是由孔子师徒确立的。虽然

《仪礼·丧服》中并无弟子为老师服丧的规定，但孔门弟子仍然按照孝子为父母所服的丧制为孔子服三年之丧，而子贡服六年之丧，更将师生之情置于父子之上。对于那些恶意中伤孔子形象的言行，子贡均进行了坚决回击。如"叔孙武叔毁仲尼"，子贡便说："无以为也！仲尼不可毁也。他人之贤者，丘陵也，犹可逾也；仲尼，日月也，无得而逾焉。人虽欲自绝，其何伤于日月乎？多见其不知量也。"（《论语·子张》）司马迁就曾肯定说："夫使孔子名布扬于天下者，子贡先后之也。"（《史记·货殖列传》）

四、以子游为中心的"同学圈"

子游和子夏、曾参、有若等同属孔子晚年的弟子。他们来自不同的国家，其中子游来自吴，子夏来自卫，曾参、有若来自鲁。据《史记·仲尼弟子列传》载，有若少孔子四十三岁，子夏少孔子四十四岁，子游少孔子四十五岁，曾参少孔子四十六岁。几个人年纪相仿，但生活经历、性格特点和文化背景各不相同，便有了言行上的冲突和学术观点上的辩难，为孔门私学平添了许多生机。孔门私学倡导"同门相辩"，这也是孔门弟子相互学习的重要形式。后来《学记》将其中的道理阐明为："独学而无友，则孤陋而寡闻。"

1. 子游与曾参

《礼记·檀弓上》载："曾子袭裘而吊，子游裼裘而吊。曾子指子游而示人曰：'夫夫也，为习于礼者，如之何其裼裘而吊也。'主人既小敛，袒，括发，子游趋而出，袭裘、带、绖而入。曾子曰：'我过矣！我过矣！夫夫是也。'"曾参是孔门弟子中在"孝"方面修养深厚的一个人，在"礼"上竟也有疏漏之处。他穿着羔裘去吊丧，子游露着内衣吊丧。曾参指着子游让众人看，语含嘲讽地说："这个人啊，还是个专门修习礼仪的，怎么就露着内衣吊丧呢？"等到主人完成小敛，袒露内衣，用麻带束发，这时就见子游快步跑到外面，穿着吊孝的裘、带和绖进来了。曾参这才恍然大悟，连声说："我错了！我错了！这个人是对的。"事实胜于雄辩。子游没说一句话，就使自己的同学曾参连连认错。

2. 子游与子夏

《礼记·檀弓下》载："卫司徒敬子死，子夏吊焉，主人未小敛，绖而往。子游吊焉，主人既小敛，子游出绖，反哭。子夏曰：'闻之也与?'曰：'闻诸夫子：主人未改服则不绖。'"① 子夏与子游同去吊丧，主人尚未改服，子夏就带绖而进，而深知礼的子游则是等待着主人改服后方进入，他戴绖而进反哭。两种吊丧行为形成鲜明对照，估计不仅当时周围的人会有疑惑，就是同为孔门弟子、同是"文学"科高材生的子夏也是大惑不解。所以子夏就禁不住质问子游："闻之也与?"子游则非常有底气地回答："闻诸夫子：主人未改服则不绖。"这说明子游对礼的学习是非常用心的。从文中子夏没有再说什么也可推知，他对子游的言行是认可的。

3. 子游与有若

《礼记·檀弓下》载："有子与子游立，见孺子慕者。有子谓子游曰：'予壹不知夫丧之踊也，予欲去之久矣。情在于斯，其是也夫！'子游曰：'礼有微情者，有以故兴物者；有直情而径行者，戎狄之道也。礼道则不然，人喜则斯陶，陶斯咏，咏斯犹，犹斯舞，舞斯愠，愠斯戚，戚斯叹，叹斯辟，辟斯踊矣。品节斯，斯之谓礼。人死，斯恶之矣；无能也，斯倍之矣。是故制绞衾、设蒌翣，为使人勿恶也。始死，脯醢之奠；将行，遣而行之；既葬而食之，未有见其飨之者也。自上世以来，未之有舍也，为使人勿倍也。故子之所刺于礼者，亦非礼之訾也。'"有若"不知"，也就是不赞成礼之"踊"，欲去之，理由是"情在于斯"，于是有了"其是也夫"的质疑。在他看来，礼中似乎不应有"情"的存在。子游则对此并不赞同，认为礼中必须有情，如果无情，还要"兴物"以唤起人的情感。但他也不赞成"直情而径行"，认为那是"戎狄之道"，而是主张最

---

① 阮元. 十三经注疏·礼记正义 [M]. 北京：中华书局，1980：1303.

好以礼节情，即"品节斯"，也就是"发乎情，止乎礼义"，认为只有如此，"斯之谓礼"。子游的这一认识是辩证的、深刻的，对于有若认识礼与情的关系也会有所启发。

4. 子游与澹台灭明

《论语·雍也》载："子游为武城宰。子曰：'女得人焉耳乎？'曰：'有澹台灭明者，行不由径，非公事，未尝至于偃之室也。'"可见子游是非常肯定澹台灭明的正大光明的品行的。

五、以子夏为中心的"同学圈"

子夏是孔门中个性鲜明的弟子之一。他与同门之间交流较多，相互切磋的过程中留下许多有趣的故事，其中不乏教育意义和启示价值。

1. 子夏与司马牛

《论语·颜渊》载："司马牛忧曰：'人皆有兄弟，我独亡。'子夏曰：'商闻之矣：死生有命，富贵在天。君子敬而无失，与人恭而有礼。四海之内，皆兄弟也——君子何患乎无兄弟也？'"其实，司马牛所忧的尚限于个人血缘意义上的兄弟，而子夏则将之推及道德修养意义上的"兄弟"。子夏对司马牛在患难时的这一精神抚慰，足见其深深的同门情意。"四海之内皆兄弟"后来成为中国人交朋友和办外交的重要理念，足见其产生了跨越时空的深远影响。

2. 子夏与子张

在孔子看来，子张与子夏一个"过"，一个"不及"，对于一些事情二人往往存在意见分歧。《韩诗外传》卷九载："孔子过康子，子张子夏从。孔子入坐，二子相与论，终日不决。子夏辞气甚隘，颜色甚变。"《论语·子张》载："子夏之门人问交于子张。子张曰：'子夏云何？'对曰：'子夏曰："可者与之，其不可者拒之。"'子张曰：'异乎吾所闻：君子尊贤而容众，嘉善而矜不能。我之大贤与，于人何所不容？我之不贤与，人将拒我，如之何其拒人也？'"可见，子夏主张交友应慎重而有所选择，而子张则主张广泛地结交朋友。

3. 子夏与子游

《论语·子张》载："子游曰：'子夏之门人小子，当洒扫应对进退，则可矣，抑末也。本之则无，如之何？'子夏闻之，曰：'噫！言游过矣！君子之道，孰先传焉？孰后倦焉？譬诸草木，区以别矣。君子之道，焉可诬也？有始有卒者，其惟圣人乎！'"子游对子夏的教学方法提出了坦率而尖锐的批评，而子夏也对子游的批评进行了直接而断然的反驳。你来我往，各不相让。虽然在言语上有剑拔弩张的激烈，但整体上看仍不失为君子之争。

4. 子夏与曾参

《韩非子·喻老》载："子夏见曾子，曾子曰：'何肥也？'对曰：'战胜，故肥也。'曾子曰：'何谓也？'子夏曰：'吾入见先王之义则荣之，出见富贵之乐又荣之，两者战于胸中，未知胜负，故臞。今先王之义胜，故肥。'是以志之难也，不在胜人，在自胜也。故曰：'自胜之谓强。'"在这里，我们看到了子夏幽默风趣的一面。子夏与曾参两位同门相见，曾参很自然地进行"胖瘦"的寒暄。不想被子夏突然抢过话头，借题发挥，狠狠地幽了一默，读来令人解颐。同时，子夏也非常坦诚地与曾参分享了他"心战"的精神历程及胜利后的喜悦之感。

5. 子夏与樊迟

《论语·颜渊》载："樊迟问仁。子曰：'爱人。'问知。子曰：'知人。'樊迟未达。子曰：'举直错诸枉，能使枉者直。'樊迟退，见子夏曰：'乡也吾见于夫子而问知，子曰，"举直错诸枉，能使枉者直"，何谓也？'子夏曰：'富哉言乎！舜有天下，选于众，举皋陶，不仁者远矣。汤有天下，选于众，举伊尹，不仁者远矣。'"意思是说：樊迟向孔子问了两个问题，但对孔子两次回答的意思没弄明白，孔子于是又进一步做了阐释，结果樊迟还是不明白，但没好意思再问。等退出来见到子夏，就向这位同门中的佼佼者再求教。子夏就当仁不让地做了一回"小先生"，用举历史人物作例子的方法对樊迟进行了相应的辅导，终于帮助樊迟透彻理解了老师的意思。

六、以子张为中心的"同学圈"

《孔子家语·七十二弟子解》载，子张"为人有容貌，资质宽冲，博接从容。自务居，不务立于仁义之行。孔子门人友之而弗敬"。司马迁在《史记·仲尼弟子列传》中感慨道："学者多称七十子之徒，誉者或过其实，毁者或损其真。"子张就是一个被历史迷雾"损其真"的人物。其实，真实的子张与同门的关系并不是那么紧张，同门之间存在意见分歧甚至观点辩难，有时也是"相观而善"的一种学习方式。

1. 子张与曾参

子张与曾参的关系很特别，可谓净友。二人论道讲学，互相切磋。《论语·子张》载："曾子曰：'堂堂乎张也，难与并为仁矣。'"即是说："子张容仪美盛，可是难以与他一起做合乎仁德的事啊！"曾参是个谨慎笃实的人，与子张的意高张扬自然形成鲜明的差异，他的坦率批评对于子张认识自己的问题是非常有益的。事实上，二人的友情并没有因曾参的批评受到影响，反而历久弥厚，直至终老。子张比曾参小两岁，却先于曾参去世。子张卒，最先通知的同辈中人就是曾参。《礼记·檀弓下》载："子张死，曾子有母之丧；齐衰而往哭之。"可见两人关系非同一般。

2. 子张与子游

子张与子游的关系比较密切。《论语·子张》载："子游曰：'吾友张也为难能也，然而未仁。'"即是说："我的好友子张，他容仪之美，难以赶上，可是他在个人德行方面还没有达到'仁'的要求。"可以看出，子游对子张的这个评价还是比较中肯的。后来子张的儿子娶了子游的女儿，子张与子游就做了儿女亲家。子张的儿子叫作申祥。宋人王应麟《困学纪闻》卷五说："曾子之子：元，申。子张之子：申祥。子游之子：言思。皆见《檀弓》。"清人阎若璩按："言思为申祥妻之昆弟，则子张与子游，儿女姻家也。"宋代邓名世《古今姓氏书辨证》卷九说："颛孙：《风俗通》陈公子颛孙，仕鲁，因氏焉。其孙颛孙师，字子张，为孔子弟子，生申祥，娶子游之女。"① 子张与子游先做同门后为儿女亲家，其关系应该算得上密切了。

3. 子张与子夏

子张与子夏的分歧较大，形成鲜明对照。从"子夏之门人问交于子张"一事可知，子张的交友原则与子夏是明显不同的。这正如汉代包咸在其注解中所说："交友当如子夏，泛交当如子张。"也就是说，要交真正志同道合的朋友，应当像子夏；而如果想与各种人广泛交往，应当像子张。在中国历史上，子张一直就是善于广交朋友的典范。《后汉书》中就说子张是"古之善交者"。

4. 子张与宰予

子张与宰予均曾被视为"不仁"，也就是说，在"仁"的修养方面有所欠缺。具体例证之一，就是二人均曾对孔子的"三年之丧"的主张表示过怀疑。子张曰："《书》云：'高宗谅阴，三年不言。'何谓也？"子曰："何必高宗，古之人皆然。君薨，百官总己以听于冢宰三年。"（《论语·宪问》）有意思的是，宰予也曾问过类似的问题："'三年之丧，期已久矣。君子三年不为礼，礼必坏；三年不为乐，乐必崩。旧谷既没，新谷既升，钻燧改火，期可已矣。'子曰：'食夫稻，衣夫锦，于女安乎？'曰：'安。''女安，则为之！夫君子之居丧，食旨不甘，闻乐不乐，居处不安，故不为也。今女安，则为之！'宰我出。子曰：'予之不仁也！子生三

---

① 杨义.《论语》早期编纂过程及篇章政治学（下）[J]. 学术月刊，2013（2）：28-40.

年，然后免于父母之怀。夫三年之丧，天下之通丧也，予也有三年之爱于其父母乎!'"（《论语·阳货》）看样子，孔子对宰予的不满似乎更多一些，而实际上，子张对三年之丧的批判性思考并没有达到宰予的深度。

5. 子张与子贡

子贡作为孔门私学后期的"大学长"，对子张这个"小师弟"是比较关注的。《论语·先进》载，"子贡问：'师与商也孰贤?'子曰：'师也过，商也不及。'曰：'然则师愈与?'子曰：'过犹不及。'"子贡在与子张的长期交往中，见证了子张的成长，对子张的印象良好。《孔子家语·弟子行》载，子贡在谈到子张的品行时说："美功不伐，贵位不善，不侮不佚，不傲无告，是颛孙师之行也。"也就是说，在子贡看来，有美德功劳却不夸耀，处于尊贵的地位却不沾沾自喜，不自我放任以贪功慕势，不凌傲贫苦无告的百姓，这就是子张的品行。子贡的这一评价，对于屡遭同门批评的子张来说，应该算是一股慰藉心灵的强大暖流了。

七、以冉有为中心的"同学圈"

孔门弟子众多，同门之间的关系也较为复杂。以重要弟子为中心形成的"同学圈"，可以反映孔门私学内部的亚文化现象。其中，冉有与同门的关系就值得深入考察。

1. 冉有与子路

冉有与子路都是孔门"政事"科的高材生，冉有甚至还排在比自己年长二十岁的子路之前。二人的个性却明显不同。《论语·先进》载，子路与冉有问了孔子同一个问题"闻斯行诸?"，孔子分别给予完全不同的回答，告诉子路"有父兄在，如之何其闻斯行之?"，告诉冉有则是十分肯定的"闻斯行之"。因为在孔子看来，"求也退，故进之；由也兼人，故退之"。二人虽同擅政事，但所长各异。《论语·先进》载，在谈到管理政事时，子路说"比及三年，可使有勇"，而冉有则说"比及三年，可使足民"。可见子路擅长的是军政司法，而冉有擅长的是财经管理。《论语·季氏》载，在季氏将伐颛臾时，冉有和子路曾一同拜见孔子，接受老师的教诲。二人的关系是相当密切的。

2. 冉有与子贡

《论语·先进》载："冉有、子贡，侃侃如也。"也就是说，在孔门弟子中，他们二人的个性比较相像，都是温和而快乐的。《论语·述而》载："冉有曰：'夫子为卫君乎？'子贡曰：'诺；吾将问之。'入，曰：'伯夷、叔齐何人也？'曰：'古之贤人也。'曰：'怨乎？'曰：'求仁而得仁，又何怨？'出，曰：'夫子不为也。'"在这里，冉有有了问题不敢直接去问老师，是子贡向孔子探得意向然后告诉冉有的。《孔子家语·弟子行》载，子贡根据自己与冉有长期相处而获得的了解，对冉有做出如下评价："恭老恤幼，不忘宾旅，好学博艺，省物而勤也，是冉求之行也。"《史记·孔子世家》载，在季氏召冉有回国前，子贡知道孔子思归，在送别冉有时就叮嘱说："即用，以孔子为招。"冉有回国后几经努力，终于促成孔子归鲁。

3. 冉有与公西华

冉有出身"贱人"，公西华的生活相当富足。冉有擅长政事，公西华擅长外交。公西华曾自述志向为："宗庙之事，如会同，端章甫，愿为小相焉。"（《论语·先进》）孔子也称赞他"束带立于朝，可使与宾客言也"（《论语·公冶长》）。冉有对学弟公西华比较关照。当公西华出使齐国时，冉有曾为其母亲申请粮米补助，最后还给了远远超过孔子所建议的数额，甚至为此受到孔子的批评，可见两人关系非常不一般。公西华也很关心学兄冉有。当孔子回答冉有"闻斯行诸"的问题后，公西华感到疑惑，因为他发现这一回答与孔子对子路的回答竟然完全不同，就特别向孔子请教其中的原因。

4. 冉有与曾皙

曾皙是曾参的父亲，是孔子的早期弟子。《论语·先进》载，子路、曾皙、冉有、公西华侍坐各言其志，冉有的志向是"方六七十，如五六十，求也为之，比及三年，可使足民。如其礼乐，以俟君子"。而曾皙则表达了与此完全不同的另一番志向："莫春者，春服既成，冠者五六人，童子六七人，浴乎沂，风乎舞雩，咏而归。"这得到孔子的当场赞叹："吾与点也！"可见，冉有是现实主义者，曾皙则是浪漫主义者。讨论会后，曾皙还特意留下，询问："夫三子者之言何如？"孔子一一做了回答。曾皙问"唯求则非邦也与？"，孔子回答"安见方六七十如五六十而非邦也者？"，对冉有的志向也做了肯定。

5. 冉有与樊迟

　　冉有对学弟樊迟相当关照，曾力荐樊迟担当重任。《左传·哀公十一年》载："冉求帅左师，管周父御，樊迟为右。季孙曰：'须也弱。'有子曰：'就用命焉。'"樊迟是年二十一岁，季孙担心他有些弱，冉有则力荐说："他懂得服从命令。"结果樊迟的表现确实不错："师不逾沟。樊迟曰：'非不能也，不信子也，请三刻而逾之。'如之，众从之。师入齐军。"这说明冉有对樊迟能力的认识是准确的，樊迟也以自己的实力回报了冉有的知遇之恩。

6. 冉有与其他同门

　　从文献记载来看，冉有与同门中的"德行"科弟子是没有交集的，其具体原因不得而知，最大的可能是他们与冉有在"礼乐"方面没有共同语言。当冉有与孔子的思想发生一次又一次的冲突，特别是帮助季氏敛财暴富后，冉有完全背弃了孔子对他的"富民"教导。孔子忍无可忍，遂向其他弟子表明："非吾徒也。小子鸣鼓而击之，可也！"冉有很可能就此成为孔门的一个反面教材，从而在其他同门那里陷入"道不同不相为谋"的孤立境地。冉有长期出入孔门和政坛，应该最能体会其中的两难和冲突吧。

八、以曾参为中心的"同学圈"

　　曾参在孔门弟子中年纪较小，但因注重个人修养，并主张"君子以文会友，以友辅仁"（《论语·颜渊》），在众多同门中威望较高，形成了一个颇有影响的"同学圈"。对此加以深入考述，对于认识曾参及其思想也有特殊的价值，正所谓"观其交往，可以知其为人"。

1. 曾参与颜回

颜回是孔子早期弟子，曾参是孔子晚年弟子。对于颜回这个先进学长，曾参是非常推崇的，曾做如此评价："以能问于不能，以多问于寡；有若无，实若虚；犯而不校——昔者吾友尝从事于斯矣。"（《论语·泰伯》）这里曾参所说的"我友"，即指颜回。

2. 曾参与子贡

子贡比曾参大十五岁，曾参是子贡的小师弟。曾参曾和子贡一起参加季孙之母的丧礼（宋苏辙《古史·孔子弟子列传》）。曾参虽然年轻，但子贡对他评价甚高。《孔子家语·弟子行》载，子贡曾这样称赞曾参："满而不盈，实而如虚，过之如不及，先王难之。博无不学，其貌恭，其德敦；其言于人也，无所不信；其桥大人也，常以浩浩，是以眉寿，是曾参之行也。"对于当时在孔门私学里并不引人注目的后生曾参来说，这简直就是"知己"之论了。

3. 曾参与子夏

曾参与子夏都是孔子晚年弟子。《史记·仲尼弟子列传》说子夏"少孔子四十四岁"，比曾参大两岁。清陈玉澍《卜子年谱》中云"无曾子则无宋儒之道学，无卜子则无汉儒之经学"[1]，一语概括了曾参和子夏的学术贡献。《礼记·檀弓上》记载了这样一件事："子夏丧其子而丧其明，曾子吊之，曰：'吾闻之也，朋友丧明则哭之。'曾子哭。子夏亦哭，曰：'天乎！予之无罪也。'曾子怒曰：'商！女何无罪也？吾与女事夫子于洙泗之间，退而老于西河之上，使西河之民疑女于夫子，尔罪一也。丧尔

---

[1] 陈玉澍. 卜子年谱·自序 [M] //佚名. 丛书集成续编：第 36 册. 上海：上海书店，1994：581.

亲，使民未有闻焉，尔罪二也。丧尔子，丧尔明，尔罪三也。而曰女何无罪与？'子夏投其杖而拜，曰：'吾过矣！吾过矣！'"曾参为人耿直，他诚恳指出同门子夏之罪：一是罪在不够尊师，二是罪在不够敬老，三是罪在过于爱子。这正是曾参孝道思想和内省精神的表现，也使子夏认识到自己的错误，同时帮助他走出了过度的丧子之痛。曾参愤言责善，子夏从善如流，非至交之友则不能也。

4. 曾参与子张

子张比曾参小两岁，先曾参去世。二人论道讲学，互相切磋。曾参称子张"难与并为仁"。曾参与子张确实性格气质不同，思想有较大差异，但这并不妨害其同门之谊。王闿运《论语训》中说："曾、张友善如兄弟。"子张卒，最先通知的同辈中人就有曾参。《礼记·檀弓下》载："子张死，曾子有母之丧；齐衰而往哭之。"二人亲密关系可见一斑。

5. 曾参与子游

子游对礼有着浓厚的兴趣，愿意钻研也喜欢钻研，也许正是这个原因，子游对礼往往有独到的见解，对礼的具体仪程和内涵领悟较曾参准确，尤其是对丧葬之礼，更较曾参熟悉。《礼记·檀弓上》载："小敛之奠，子游曰：'于东方。'曾子曰：'于西方，敛斯席矣。'小敛之奠在西方，鲁礼之末失也。"这就是说，曾参与子游讨论小敛之奠的方位，子游说安放在尸体的东面，曾参说安放在西面，而且要放在席子上面。小敛的祭奠物品放在尸体的西方，是沿用鲁国末世的错误礼俗。曾参见到当时所行，以为礼本来如此，所以不知道错误。

6. 曾参与有若

《孟子·滕文公上》载："孔子没，……子夏、子张、子游以有若似圣人，欲以所事孔子事之，强曾子。曾子曰：'不可。江汉以濯之，秋阳以暴之，皜皜乎不可尚已。'"意思是说：孔子死了以后，子夏、子张、子游认为有若跟孔子相貌近似，便想用过去敬事孔子的礼节来敬事他，还勉强曾参同意。曾参说："不行！就像那用江汉的水冲洗过，用夏天的太阳暴晒过，光明洁白的无法比拟，谁能跟孔子相比呢！"《史记·仲尼弟子列传》亦载有此事："孔子既没，弟子思慕，有若状似孔子，弟子相与共立为师，师之如夫子时也。……弟子起曰：'有子避之，此非子之座也！'"可见，在这件事上，曾参的意见是明确而坚决的，并且被证明是对的。张其昀教授认为："曾子不从，非惟其识见卓越，亦见其信道诚笃，执德弘毅，度越游夏诸贤，故能独排众议，著尊师之大节，此其所以为宗圣也。"① 曾参在这件事上的笃定与坚决给人们留下了深刻的印象。

九、以宰予为中心的"同学圈"

在同门弟子中，谁和谁走得近，谁和谁有矛盾，谁和谁说了话，谁和谁共了事，看上去都是些无关紧要的日常小节，但往往隐含着许多重要的信息。考察孔门"同学圈"，就是一件有趣而有益的工作。至于宰予，他的"同学圈"还真的并不像想象的那么大。

1. 宰予与子贡

二人同为"言语"科高材生。《论语·先进》载："言语：宰我，子贡。"二人对孔子都很推崇。《孟子·公孙丑上》载："宰我曰：'以予观于夫子，贤于尧、舜远矣。'子贡曰：'见其礼而知其政，闻其乐而知其德。由百世之后，等百世之王，莫之能违也。自生民以来，未有夫子也。'"宰予与子贡在当时齐名。《说苑·杂言》载："子西谓楚王曰：'王之臣用兵有如子路者乎？使诸侯有如宰予者乎？长官五官有如子贡者乎？'"宰予在"言语"上排名在子贡之前，可能与孔子对二人的评价有关。《孔丛子·记义》载："子曰：'夫言贵实，使人信之，舍实何称乎？是赐之华不若予之实也。'"

---

① 张其昀. 孔学今义 [M]. 北京：北京大学出版社，2009：243.

2. 宰予和澹台灭明

有意思的是，二人是被孔子联系在一起评价的。《史记·仲尼弟子列传》载："澹台灭明，武城人，字子羽，……状貌甚恶。欲事孔子，孔子以为材薄。既已受业，退而修行，行不由径，非公事不见卿大夫。南游至江，从弟子三百人，设取予去就，名施乎诸侯。孔子闻之，曰：'吾以言取人，失之宰予；以貌取人，失之子羽。'"

3. 宰予与冉有

二人同年生，都是名在十哲的孔门弟子，宰予是"言语"科高材生，冉有是"政事"科高材生。但孔子批评二人尤甚。他批评宰予"朽木不可雕也"，批评冉有"非吾徒也！"，留下两段著名公案，向来聚讼纷纭，莫衷一是。当然，宰予和冉有也有思想共鸣之处。《孔丛子·记问》载："楚王使使奉金帛聘夫子，宰予、冉有曰：'夫子之道于是行矣。'遂请见。问夫子曰：'太公勤身苦志，八十而遇文王，孰与许由之贤？'夫子曰：'许由，独善其身者也。太公，兼利天下者也。然今世无文王之君也，虽有太公，孰能识之？'乃歌曰：'大道隐兮礼为基。贤人窜兮将待时。天下如一欲何之？'"

4. 宰予与子张

宰予与子张问过孔子同样的问题——"三年之丧"。《论语·阳货》载，宰予问孔子"三年之丧"引发孔子不满，宰予出，子曰："予之不仁也！"《论语·宪问》载："子张曰：'《书》云："高宗谅阴，三年不言。"何谓也？'子曰：'何必高宗，古之人皆然。君薨，百官总己以听于冢宰三年。'"二人同被视为"未仁"或"不仁"。《论语·子张》载："子游曰：'吾友张也为难能也，然而未仁。'"

5. 宰予与其他同门

《古微书》载："邑名朝歌，颜渊不舍，七十子掩目，宰予独顾，由蹶堕车。"也就是说，当年孔门弟子路过朝歌，颜回不肯留宿，七十名弟子都捂上了眼睛，唯独宰予忍不住回头去看，被子路发现并一脚端下车。文中的"朝歌"就是殷商旧都，乃纣王失国之处。《史记·乐书》载："纣为朝歌北鄙之音，身死国亡。……夫朝歌者不时也，北者败也，鄙者陋也，纣乐好之，与万国殊心，诸侯不附，百姓不亲，天下畔之。"对于注重德行修养、讲求非礼勿视的孔门弟子来说，看到朝歌而做出像颜回等人的举动是很自然的。宰予因为表现另类而被子路端下车子，一方面说明宰予确实具有特立独行的叛逆性格，另一方面也说明他在同门中多少有点被孤立与孤独。

第三节 "以友辅仁"：孔子教学的
另一重要侧面

　　孔子的教学艺术除了我们所熟知的循循善诱、因材施教之外，还有另一精彩的重要侧面，即重视并引导弟子交友，以对其知识、品德等发展产生影响，所谓"以友辅仁"。本节尝试对孔门部分弟子，如颜回、子贡、子游、子夏等的"同学圈"做初步考察，希望能对本土优良教学思想传统的总结与继承有所启示。

　　孔子曾教育其弟子："三人行，必有我师焉：择其善者而从之，其不善者而改之。"（《论语·述而》）这是因为，交友对于个人进德修业具有不可替代的重要作用，所谓"君子以文会友，以友辅仁"（《论语·颜渊》）。在孔子交友思想影响下，他的众多弟子都非常重视与同门的切磋琢磨、"相观而善"，孔门弟子之间组成的一个一个真实、具体、生动的"同学圈"，让我们看到了孔子教学的另一精彩的重要侧面。

一、孔门弟子"同学圈"是客观存在的事实

　　孔门弟子整体上就是一个大的"同学圈"，每个弟子又拥有自己的小的"同学圈"。大"同学圈"由许多小"同学圈"组成，小"同学圈"之间又有部分的交叉。因为人是交往的动物，而进德修业又是在交往中进行的，每个人在"同学圈"中既是受影响者，又是影响源；既是以自己为

中心的"同学圈"的核心，又是以别人为中心的"同学圈"中的重要他人。

我们如果深入考察，就会发现孔门弟子的"同学圈"是有若干中心的，每个"同学圈"又由多名弟子组成。

以颜回为中心的"同学圈"中，就有子路、子贡、曾参及其他同门。

以子贡为中心的"同学圈"中，就有颜回、子路、子夏、冉有、原宪等。

以子游为中心的"同学圈"中，就有子夏、曾参、有若、澹台灭明等。

以子夏为中心的"同学圈"中，就有司马牛、子张、子游、曾参、樊迟等。

以子张为中心的"同学圈"中，就有曾参、子游、子夏、宰予、子贡等。

以曾参为中心的"同学圈"中，就有颜回、子贡、子夏、子游、子张、有若等。

以冉有为中心的"同学圈"中，就有子路、子贡、公西华、曾晳、樊迟等。

以宰予为中心的"同学圈"中，就有子贡、澹台灭明、冉有、子张、子路等。

……

在这些"同学圈"中，子贡的"同学圈"是较大的，并且他被许多同门视作各自"同学圈"中的重要他人。这与他性格较活泼、交友广泛不无关系。他所交往的同学，既有"德行"能力突出的颜回、曾参、原宪，也有"言语"能力突出的宰予；既有"政事"能力突出的子路、冉有，也有"文学"能力突出的子夏等。从文献记载来看，冉有的"同学圈"就是另外一种情形，他所交往的同门有"政事"科的子路和"言语"科的子贡，但是与同门中的"德行"科和"文学"科弟子却是没有交集的，其具体原因不得而知，最大的可能是他们与冉有在"礼乐"方面缺乏共同语言。从冉有的实际表现看，他对于"礼乐"的学习兴趣也不大。所以，孔门弟子"同学圈"的存在，让我们看到了教育中较为复杂的深层问题，对此做一些考辨，可以补充孔门私学研究的空白。

二、孔门弟子"同学圈"的影响因素及日常情景

孔门弟子众多，同门之间的关系也较为复杂。以重要弟子为中心形成的"同学圈"，可以反映孔门私学内部的教育亚文化现象。对于孔门私学的研究，像过去那样只关注孔门的师生关系是不够的，还应该进一步认识孔门弟子"同学圈"的价值。前者是一种教育的垂直影响，而后者是一种教育的平行影响。一般说来，完整的教育应该是这两种影响相辅相成、融为一体，形成一种精神合力。那么，影响孔门弟子"同学圈"形成的因素有哪些？其日常的情景又是怎样的呢？

1. 影响孔门弟子"同学圈" 形成的因素

有些因素对于孔门弟子"同学圈"的形成起着微妙的作用。一是年龄因素。如子游"同学圈"中的几位同门，大多属于孔子晚年的弟子，比较年轻且年龄相仿，据《史记·仲尼弟子列传》载，有若少孔子四十三岁，子夏少孔子四十四岁，子游少孔子四十五岁，曾参少孔子四十六岁。他们几个基本上属于同龄人，又在一起随孔子进德修学，所以很自然地形成"同学圈"。二是学习阶段。有些弟子年龄相差很大，如颜回和子路，一个少孔子三十岁，一个少孔子九岁，二人之间年龄相差二十多岁，但因为同是孔子早期弟子，且那时孔子的弟子尚少，二人随侍孔子的机会多，便自然有许多交集。颜回虽然年纪较轻，但少年老成；子路虽然年龄较长，却充满活力。二人相处能够做到相互敬重，结下了深厚的同门情谊。三是共同活动。如孔子周游列国时，有些弟子追随左右，朝夕相处，共同经历了艰难岁月，这有益于形成坚固的师生关系和同门关系。四是能力志趣。如颜回的"同学圈"中的诸同门，都对颜回的好学精神和高尚品德敬佩有加，经常在一起谈论志向、交流心得，很自然地将颜回推向了"同学圈"的中心。

2. 孔门弟子"同学圈"的日常情景

孔门弟子"同学圈"中的原生态生活情景是怎样的呢？借助有限而宝贵的历史文献资料，我们可大致还原其中的主要部分。但即便如此粗简的勾勒，已可让我们窥见孔门弟子"同学圈"中纷呈的精彩情景了。

同门之间的相互关心。（1）同门有忧，送上劝慰。《论语·颜渊》载："司马牛忧曰：'人皆有兄弟，我独亡。'子夏曰：'商闻之矣：死生有命，富贵在天。君子敬而无失，与人恭而有礼。四海之内，皆兄弟也——君子何患乎无兄弟也？'"其实，司马牛并非真的没有兄弟，他实际上是兄弟四人，只不过他们在宋国的作乱行为让司马牛不愿与之为伍，所以他实际感慨的是没有"好"兄弟罢了。司马牛所"忧"的尚限于个人血缘意义上的兄弟，而子夏劝慰他时则故意将之推及道德修养意义上的"兄弟"。子夏的这一精神抚慰，令孤独失望的司马牛感受到了同门的温暖。（2）同门分别，互留赠言。同门弟子平时生活在一起，一旦分别便免不了情之所至，难以割舍。如颜回与子路平时常与孔子一起讨论问题，气氛相当融洽，二人年龄相差很大却情深谊厚。《礼记·檀弓下》载："子路去鲁，谓颜渊曰：'何以赠我？'曰：'吾闻之也：去国，则哭于墓而后行；反其国，不哭，展墓而入。'谓子路曰：'何以处我？'子路曰：'吾闻之也：过墓则式，过祀则下。'"子路离开鲁国时，颜回提醒他注意相关礼仪；子路也特别关照颜回，告知平时在鲁国应该遵循的礼仪细节。后世朋友分别时互留赠言之风，或许就滥觞于此吧。

同门之间的相互辩难。（1）辨明本末，知所先后。孔门弟子虽然都受教于孔子，但因每个人的理解不同，所领悟到的也就旨趣各异。如《论语·子张》载："子游曰：'子夏之门人小子，当洒扫应对进退，则可矣，抑末也。本之则无，如之何？'子夏闻之，曰：'噫！言游过矣！君子之道，孰先传焉？孰后倦焉？譬诸草木，区以别矣。君子之道，焉可诬也？有始有卒者，其惟圣人乎！'"从文中可见，孔子弟子子夏已经做了老师，都有"门人"了，但他的同门子游显然不认可其教学方法。子游和子夏虽然同列孔门"文学"科榜单，但二者在思想观点上却存在着较为严重的分歧：子游认为自己是从仁义大处着眼，继承的是儒学之"本"；而子夏教授弟子不过拘泥于烦琐的礼仪小节，并未掌握儒家学术之根本，因而只能算是逐儒学之"末"，言语之间明显流露出对子夏的不满。但是子夏对子游的批评并不接受，而是直接反驳说"言游过矣"，并且申明了自己的见解。《礼记·大学》有言："物有本末，事有终始，知所先后，则近道矣。"子游、子夏之争看似尖锐对立、水火不相容，其实若能冷静地全面观之或正可互补相长、殊途同归。（2）贫而非病，秉德而行。《史记·仲尼弟子列传》载："孔子卒，原宪遂亡在草泽中。子贡相卫，而结驷连骑，排藜藿入穷阎，过谢原宪。宪摄敝衣冠见子贡。子贡耻之，曰：'夫子岂病乎？'原宪曰：'吾闻之，无财者谓之贫，学道而不能行者谓之病。若宪，贫也，非病也。'子贡惭，不怿而去，终身耻其言之过也。"也就是说，子贡与原宪本属同门，但实际处境却相差悬殊，一个"结驷连骑"，是何等的风光；另一个"摄敝衣冠"，是如此的寒酸。二人相见，尴尬难免。结果却是发生了戏剧般的反转，擅长辞令与外交，在政界与商场上左右逢源的子贡，却在同门原宪面前不慎"失言"了。子贡一开始"耻"之，此"耻"是为同门的寒酸生活而"耻"。当原宪不卑不亢地辨析"贫"与"病"的不同，并声明自己是"贫也，非病也"之后，子贡再一次感到了"耻"，但此"耻"已不再是"耻"原宪，而是"耻"自己"言之过也"。很显然，在特定意义上，正是同门原宪让子贡道德觉醒了。

三、孔门弟子"同学圈"的主要功能

"同学圈"在孔门弟子的学习、修养和生活诸方面发挥了重要的作用，产生了微妙而深刻的影响。这主要表现在以下几个方面。

1. 同门互助

孔门弟子有了问题，多数会直接向孔子求助，但也有一些是在同门间互助解决的。如《论语·颜渊》载："樊迟问仁。子曰：'爱人。'问知。子曰：'知人。'樊迟未达；子曰：'举直错诸枉，能使枉者直。'樊迟退，见子夏曰："乡也吾见于夫子而问知，子曰，"举直错诸枉，能使枉者直"，何谓也？'子夏曰：'富哉言乎！舜有天下，选于众，举皋陶，不仁者远矣。汤有天下，选于众，举伊尹，不仁者远矣。'"意思是说，樊迟向孔子接连问了两个问题——"仁"和"知"，但对孔子两次回答的意思没弄明白，孔子见樊迟"未达"，便又做了进一步的阐释，结果樊迟还是不明白，不过没好意思再追问。樊迟从老师那儿退出来后，就去见同门子夏，向这位同门中的佼佼者再求教。子夏也就当仁不让地做了一回"小先生"，用举历史人物作例子的方法对樊迟进行了相应的辅导。有了这些实例的帮助，樊迟终于透彻理解了老师讲的道理。类似的情况在孔门弟子"同学圈"中时有发生。如《论语·里仁》载："子曰：'参乎！吾道一以贯之。'曾子曰：'唯。'子出，门人问曰：'何谓也？'曾子曰：'夫子之道，忠恕而已矣。'"大意是，孔子说："曾参啊，我的道是可以用一个基本观念贯穿起来的。"曾参说："是。"孔子出去后，其他弟子问曾参："是什么意思啊？"曾参说："老师的道，只是忠恕而已。"在这里，其他门人显然不能理解孔子和曾参关于"一贯之道"的问对，但孔子说完就走了，他们无法直接向老师再请教，所以就只好问曾参，由曾参进一步阐明孔子的意思，帮助他们解决学习上的困惑。

2. 同门共决

孔门弟子"同学圈"常常自行决定有些事情具体怎么办。如《论语·先进》载："颜渊死，门人欲厚葬之。子曰：'不可。'门人厚葬之。子曰：'回也视予犹父也，予不得视犹子也。非我也，夫二三子也。'"意思是：颜回死后，其同学想要"厚葬"他，就先请示孔子，没料到孔子对此明确表示"不可"。若在平常，老师的意见可能就是定论，弟子们会照此办理，但同学们这一次竟一反常情，不顾老师的反对，仍然坚持"厚葬"了颜回。从中可以看出，一方面颜回与同门之间有着深厚情谊，另一方面孔门弟子"同学圈"是可以自行决定一些事情的，甚至老师的意见也可放到一边。再如《孟子·滕文公上》载："孔子没，……子夏、子张、子游以有若似圣人，欲以所事孔事之，强曾子。曾子曰：'不可。江汉以濯之，秋阳以暴之，皜皜乎不可尚已。'"也就是说，在孔子死了以后，其弟子子夏、子张、子游认为有若跟孔子相貌近似，便想用过去敬事孔子的礼节来敬事他，还勉强另一重要弟子曾参同意。曾参表态"不行"并阐明了自己的理由，认为孔子无人可以代替。《史记·仲尼弟子列传》亦载有此事："孔子既没，弟子思慕，有若状似孔子，弟子相与共立为师，师之如夫子时也。"后来，有弟子向有若提出疑问，而有若竟默然无以应，弟子起曰："有子避之，此非子之座也！"看来因为多数弟子的意见倾向于拥戴有若，所以即便曾参一个人反对，也得少数服从多数，最终还是将有若推上老师的座位，所谓"共立为师"。后来只是因为有若表现不佳，事情才算了结。

3. 同门共尊

孔子的道德学问深得众弟子的尊重，这与"同学圈"中弟子的相互影响也有关。如颜回就是被孔子有意树立的学习榜样，在"同学圈"中享有很高的威望。颜回不仅以自身的修养得到了其他同门的尊重，而且影响了同门中的许多人，使得孔门弟子因此团结得更加紧密，所以孔子才说"自吾有回，门人益亲"（《史记·仲尼弟子列传》）。孔子去世后，弟子子贡的表现更加突出地表明师生感情非同一般。《史记·孔子世家》载："孔子葬鲁城北泗上，弟子皆服三年。……唯子贡庐于冢上，凡六年，然后去。"在中国自古就有"师生如父子""一日为师，终身为父"的说法，这一传统就是由孔子师徒确立的。虽然《仪礼·丧服》中并无弟子为老师服丧的规定，但孔门弟子仍然按照孝子为父母所服的丧制为孔子服三年之丧，而子贡服六年之丧，更将师生之情置于父子之上。这在中外教育史上都堪称佳话。对于那些恶意中伤孔子形象的言行，作为孔门弟子的子贡均进行了坚决回击。如"叔孙武叔毁仲尼"，子贡便说："无以为也！仲尼不可毁也。他人之贤者，丘陵也，犹可逾也；仲尼，日月也，无得而逾焉。人虽欲自绝，其何伤于日月乎？多见其不知量也。"（《论语·子张》）司马迁就曾肯定说："夫使孔子名布扬于天下者，子贡先后之也。"许多史实表明，在孔子形象的维护和儒学思想的传播方面，孔门弟子及其

"同学圈"发挥了不可忽视的独特作用。

4. 同门自正

孔门弟子的"同学圈"整体是和谐的，但有时也会有些"不谐音"。一旦发生这种情况，"同学圈"就会发挥其"自正"功能。《古微书》载："邑名朝歌，颜渊不舍，七十子掩目，宰予独顾，由蹶堕车。"也就是说，当年孔门弟子路过朝歌，颜回不肯留宿，七十名弟子都捂上了眼睛，唯独宰予忍不住回头去看，被子路发现后一脚端下车子。文中的"朝歌"就是殷商旧都，乃纣王失国之处。据《史记·乐书》载："纣为朝歌北鄙之音，身死国亡。"对于注重德行修养、讲求非礼勿视的孔门弟子来说，看到朝歌这样的地方而做出像颜渊等人的举动是非常自然的。宰予因为表现另类而被大师兄子路端下车，就是受到来自"同学圈"的一种惩罚。孔门弟子"同学圈"的这种功能，就连老师孔子都看得清楚，有时还要借助一下呢。《论语·先进》就记载："季氏富于周公，而求也为之聚敛而附益之。"孔子非常生气，对众弟子说："非吾徒也。小子鸣鼓而攻之，可也。"也就是说，在孔子看来，若是弟子们的"同学圈"在他的同意下共同施压于冉有，对于冉有来说，就是一种颇具震撼力的教育影响。

四、孔子对弟子"同学圈"的关注与指导

孔门教学无法回避弟子的"同学圈"。孔子的集体教学就是在大的"同学圈"中进行的，如讲学于杏坛之上，习礼于大树之下，都是公开的，是面向所有弟子的。也有小组教学，是在小的"同学圈"中进行的，如孔子从教早期常与弟子颜回、子路、子贡"四人行"，教学现场直接和弟子的"同学圈"交叉或重合。更多的是个别教学，孔子直接面对弟子进行"答问"，通过影响"同学圈"中的核心人物或关键人物，借助"涟漪效应"影响弟子们的"同学圈"。可见，孔子对于弟子的"同学圈"非常关注，并给予及时的、有益的指导。

1. 组织弟子们的活动

孔子教学有时采用侍坐形式，这就使得几名弟子可以同时受教，相互了解，一起讨论共同关心的问题。如《论语》就记载了子路、冉有、公西华、曾晳侍坐，孔子与他们一起谈论个人的志向，使每一个"圈中人"都有机会发言，既表达了自己的见解，又了解了别人，还得到了老师的评点和教诲。孔子周游列国途中随机而教，时间较长，弟子们随侍左右，共同经历了许多事情。《史记》就记载有的弟子驾车了，有的弟子饿晕了，有的弟子掉队了，有的弟子质疑了，有的弟子怒目了。这一段共同拥有的特殊经历对许多弟子来说，都是刻骨铭心、终生难忘的，实在是一份不可多得的珍贵的教育与学习资源。孔子在鲁期间也常带弟子登东山、游沂水，在轻松和谐的氛围中触景生情，进行教育和教学。有时带领在学弟子到已仕弟子那儿去实地考察，加强不同"同学圈"的联系。如《论语·阳货》载："子之武城，闻弦歌之声。夫子莞尔而笑，曰：'割鸡焉用牛刀？'子游对曰：'昔者偃也闻诸夫子曰："君子学道则爱人，小人学道则易使也。"'子曰：'二三子！偃之言是也。前言戏之耳。'"无疑地，孔子与子游的这番对话一定会在随行的"二三子"中产生深刻而微妙的教育影响，使在学弟子"同学圈"和已仕弟子"同学圈"建立起了联系。

2. 指导弟子们交友

孔子一直密切关注弟子们的交友情况，因为在他看来，"不知其人视其友"，主张为人应慎重交友。弟子们从自己的实际出发进行交友，孔子就冷眼旁观，从他们交友所形成的"同学圈"情况，对他们的发展状况做出预测，以此提醒他们多加注意。如《说苑·杂言》记载孔子的话："丘死之后，商也日益，赐也日损。商也好与贤己者处，赐也好说不如己者。"对于子贡来说，一方面他个性活泼热情，有出众的言语才能，喜欢与人交往，另一方面也需要为经商和外交积聚人脉，所以不得不同各种各样的人，包括"不如己者"打交道。而子夏则不同，他性格勇敢孤傲、规模狭隘，专注于文学修养，交友严格，坚持"与贤己者"相处。这样一来，子贡和子夏就形成了各自不同的"同学圈",子贡的朋友多而泛,子夏的朋友少而精,长时间分处于不同的"同学圈",其进德修学就必然会产生一个"日损"、一个"日益"的结果。孔子深谙人的交友之道,这从其对于子贡和子夏日后发展的差异所做的深刻分析中,即可见一斑。

3. 评点弟子们的言行

弟子们说了什么、做了什么?得在哪儿、失在哪儿?孔子作为他们的老师,其评点,无论是对他们本人,还是对其所在的"同学圈",都是十分重要的。《吕氏春秋·察微》载:"鲁国之法,鲁人为人臣妾于诸侯,有能赎之者,取其金于府。子贡赎鲁人于诸侯,来而让,不取其金。孔子曰:'赐失之矣。自今以往,鲁人不赎人矣。取其金,则无损于行;不取其金,则不复赎人矣。'子路拯溺者,其人拜之以牛,子路受之。孔子曰:'鲁人必拯溺者矣。'"子贡"赎人而让金",好像品格很高;子路"拯溺而受牛",似乎显得品格有点鄙俗。当时或许也有不少的人会这样评论,但是孔子从这两件事的社会影响的角度来评点,认为子贡"失之矣",因为他的做法有可能导致"不复赎人矣";而子路的做法则可能产生后续模仿效应,使"鲁人必拯溺者矣"。两相比较,差别不言自明。孔子对这两件事的评点既精准又精辟,对于其弟子及"同学圈"来说当然是及时雨一样的教育引导。可见,孔子确实无愧于一位善于引导的教育艺术家!

第四节　孔子的乐学思想和乐教精神

　　孔子特别重视学习和教学中的"乐"。他将"乐学"看作学习的最高境界，其主张的乐学，一是强调学习者的积极态度，二是要求发展学习者的各方面能力，三是其目的在于达到"博学"。孔子的"乐教"精神，标志着他的教师职业意识觉醒水平。教师乐教、学生乐学，教学相成，形成了良性循环，对后世历代教育家产生了深远的影响。

　　早在两千多年前，大教育家孔子就实践了他的"快乐教学论"思想，主张将情感渗透到学习过程和教学过程并从中获得愉快的情绪体验，即所谓"学而时习之，不亦说乎"，所谓"有朋自远方来，不亦乐乎"。孔子既重视学之乐，又重视教之乐，极力提倡"学而不厌，诲人不倦"，表现了其乐学思想和乐教精神。然而，在漫长的封建社会进程中，这种乐学、乐教的思想令人惋惜地失落了。今天，我们应重拾这一珍贵的思想遗产，拭去蒙蔽其上的尘埃，让其现出本来的光辉。

一、乐学思想

　　孔子认为学生"志于学"的过程，可分为"知之—好之—乐之"三个阶段，并进一步指出"知之者不如好之者，好之者不如乐之者"（《论语·雍也》）。可见，孔子是将"乐学"看作学习的最高境界的。

　　孔子说"学而时习之，不亦说乎？"（《论语·学而》），揭示了学习过程本身就存在着乐趣，要求让学习者获得愉悦的情绪体验。因为学生炽烈的求知欲望和学习热情会成为学习的直接动力，使学习成为学习者最迫切的需要。所谓"朝闻道，夕死可矣"（《论语·里仁》），即是这种热情的体现，并且这种热情在学习过程中呈现出具有稳定性的特点。(1) 不因物质生活水平的高低而转移。孔子说："饭疏食饮水，曲肱而枕之，乐亦在其中矣。"（《论语·述而》）其弟子颜回就是这方面的典型。孔子因此称道："贤哉，回也！一箪食，一瓢饮，在陋巷，人不堪其忧，回也不改其乐。贤哉，回也！"（《论语·雍也》）(2) 不因年龄增长而减弱。当叶公向子路打听孔子而子路不对时，孔子说，"女奚不曰，其为人也，发愤忘食，乐以忘忧，不知老之将至云尔"（《论语·述而》）。另外，孔子还曾说过，"加我数年，五十以学《易》，可以无大过矣"（《论语·述而》）。《史记·孔子世家》中也记载"孔子晚而喜《易》……读《易》，韦编三绝"，其乐学程度可见一斑。(3) 不因时间、地点的变化而改变。如孔子在齐闻《韶》，三月不知肉味，说"不图为乐之至于斯也"（《论语·述而》）。(4) 不因学无"常师"而有丝毫懈怠。孔子提倡"学无常师"，而他本人也是这样做的。他曾"问礼于老聃，访乐于苌弘"，"师郯子"，学琴于"师襄子"，"观于鲁桓公之庙"，"与人歌而善，必使反之，而后和之"（《论语·述而》）。他认为，"三人行，必有我师焉：择其善者而从之，其不善者而改之"（《论语·述而》）。可见，处于乐学阶段的学习者丝毫不以学习为苦，反以之为趣事而"乐之忘返"，这也是孔子将乐学作为学习最高境界的主要原因。

孔子的乐学思想具有以下三方面的内涵。

其一，孔子主张的乐学，强调学习者的积极态度。孔子非常重视主观努力在人的身心发展中的重要作用。他特别反对那些"饱食终日，无所用心"（《论语·阳货》）和"群居终日，言不及义"（《论语·卫灵公》）的人，所以当学生宰予昼寝时，孔子严厉地批评他："朽木不可雕也，粪土之墙不可杇也；于予与何诛！"（《论语·公冶长》）现代教育心理学已经证明，学习兴趣是一种带有情绪色彩的积极探求知识的意向活动，它引起学习的需要，是学习动机中最现实最活跃的成分，是学习的一种动力。

同时，孔子还特别强调学习意志的重要作用。他曾明确指出，学习者要立志好学，不能"功亏一篑"，他认为"譬如为山，未成一篑，止，吾止也。譬如平地，虽覆一篑，进，吾往也"（《论语·子罕》）。因此，要求学习者保持坚持不懈、持之以恒的精神，不能半途而废。当学生冉有对他说："非不说子之道，力不足也。"孔子则回答道："力不足者，中道而废。今女画。"（《论语·雍也》）他还引述当时的一句民谚和《易经·恒卦》的爻辞来表达自己的观点，说："南人有言曰：'人而无恒，不可以作巫医。'善夫！'不恒其德，或承之羞。'"（《论语·子路》）所以孔子把"有恒者"的地位提得很高，用以鼓励自己的学生。他说："善人，吾不得而见之矣；得见有恒者，斯可矣。"（《论语·述而》）他还指出："亡而为有，虚而为盈，约而为泰，难乎有恒矣。"（《论语·述而》）孔子对学有恒心、孜孜不倦的高材生颜回极力赞扬，感慨地说："吾见其进也，未见其止也。"（《论语·子罕》）可见，孔子主张的乐学，并非纯兴趣主义，而是以重视包括兴趣、情感和意志等学习动力系统的综合作用为特色的。

其二，孔子主张的乐学，核心在于发展学习者的各方面能力。孔子特别注重发展学生的思维能力。他在论述学与思的关系时深刻地指出思维的重要性，认为"学而不思则罔，思而不学则殆"（《论语·为政》）。《韩诗外传》卷六引孔子的话说："不学而好思，虽知不广矣。"徐干的《中论·治学》也引过孔子的话："弗学何以行？弗思何以得？小子勉之。"孔子还谈了自己的亲身体会，将其作为教训以引起学生的注意："吾尝终日不食，终夜不寝，以思，无益，不如学也。"（《论语·卫灵公》）他提倡为人应远虑多思，指出君子有九思："视思明，听思聪，色思温，貌思恭，言思忠，事思敬，疑思问，忿思难，见得思义。"（《论语·季氏》）他认为只有在思维活动中才能很好地发展思维能力，从而做到"问一知二""问一知十""举一反三""温故而知新""一以贯之""近思明辨"。孔子的弟子也在乐学过程中对学问始终保持一种"如之何？如之何？"的研究探索精神。《论语》一书就载有他的学生所提出的各种各样的问题，如"问仁""问礼""问政""问孝""问知""问士""问友""问明""问耻""问行""问君子""问成人"等等。可见，孔子在训练学生思维能力方面是卓有成效的。

其三，孔子主张的乐学，其目的在于达到"博学"。孔子主张"博学于文"，他本人学识就很渊博，不但通晓《诗》《书》《礼》《乐》《易》《春秋》，还知道鸟兽草木、生理医药、钓鱼狩猎、军事演武、游泳登山、弹琴唱歌、吟诗作乐及射御等术。此外，他对五帝史略（《大戴礼记·五帝德》）、理想的大同社会（《礼记·礼运》）、刑政（《礼记·王制》）、岁历（《大戴礼记·盛德》），甚至对玉（《荀子·法行》）、骨（《国语》）、麟（《孔丛子·记问》）、隼（《国语》）等不可名状的事物，都无所不究，又无所不晓。哪怕是人所罕见的"肃慎矢""羵羊""欹器"等，也能给出详细的解释。因此，他的弟子纷纷效法，在乐学的境界中追求博学的修养。

我们还应看到，孔子主张的这种乐学思想对后世历代教育思想家产生了极为深远的影响。首先影响到《学记》对教学理论的建构，所谓"大学之教也，时教必有正业，退息必有居学。不学操缦，不能安弦；不学博依，不能安《诗》；不学杂服，不能安礼；不兴其艺，不能乐学"，"故君子之于学也，藏焉，修焉，息焉，游焉。夫然，故安其学而亲其师，乐其友而信其道。是以虽离师辅而不反"，否则只能使学生"隐其学而疾其师，苦其难而不知其益也"。《学记》对乐学思想给予理论性的总结并加以积极的肯定，直接影响了其后许多有见识的教育理论家和教育实践家，形成中国古代教学论中一项极有价值的优良传统。他们大多从学习心理的角度肯定了乐学的效果，如《吕氏春秋·诬徒》中说："达师之教也，弟子安焉、乐焉、休焉、游焉、肃焉、严焉。此六者得于学，则邪僻之道塞矣，理义之术胜矣；……人之情，不能乐其所不安，不能得于其所不乐。"宋代张载也说："有急求义理复不得，于闲暇有时得，盖意乐则易见，急而不乐则失之矣。"（《经学理窟·义理》）南宋的朱熹则进一步强调了教学的趣味性对学生"乐学"的影响："教人未见意趣，必不乐学。"（《小学集注》）明代的王守仁明确指出，"乐学""常使精神力量有余，则无厌苦之患，而有自得之美"，认为"大抵童子之情，乐嬉游而惮拘检；如草木之始萌芽，舒畅之则条达，摧挠之则衰痿。今教童子，必使其趋向鼓舞，中心喜悦，则其进自不能已"（《训蒙大意示教读刘伯颂等》）。明清之际的王夫之认为：教师善于引导则学生乐学，否则只能使学生苦于读书。他说，"养蒙之道通于圣功，苟非其本心之乐为，强之而不能以终日。故学者在先定其情，而教者导之以顺"（《四书训义》）。清朝的王筠指出，"学生是人，不是猪狗。读书而不讲，是念藏经也，嚼木札也。钝者或俯首受驱使，敏者必不甘心；人皆寻乐，谁肯寻苦？读书虽不如嬉戏乐，然书中得有乐趣，亦相从矣"（《教童子法》）。可见孔子主张的乐学思想对后世的影响。

二、乐教精神

孔子一生绝大部分时间、精力都用在教育弟子上，并常以此为乐，体现了标志着他的教师职业意识觉醒水平的乐教精神。那么，这种乐教精神的认知基础是什么呢？其一，快乐的教学观。孔子作为中国教育史上第一个将毕生精力贡献给教育事业的教育家，在长期的教育实践中，认识到教学过程本身具有潜在的乐趣。他曾说："有朋自远方来，不亦乐乎。"（《论语·学而》）对此，宋代程颐认为："以善及人，而信从者众，故可乐。"（《四书集注·论语》）宋翔凤所作《朴学斋札记》中也说："朋"，指"弟子"。可见，这句话体现出孔子作为伟大的教育家的乐教精神。他指出教学过程本身就有乐趣，这在一定程度上提示了教学劳动的某些特点。其二，积极的发展观。孔子坚信新生一代是大有可为的，曾说"后生可畏，焉知来者之不如今也"（《论语·子罕》），并认为人是可以教育的，哪怕是犯过错误的人也是一样。《论语·述而》载："互乡难与言，童子见，门人惑。子曰：'与其进也，不与其退也，唯何甚？人洁己以进，与其洁也，不保其往也。'"可以说，正是对人的尊重，对教育工作的信心和热爱，构成了孔子乐教精神的主要源泉。

观孔子的教学实践，则确如他自己所说的那样"诲人不倦"（《论语·述而》），以教为乐。具体分析一下则可以看出，其乐教精神，首先表现在他对教育事业的热爱上。孔子认为对待学生必须"爱之，能勿劳乎？忠焉，能勿诲乎？"（《论语·宪问》），所以他将教育学生看作自己的天职，时时处处想着这件事。有一次，孔子在陈，曰："归与！归与！吾党之小子狂简，斐然成章，不知所以裁之。"（《论语·公冶长》）他的施教即使在处境最困难的时候也从未停止过。《史记·孔子世家》载，在被围陈蔡时，"绝粮。从者病，莫能兴。孔子讲诵弦歌不衰"。在离曹去宋的路上，他还"与弟子习礼大树下"。其次，表现在他对教育对象的扩大上。孔子主张"有教无类"（《论语·卫灵公》），"自行束脩以上，吾未尝无诲焉"（《论语·述而》）。据研究，孔子招收学生大致有八不分：一是不分贵贱；二是不分贫富；三是不分愚智；四是不分勤惰；五是不分恩怨；六是不分老少；七是不分国籍；八是不分美丑。无论什么人，只要向他请教，他都毫无保留地给予教诲。这就大大地扩大了教育对象的范围。再次，表现在他对学生"教无所隐"上。他曾向学生表明："二三子以我为隐乎？吾无隐乎尔。吾无行而不与二三子者，是丘也。"（《论语·述而》）孔子是这样说的，更是这样做的。其弟子陈亢通过了解，甚至得出"君子之远其子也"（《论语·季氏》）的结论。最后，表现在他看到学生有所成就而高兴上。如《论语》中载："闵子侍侧，訚訚如也；子路，行行如也；冉有、子贡，侃侃如也。子乐。"（《论语·先进》）孔子在教学中对学生的才能与特长了如指掌，并常常以此为话题而津津乐道之。如"由也，千乘之国，可使治其赋也"；"求也，千室之邑，百乘之家，可使为之宰也"；"赤也，束带立于朝，可使与宾客言也"（《论语·公冶长》）；"雍也可使南面"（《论语·雍也》）。

孔子以教为乐，是有其前提条件的。条件之一，是孔子掌握了卓有成效的启发式教学艺术。他的启发式教学有以下三个特点：（1）循循善诱的教学语言。颜回曾喟然叹曰："仰之弥高，钻之弥坚。瞻之在前，忽焉在后。夫子循循然善诱人，博我以文，约我以礼，欲罢不能。既竭吾才，如有所立卓尔。虽欲从之，末由也已。"（《论语·子罕》）其中，"循循善诱"是孔子教学语言的特点，"欲罢不能"则是其所收到的教育效果。（2）因材施教的教学方法。朱熹说"孔子教人，各因其材"，这比较真实准确地说出了孔子教学方法的特点。如子路和冉有问同一问题"闻斯行诸?"，孔子便做了不同的回答，原因就是每个人的特点不同，所谓"由也进，故退之；求也退，故进之"。（3）灵活多样的教学形式。孔子的教学既有言教，也有身教，且具体形式灵活多样，如侍坐教学、游历教学、个别教学、集体教学、分科教学、分层教学等。

条件之二，是孔子对学生有深入细致的了解。他主要是利用观察法和谈话法来了解学生的。所谓"视其所以，观其所由，察其所安。人焉廋哉？人焉廋哉？"（《论语·为政》），"吾与回言终日，不违，如愚。退而省其私，亦足以发，回也不愚"（《论语·为政》）。孔子在教学中既注意了解学生的优点和长处，如"由也果""赐也达""求也艺"等；又注意了解学生的缺点和短处，如"柴也愚，参也鲁，师也辟，由也喭"（《论语·先进》），以及"怅也欲""子贡方人""师过也，商也不及""赐不受命"等。这就为其因材施教打下了牢固的基础。

条件之三，是良好的师生关系以及民主融洽的教学气氛。孔子与其弟子在长期相处中建立了良好的师生关系。一方面，师爱生。如冉伯牛有疾，孔子"自牖执其手"，说"斯人也而有斯疾也！斯人也而有斯疾也！"（《论语·雍也》）学生颜回死后，孔子大呼："天丧予！天丧予！"随即亲到颜家吊唁并恸哭不已，还感叹道："颜渊视予犹父也，予不得以父视之。"这生动地体现了他们师生间的至深情谊。另一方面，生尊师。正如孟子所说，"爱人者，人恒爱之；敬人者，人恒敬之"。孔子死后，其弟子皆服丧三年，而子贡竟结庐于墓前守丧六年才离去（《史记·孔子世家》），可见其师生之情的深厚。所以孟子说，"以德服人者，中心悦而诚服也，如七十子之服孔子也"（《孟子·公孙丑上》），这是对孔门师生关系的真实写照。正是这种良好的师生关系及由此带来的民主融洽的教学气氛，使孔子的教学取得了巨大的成功。

孔子"诲人不倦"，以教为乐，首先是做到了教学相长，实现了教师乐教与学生乐学的良性循环。孔子在教学法上提倡师生之间相互切磋，共同讨论，以收到教学相长的效果。一部《论语》，记载的就是他们师生之间互相讨论的情况。有一次，弟子子夏问："'巧笑倩兮，美目盼兮，素以为绚兮。'何谓也？"孔子说："绘事后素。"子夏再问："礼后乎？"孔子回答:"起予者商也!始可与言《诗》已矣。"(《论语·八佾》)在这里,孔子能承认比他小四十四岁的子夏在学问上对自己有帮助,说明他确有向教育对象学习的勇气。孔子同弟子常常展开比较平等的讨论。有一次,孔子和子贡讨论处在贫富两种地位时应抱的态度问题,子贡引《诗》以阐发孔子的见解,使孔子很高兴,说:"赐也,始可与言《诗》已矣,告诸往而知来者。"(《论语·学而》)表面上看,是孔子表扬子贡,实则是子贡启发了孔子,表明孔子边教边学,不以学于弟子为耻。并且孔子这种学于弟子的思想是自觉的。从理论上说,要向别人学,总得先看到别人的长处。孔子就曾说过:"回之仁贤于丘也,赐之辩贤于丘也,由之勇贤于丘也,师之庄贤于丘也。"(《列子·仲尼》)所以孔子公开要求弟子"助我",否则弟子便要受到批评:"回也非助我者也,于吾言无所不说。"(《论语·先进》)其次是培养出了一大批卓越的人才。所谓"三千徒仲子,七十二贤人"。这不仅说明孔子的学生多,而且表明质量高。"子以四教:文、行、忠、信。"具体又有四科:"德行、言语、政事、文学。"这四科中,每一科都有优秀学生,并且这些学生对当时的社会政治发展起了重要作用。《韩非子·外储说左下》载:"季孙养孔子之徒,所朝服与坐者以十数。"可见孔子的乐教是硕果累累的。

孔子的乐教精神对后世历代教育家产生了深远的影响。如受到影响的孟子,也是将从事教育事业看作人生的乐事。他曾说:"得天下英才而教育之,三乐也。"(《孟子·尽心上》)汉代的扬雄也是主张"乐教"的教育家,他认为:"圣人乐陶成天下之化,使人有士君子之器者也。故不遁于世,不离于群。"(《法言·先知》)他还说:"君子仕则欲行其义,居则欲彰其道。事不厌,教不倦。"(《法言·五百》)东汉大教育家郑玄也极力主张教师必须积极施教。虽然教师有"不往教"及"不复告"的戒律,但郑玄认为这并不是减轻教师的教育职责。首先,在教育对象上,郑玄认为"人虚己自洁而来,当与其进之"(《郑氏佚书》卷四),凡是虚心求学、有上进心的,就应该予以教育,而不应因枝节问题就将其拒之门外。其次,对于教学过程,郑玄虽然反对填鸭式的强行灌注,但也认为学者"既开其端意,进而复问,乃极说之"(《礼记正义》),而反对"师有所隐"的做法。可见郑玄并不否定教师的积极施教，只是认为这种施教应在学生具有上进心和求知欲的情况下，以启发学生积极思考的方式进行。唐代教育家韩愈也在其《上宰相书》中写道："'乐得天下英才而教育之'，此皆圣人贤士之所极言至论，古今之所宜法者也。""乐育英才"的教育家们，自然都是"诲人不倦"的。

综上所述，在孔子教学论思想中，"乐"的因素占了重要地位，由此构成他独具特色的教学风格，且对后世产生了深远的影响。总结并批判地继承这一宝贵的教育思想遗产，对促进今天的教育改革，完成"由苦学变为乐学""由厌教变为乐教"的转折将不无裨益和启发。

第五节 孔子教学中的思维训练

孔子的启发式教学，其实质就是对弟子进行思维训练。孔子非常重视"思"在学习中的作用，认为思维训练应建立在弟子的学习基础之上，强调对弟子进行良好思维品质的训练。在具体的教学过程中，孔子精心指导弟子：做好思维训练的准备；把握住思维训练的时机，鼓励弟子积极思维；遵循"中庸"原则，重视给弟子以思维方法的指导；循序渐进、因人而异。

教育应教会人思考。伟大的教育家孔子是十分重视对弟子进行思维训练的。下面拟就孔子这方面的见解进行论述和分析。

一、孔子对教学中思维训练的基本认识

孔子对教育对象先天素质的基本看法是："性相近也，习相远也"（《论语·阳货》），"唯上知与下愚不移"（《论语·阳货》），"中人以上，可以语上也；中人以下，不可以语上也"（《论语·雍也》）。这是说人的先天素质相差无几，后天却可以发生变化；只有极少数的"上智"与"下愚"不易改变，一般人，也即"中人"，都可以通过教育得到发展和改变。基于此，孔子相信大多数人是可以通过有效的思维训练，得到发展的。

孔子非常重视"思"。在《论语》中，"思"字共出现 24 次。那么，孔子对思维的作用是如何认识的呢？一是深化认识，即认识事物内部关系，也就是认识事物的本质。如他曾说"学而不思则罔"，认为如果只学

习而不思考，就容易迷惘不解。二是超前反映。超前反映可以使人认识到事物发生发展的客观规律，从而据此预知未来发展趋势，这即是孔子所说的"温故而知新"。如子张问："十世可知也?"子曰："殷因于夏礼，所损益，可知也；周因于殷礼，所损益，可知也。其或继周者，虽百世，可知也。"（《论语·为政》）而相反地，则是"人无远虑，必有近忧"（《论语·卫灵公》）。

孔子认为思维训练应建立在弟子的学习基础之上。首先，是与弟子的知识学习相联系。孔子强调要以"学"为思维训练的背景，处理好思与学的辩证关系。他的名言"学而不思则罔，思而不学则殆"（《论语·为政》），就精辟地阐明了二者的关系。《韩诗外传》卷六引孔子的话说："不学而好思，虽知不广矣。"徐干的《中论·治学》也引过孔子的话："弗学何以行? 弗思何以得? 小子勉之。"孔子还以自己的亲身体会告诫弟子："吾尝终日不食，终夜不寝，以思，无益，不如学也。"（《论语·卫灵公》）其次，他把思维训练与弟子的品德修养相结合。在弟子的品德修养过程中进行思维训练，可以培养弟子的道德判断和道德评价能力。如孔子说，"见贤思齐焉，见不贤而内自省也"（《论语·里仁》）。将思维训练指向自身，以发展自我意识，这是人类思维成熟的一大标志。最后，他把思维训练与弟子的言语训练相统一。"语言是思维的物质外壳"，语言的训练可使思维从无序到有序，有助于思维发展的逻辑化，所以孔子很注意在教学中引导弟子口头作文，将内在的思维表之于外。如他同子路、曾晳、冉有、公西华在一起讨论问题时，就以和蔼的态度鼓励弟子发言，以检查他们的思维发展情况。

孔子特别强调对弟子进行良好思维品质的训练。一是思维的敏捷性与灵活性。孔子在与弟子座谈或出外游学时，经常因时、因地、因事、因人提出问题，让学生即兴思考，以训练他们思维的敏捷性与灵活性。二是思维的独立性与批判性。孔子要求弟子不人云亦云，而是通过独立思考做出恰当的判断，得出符合事实的结论。如子曰："众恶之，必察焉；众好之，必察焉"（《论语·卫灵公》），"三人行，必有我师焉：择其善者而从之，其不善者而改之"（《论语·述而》）。三是思维的广阔性与深刻性。如孔子曾说"君子有九思：视思明，听思聪，色思温，貌思恭，言思忠，事思敬，疑思问，忿思难，见得思义"（《论语·季氏》），即要求弟子广开思路，深入思考。再如孔子曾称赞闵子骞"夫人不言，言必有中"（《论语·先进》），我们从其"言必有中"中可看出其思维的深刻性。

二、孔子教学中思维训练的具体策略

孔子在教学中是如何具体地指导弟子进行思维训练的呢？

1. 做好思维训练的准备

思维训练不能凭空进行，而必须有所依傍。孔子为弟子思维训练所做的准备工作包括两个方面。

首先是思维材料的准备。一是文化典籍，即孔子说的"博之以文"的"文"，如《诗》《书》《礼》《乐》《易》《春秋》等教材内容。《论语》中就有多处记载孔子与其弟子谈论《诗》《书》等，以启发弟子的思维。如，子夏问曰："'巧笑倩兮，美目盼兮，素以为绚兮。'何谓也？"子曰："绘事后素。"曰："礼后乎？"子曰："起予者商也！始可与言《诗》已矣。"（《论语·八佾》）子谓伯鱼曰："女为《周南》《召南》矣乎？人而不为《周南》《召南》，其犹正墙面而立也与？"（《论语·阳货》）二是在教学中结合对历史人物的评价，发展弟子的思维能力，如对尧、舜、禹、周、文、武、柳下惠、管仲、泰伯的评价等。有一次，仲弓问子桑伯子。子曰："可也简。"仲弓曰："居敬而行简，以临其民，不亦可乎？居简而行简，无乃大简乎？"子曰："雍之言然。"（《论语·雍也》）三是在评议时政和现实人生中训练弟子的思维能力。孔子本人就是一个积极入世的思想家，所以在对弟子进行思维训练时，不光将思维指向历史，更指向现实。特别是在面向人事时罕言"怪、力、乱、神"，这在当时是非常可贵的，对后世也有积极影响。如，季路问服侍鬼神的方法。孔子说："未能事人，焉能事鬼？"子路又问："敢问死。"孔子答："未知生，焉知死？"（《论语·先进》）

其次是思维态度的准备。他曾语重心长地教育弟子："由！诲女知之乎！知之为知之，不知为不知，是知也。"（《论语·为政》）这种实事求是的思维态度，对预防弟子思维中的偏差很有作用，孔子在这方面也为弟子树立了很好的典范。"子绝四——毋意，毋必，毋固，毋我"（《论语·子罕》），即在思考时不凭空臆测，不主观武断，不固执己见，不自以为是。这种态度准备对弟子养成良好的思维品质是非常重要的。

2. 把握思维训练的时机，鼓励弟子积极思维

孔子认为时机的把握至关重要，他说"可与言而不与之言，失人；不可与言而与之言，失言。知者不失人，亦不失言"（《论语·卫灵公》），还说"言未及之而言谓之躁，言及之而不言谓之隐，未见颜色而言谓之瞽"（《论语·季氏》）。可见孔子是主张教师"可与言而言""言及之而言"的，即把握住思维训练的最佳时机。与此同时，他还鼓励弟子积极思维，提倡"多闻阙疑""疑思问""切问而近思"。如孔子说："不愤不启，不悱不发。举一隅不以三隅反，则不复也。"（《论语·述而》）这说明他是把弟子积极的思维状态"愤悱"看作学习的必要条件的，因此他经常鼓励弟子主动提出问题。考之《论语》，弟子提问题都是积极主动的，是在具备了"愤悱"状态时向孔子发问的，如问孝、问仁、问君子、问成人等。因为只有这样，才能养成弟子勤于思考的习惯，所以孔子一方面注意对弟子的提问及时加以肯定，进行强化，提倡"每事问"（《论语·八佾》）、"不耻下问"（《论语·公冶长》）、"以能问于不能，以多问于寡"（《论语·泰伯》）。如林放问礼之本，孔子就称赞道"大哉问！"并做了解答。有时为了鼓励弟子深入思考，还允许他们追问或辩论。如："子适卫，冉有仆。子曰：'庶矣哉！'冉有曰：'既庶矣，又何加焉？'曰：'富之。'曰：'既富矣，又何加焉？'曰：'教之。'"（《论语·子路》）这样做对引发弟子思考问题的兴趣，使之乐于思维是有好处的，因为"知之者不如好之者，好之者不如乐之者"（《论语·雍也》）。另一方面，孔子特别反对那些不动脑筋思考的人。对此他批评道："不曰'如之何，如之何'者，吾末如之何也已矣。"（《论语·卫灵公》）他还说：

"饱食终日，无所用心，难矣哉!"（《论语·阳货》）因此，当弟子冉有向他诉说"非不说子之道，力不足也"时，孔子回答："力不足者，中道而废。今女画。"（《论语·雍也》）

3. 遵循中庸原则，重视给弟子以思维方法的指导

所谓中庸，是指"执两而用中"。孔子是按中庸原则来训练弟子思维的，其中有很多合理成分可资借鉴。如子贡问曰："乡人皆好之，何如?"子曰："未可也。""乡人皆恶之，何如?"子曰："未可也；不如乡人之善者好之，其不善者恶之。"（《论语·子路》）另一次，子贡向孔子请教："师与商也孰贤?"子曰："师也过，商也不及。"曰："然则师愈与?"子曰："过犹不及。"（《论语·先进》）孔子本人也曾自道："吾有知乎哉?无知也。有鄙夫问于我，空空如也。我叩其两端而竭焉。"（《论语·子罕》）从以上师生对话与孔子的自白可以看出，孔子在指导弟子思维训练时是遵循"中庸"原则的，并且孔子还从反面阐述了不遵循"中庸"原则的危害："攻乎异端，斯害也已。"（《论语·为政》）

此外，孔子还重视对弟子进行具体思维方法的指导，以培养其相应的思维能力。

一是比较。孔子经常将君子与小人加以比较，以训练弟子的辨别、判断能力。如"君子坦荡荡，小人长戚戚"（《论语·述而》），"君子和而不同，小人同而不和"（《论语·子路》），等等。二是分析。孔子在思维训练中还引导弟子对具体问题做具体分析，不一概而论。如他说："法语之言，能无从乎? 改之为贵。巽与之言，能无说乎? 绎之为贵。"（《论语·子罕》）三是概括。孔子强调"一以贯之"，即概括能力在思维训练中的重要意义。他问子贡："赐也，女以予为多学而识之者与?"子贡回答："然，非与?"孔子说："非也，予一以贯之。"（《论语·卫灵公》）经过训练，他的弟子也多掌握了概括的方法。四是推理。孔子多次提到"能近取譬""由己推人""举一反三""告诸往而知来者"等，就是对弟子进行推理训练，这使弟子受益匪浅。如子贡曰："贫而无谄，富而无骄，何如?"子曰："可也；未若贫而乐，富而好礼者也。"子贡曰："《诗》云

'如切如磋，如琢如磨'，其斯之谓与？"子曰："赐也，始可与言《诗》已矣，告诸往而知来者。"（《论语·学而》）

4. 循序渐进、因人而异

　　孔子认为"物有本末，事有终始，知所先后，则近道矣"（《大学》），所以主张启发弟子思维也要循序渐进。如子贡问："何如斯可谓之士矣？"孔子就不是一次把全部道理告诉他，而是根据子贡的思维进程，逐步启发他：作为一个士，首先应该"行己有耻，使于四方，不辱君命"；其次应该"宗族称孝焉，乡党称弟焉"；最后应该"言必信，行必果"（《论语·子路》）。再如，子路问君子，孔子也是根据他的知识水平和认识能力循序渐进地加以启发的。子路连问三次，孔子也回答三次：先答以"修己以敬"，再答以"修己以安人"，后答以"修己以安百姓"，逐层加强思维的深度，循序渐进地提高他的思维能力。同时，孔子在思维训练中也注意因人而异。如有一次子路和冉有请教同一问题"闻斯行诸"，孔子便根据其思维特点分别给予不同的回答，因为他认为"求也退，故进之；由也兼人，故退之"（《论语·先进》）。另外，孔子在思维训练的实践中还总结出一些非常宝贵的经验，如"中人以上，可以语上也；中人以下，不可以语上也"。他认为"射不主皮，为力不同科，古之道也"（《论语·八佾》），所以对不同特点的弟子，其思维训练的内容、方法与要求也应因人而异。

三、孔子教学中思维训练的成效与局限

　　孔子教学中的思维训练获得了很大的成功，但同时也存在着不可弥补的局限性。

1. 孔子的思维训练让弟子普遍提高了思维能力

　　其高材生自不待说，如子贡就能"闻一以知二"，颜回能"闻一以知十"（《论语·公冶长》），"告诸往而知来者"（《论语·学而》）。虽然

孔子曾批评颜回"回也非助我者也，于吾言无所不说"（《论语·先进》），但也发现"吾与回言终日，不违，如愚。退而省其私，亦足以发"（《论语·为政》）。值得注意的是，孔子曾特别关心过几个弟子，因为他们不同程度地存在着思维障碍，或思维类型异于常人，如"柴也愚，参也鲁，师也辟，由也喭"（《论语·先进》）。经过孔子的思维训练，他们都发生了明显的转变，后来也都取得了相当大的成就。如高柴，清人黄式三在《论语后案》中说"柴也愚，则专主不知通变"，即高柴的思维不够灵活。经过孔子因材施教的思维训练后，其有所改善，后来他以"尊礼孝亲""执法公平"著称。据史料记载，他曾"为费宰"（《论语·先进》），"为卫之士师"（《孔子家语·致思》），为"武城宰"（《孔子家语·七十二弟子解》）、"成邑宰"（《礼记·檀弓下》）。孔子的不少弟子当过官，但以高柴担任的官职最多。孔子也曾称赞道："柴于亲丧，则难能也"（《孔子家语·弟子行》），"善为吏者，树德；不善为吏者，树怨。公行之也，其子羔之谓欤"（《说苑·至公》）。很显然，如果高柴没有较灵活的思维，是很难取得这些成就的。曾参反应迟钝，思维不敏捷，照现在的观点来看，就是慢思维的人。孔子因势利导，长善救失，曾参的思维因此变得细致、缜密而深刻。他主张"君子思不出其位"（《论语·宪问》），强调"吾日三省吾身——与人谋而不忠乎？与朋友交而不信乎？传不习乎？"（《论语·学而》）这对于他后来成为一个修养全面、孝行突出的人有直接的影响。再如子张，他出身微贱且犯有罪行，其思维特点是有些偏激，但经孔子教育后，成为名显天下的名士。孔子死后，他独立招收弟子并发展成"子张氏之儒"。而子路思维粗陋鲁莽，经过孔子补偏救弊的思维训练，他发生了根本性转变，后因擅长政事而被孔子列为"政事"科的高材生，做过鲁季氏宰、卫国蒲大夫。从以上事例可见，孔子的思维训练确是卓有成效的。

2. 孔子教学中的思维训练也存在一定的局限性

这种局限性，主要表现在其思维训练是守成性的而非生成性的，是求同的而非求异的。其思维训练的守成性，用孔子的话说就是"述而不作，信而好古"（《论语·述而》）。其核心便是局限于仁的领域，所谓"当仁不让于师"，这种思想表之于外，即是要人们接受礼的约束。如颜回问仁，子曰："克己复礼为仁。一日克己复礼，天下归仁焉。为仁由己，而由人乎哉？"颜渊曰："请问其目。"子曰："非礼勿视，非礼勿听，非礼勿言，非礼勿动。"（《论语·颜渊》）他甚至说："君子博学于文，约之以礼，亦可以弗畔矣夫。"（《论语·雍也》）这种思维训练的守成性，使得弟子们只守其成，不尚创新。举一例："鲁人为长府，闵子骞曰：'仍旧贯，如之何？何必改作？'子曰：'夫人不言，言必有中。'"（《论语·先进》）其思维训练的求同性，便是要求别人认同自己的"仁礼"思想，而极力排斥求异，所以当其弟子稍稍表示出有些"越轨之思"时，便会受到孔子的批评。子路提出对"正名"思想的疑问，被训斥道"野人，由也"（《论语·子路》）；樊迟要求学习稼圃，被斥责为"小人哉，樊须也！"（《论语·子路》）；宰予要改革"三年之丧"，被指摘为"不仁"（《论语·阳货》）；子贡欲去告朔之饩羊，也受到孔子的批评（《论语·八佾》）；等等。与此相反，对于那些认同自己主张的弟子，孔子就赞扬备至。这就造成了其教学中思维训练的不足，使得他的弟子"夫子步亦步，夫子趋亦趋，夫子驰亦驰"（《庄子·田子方》）。如当孔子说"不在其位，不谋其政"时，曾子马上附和道"君子思不出其位"（《论语·宪问》）。由以上可见，孔子教学中思维训练的守成性和求同性，使得其弟子思维中的创造性成分受到抑制，大大地影响了其思维训练的成就。

第六节　孔子的历史教学及其方法

孔子非常重视对弟子进行历史教育。他既认识到历史知识的智育价值，也认识到历史知识的德育价值，并试图在历史教学中将二者结合起来。他在历史教材的编订实践中，主要做了以下几项工作：删繁就简，使内容分量适于教学；化零为整，使纪事系统化；删除传说与神怪故事，还历史本来面目。他在历史教学法方面的贡献在于：重视历史教学的严肃性；注意结合历史事实对学生进行品德教育；使用启发式方法进行历史教学；遵循因材施教的原则。

孔子作为一个学识渊博的史学家和循循善诱的教育家，在为他那个时代培养治术之才时，是非常重视历史教学的，所谓"子以四教：文，行，忠，信"（《论语·述而》）。在孔子学有专长的弟子中，就有"文学"科弟子，这里的"文学"即指古代文献。可以说，孔子是中国教育史上最早重视历史教学的大教育家，积累了丰富的经验，其实践对今天的我们仍有深刻的启发意义。

一、孔子对历史知识育人价值的认识

孔子一生"述而不作，信而好古"（《论语·述而》），积累了丰富的历史知识，这为他从事历史教学打下了深厚的基础。他曾多次说："我非生而知之者，好古，敏以求之者也。"（《论语·述而》）"十室之邑，必有忠信如丘者焉，不如丘之好学也。"（《论语·公冶长》）孔子生长在当时保存古代典籍最丰富的鲁国，并且他的好学精神始终不渝，不以时间、地点、年龄、生存状况的改变而改变。他少时"入太庙，每事问"（《论语·八佾》），晚年还"发愤忘食，乐以忘忧，不知老之将至"（《论语·述而》），在充满乐趣的学习进程中，他"不耻下问"，"饭疏食饮水，曲肱而枕之，乐亦在其中矣"（《论语·述而》）。可以看出，孔子对于中国古代文化有异常浓厚的兴趣，特别注重继承和发扬古代的文化遗产，甚至达到了要"克己复礼"的程度，所谓"周监于二代，郁郁乎文哉！吾从周"（《论语·八佾》）。为了更好地了解古代礼制，他还曾专程去洛阳问礼于老聃。今山东嘉祥武氏祠中"孔子见老子"的画像便生动地反映出孔子与老子会见时的情景：头戴高冠、身着长袍的孔子捧着贽礼（一只雉）正在拜见老子。老子高冠长袍，拄着曲柄杖，拱手相迎。其后三人手捧简册，表示老子令人拿出文籍档案供孔子翻阅。整个画面形象地表现出孔子虚心求教的精神。正是由于"学而不厌""默而识之""多闻多见"，孔子吸取了丰富的历史知识，甚至对人所罕见的"肃慎矢"、"节专车"、"羵羊"（《国语·鲁语》）及"欹器"（《荀子·宥坐》）都能做出详细解释。可以说，孔子本人便是一部"活历史"，唯其如此，他"诲人不倦"的历史教学才得以成功。

孔子在其四十余年的教育实践中，充分认识到历史知识对培养弟子有着重要的教育价值，这促使他在教学中有意识地利用历史知识来进行仁德君子的教育。

首先，孔子认识到历史知识的智育价值。他曾说"《书》以道事，……《易》以神化，《春秋》以道义"（《史记·滑稽列传》），即《书》可以教导人们历史上政治、经济、地理等许多方面的知识，《易》可以让人们懂得事物发展变化的规律与机宜，《春秋》可以引导人们通晓大义。实际上，《书》的内容就很丰富，不仅记载了起自传说中的尧舜时期至殷周时期的政治历史，而且记载了我国的山川、动物、植物、矿物等（《尚书·禹贡》），还有世界上最早的日食记载（《尚书·胤征》）。另外，《论语》中所讲的古人逸事、名言哲理等，也大都是从《尚书》上摘取下来的。《春秋》中有 37 次日食记录，其中 35 次记载是准确的，在当时世界上属于非常完整的观测资料；有著名的哈雷彗星出现的准确记录，在世界天文史上属于该领域最古老的文字资料。孔子以《书》《春秋》为历史教材，可见他是很看重这些历史知识的智育价值的。

同时，孔子还认识到历史知识可以帮助弟子了解社会发展规律，以明晓兴衰治乱之道。如他的弟子子张曾问："十世可知也？"孔子就回答说："殷因于夏礼，所损益，可知也；周因于殷礼，所损益，可知也。其或继周者，虽百世，可知也。"（《论语·为政》）在这里，虽然孔子把社会的发展仅仅归因于"礼"的沿革是不够的，但毕竟体现了他的"发展的历史观"。孔子以历史知识来教育弟子，目的是"温故而知新"，即从历史故事或典故中汲取经验教训，"以斟酌后世之制作"。这就意味着不割断历史，应用已有的知识发展学生"告诸往而知来者"的思维能力。

其次，孔子认识到历史知识的德育价值。孔子经常以有仁德的历史人物为学习榜样，对弟子进行道德品质的教育。如孔子经常和弟子谈到诸如尧、舜、禹、汤、文、武、周公、柳下惠、管仲、伯夷、叔齐、泰伯等人，以让弟子们"见贤思齐焉，见不贤而内自省也"（《论语·里仁》）。孔子非常推崇历史人物的言行，并以此来教育弟子。他曾说"古者言之不出，耻躬之不逮也"（《论语·里仁》）。他赞扬伯夷、叔齐为"古之贤人也"（《论语·述而》），能"不念旧恶，怨是用希"（《论语·公冶长》）。他为弟子们讲孟之反的故事，弟子们非常重视并记录下来，保留在了《论语·雍也》中："孟之反不伐，奔而殿，将入门，策其马，曰：'非敢后也，马不进也。'"他为弟子讲柳下惠"三黜而不去父母之邦"（《论语·微子》）的故事。其意皆在以历史人物的言行来培育学生的仁德。

由以上可见，孔子是较早有意识地进行历史教学的人，并试图将智育、德育在历史教学中有机结合起来，因此，历史教学在孔门教育中是占有一定分量的。

二、孔子的历史教材编订实践

为了教学的需要，孔子曾广搜周朝以及鲁、宋、杞等国文献，加以删改修订，整理成《诗》《书》《礼》《乐》《易》《春秋》等六种教材，后被尊为"六经"，是中国第一套系统的教科书。其中有两种就是历史书：《书》和《春秋》。我们可以把《书》看作孔子的"古代史"教材，而《春秋》则可看作其"近代史"和"现代史"教材。这也说明孔子在进行历史教学时，是很重视教材建设的。《礼记·经解》中记有孔子的话："入其国，其教可知也。其为人也，温柔敦厚，《诗》教也；疏通知远，《书》教也；广博易良，《乐》教也；洁静精微，《易》教也；恭俭庄敬，《礼》教也；属辞比事，《春秋》教也。"从中我们可以看出，孔子所编历史教材在其教育中的地位是举足轻重的。

《书》即《尚书》，是一部古代历史文献的汇编，为孔子整理而成。这在《史记·孔子世家》中有记载："序《书传》，上纪唐虞之际，下至秦缪，编次其事。……故《书传》……自孔氏。"《汉书·艺文志》也说："《书》之所起远矣，至孔子纂焉。"它保存了商、周两代的政治、军事、经济和文化等方面的重要历史材料，有较高的历史价值。至于《春秋》，这是孔子在去世前两年亲自修订编著的鲁国史，是我国现存的第一部编年史。所记之事，为从鲁隐公元年（公元前722年）到鲁哀公十四年（公元前481年），共242年的历史。这段历史时期，也被后人根据《春秋》而命名为"春秋时代"。它记载了当时的政治、军事、经济、天文、地理、灾异等方面的材料，共1232条，具有一定的历史价值。

在孔子之前，已有《夏书》《商书》《周书》等散篇流传于世，并经常为人们所引用。同时，也已有"鲁史记""周史记"等问世。孔子对这些原始史料广搜博采，然后加以整理加工，形成《书》《春秋》两种历史教材。那么孔子是以什么思想为指导来编写历史教材的呢？范文澜在其《中国通史》中说："孔子整理六经有三个准绳：一个是'述而不作'，保持原来的文辞；一个是'不语怪、力、乱、神'（《论语·述而》），删去芜杂妄诞的篇章；一个是'攻（治）乎异端（杂学），斯害也已'（《论语·为政》），排斥一切反中庸之道的议论。"这说明孔子在为学生编写教材时确实下了很大功夫，总的指导思想是通过修史宣扬自己的思想。具体到《书》《春秋》的编订，孔子又做了哪些工作呢？笔者认为，可以大致归纳为以下几点。

第一，删繁就简，使内容分量适于教学。孔子搜集来的史料庞杂繁乱，不适合学生学习，于是便在此基础上删去重复的，除去枝蔓，使重点突出，以满足学生学史之需。如《书》原系历代王朝的政治公文，孔子感到所记史料太芜杂，便"约其辞文，去其烦重，以制义法"（《史记·十二诸侯年表》）。孔安国在《尚书序》中也说，孔子"断自唐虞以下，讫于周，芟夷烦乱，剪截浮辞，举其宏纲，撮其机要"，修成后使人得以"疏通知远"。这一体例为后世记言体之始，对其后我国史学的发展产生了积极影响。再如《春秋》，司马迁在《史记·孔子世家》中载："孔子在位听讼，文辞有可与人共者，弗独有也。至于为《春秋》，笔则笔，削则削，子夏之徒不能赞一辞。"孔子对史料删繁就简的一个主要目的，就是使其内容适于教学之需。

第二，化零为整，使之系统化。孔子之前的史料多是零散的篇章资料，为了使之成为系统的历史教材，孔子做了些系统化的工作，使之线索分明，便于教学。如对于《书》的原始材料，孔子便以朝代为顺序"编次其事"，为之作序，"言其作意"。对于《春秋》，则"以事系日，以日系月，以月系时，以时系年"（杜预《春秋左氏传序》），开编年体史书之先河。如它记载的第一年，即鲁隐公元年是这样写的：

元年，春，王正月。

三月，公及邾仪父盟于蔑。

夏，五月，郑伯克段于鄢。

秋，七月，天王使宰咺来归惠公仲子之赗。

九月，及宋人盟于宿。

冬，十有二月，祭伯来。

公子益师卒。

这就是一年记载的全文，总共才62个字，却分7条，记了一年的重要事件。这样的体例简洁扼要、次序分明，便于人们了解事物发展变化的前后情况，还可由此找出事物间的相互联系和事物发展的规律，利于"知人论世"。

第三，删除传说与神怪故事，还历史本来面目，即所谓"考其真伪，两志其典礼"（杜预《春秋左氏传序》）。孔子在解释《易》中"蒙卦"时说："蒙以养正，圣功也。"可以说，孔子的疑神论教育是中国教育史上非常有意义的事情。对于这一点，连鲁迅也曾嘉许"孔丘先生确是伟大，生在巫鬼势力如此旺盛的时代，偏不肯随俗谈鬼神"①。这确保了史学的客观性和严肃性。

第四，暗寓褒贬，以"垂世立教"。孔子编写教材的目的是很明确的。如他编辑《书》便是为了将"文武之政，布在方策。其人存，则其政举；其人亡，则其政息"（《中庸》），起到"足以垂世立教""示人主以轨范"的作用。在这一点上特别突出的，要算他在编辑《春秋》时将自己的思想和主张渗透到字里行间去的所谓微言大义的"春秋笔法"了。《孟子·滕文公下》中说："世衰道微，邪说暴行有作，臣弑其君者有之，子弑其父者有之。孔子惧，作《春秋》。"对《春秋》，《庄子·天下》说它"以道名分"，即严格按照西周初年的等级标准，通过对一些人事的扬抑来"寓褒贬，别善恶"，其特点是"约其文辞而指博"（《史记·孔子世家》）。孔子希望通过《春秋》来警告"乱臣贼子"，以教诲后世王者。孟子曾说"孔子成《春秋》而乱臣贼子惧"。孔子也深感于自己的良苦用心，曾对其弟子说："后世知丘者以《春秋》，而罪丘者亦以《春秋》。"而书成之后，"七十子之徒口受其传指，为有所刺讥褒讳挹损之文辞不可以书见也"（《史记·十二诸侯年表》）。尽管孔子的"春秋笔法"对后世治史具有一定不良影响，但其开史论结合之先河却是可以肯定的。这样就使得孔子所编订的历史教材的"思想性"特别鲜明。

从上述内容可见，孔子在历史教材的编写上并非只是"述而不作"，而是寓作于述、以述为作的。

---

① 鲁迅. 鲁迅全集：卷一［M］. 北京：人民文学出版社，1995：296.

三、孔子对历史教学法的贡献

孔子有着长期的历史教学实践，所以在历史教学法方面积累了丰富的经验，有些至今仍很有启发意义，对此加以认真的研究总结是非常必要的。

其一，孔子重视历史教学的严肃性。孔子在教学中非常尊重历史事实，十分重视古代文献和实物的引用，强调"言必有征"。孔子曾说："夏礼，吾能言之，杞不足征也；殷礼，吾能言之，宋不足征也。文献不足故也。足，则吾能征之矣。"（《论语·八佾》）为此，在教学时他给自己定了几条规矩，即"不语怪、力、乱、神"（《论语·述而》），"罕言利与命与仁"（《论语·子罕》），认为说些没有凭据的话是违反道德的，"道听而途说，德之弃也"（《论语·阳货》）。与其乱说，倒不如不说："多闻阙疑，慎言其余，则寡尤；多见阙殆，慎行其余，则寡悔。"（《论语·为政》）可见，孔子在历史教学上是主张"慎言"的，以至他的弟子子贡也不得不承认，"夫子之文章，可得而闻也；夫子之言性与天道，不可得而闻也"（《论语·公冶长》）。孔子对历史人物的评价是实事求是的，具体坚持了以下四条原则：（1）仁德原则；（2）不以言举人，不以人废言；（3）众恶之，必察焉；众好之，必察焉；（4）择其善者而从之，其不善者而改之。他力求评价客观、准确，如在《论语》中他对管仲的几次评论，就具体体现了以上评价原则。其实，孔子不仅在历史教学中表现出严谨的治学态度，而且要求弟子在学习历史时实事求是，对其弟子产生了深远的影响。他曾语重心长地教育子路："由！诲女知之乎！知之为知之，不知为不知，是知也。"（《论语·为政》）鉴于此，其弟子对孔子历史教学的评价是"子绝四——毋意，毋必，毋固，毋我"（《论语·子罕》），孔子自己也曾说"盖有不知而作之者，我无是也"（《论语·述而》）。

其二，孔子注意结合历史事实对学生进行品德教育。这就使得智育和德育在历史教学中有机结合起来。孔子直接论及《书》教的情况不多，

《论语》中记录了孔子几次引《书》，都是以古喻今，讲解如何从政、行道的。他说："《书》云：'孝乎惟孝，友于兄弟，施于有政。'是亦为政，奚其为为政？"（《论语·为政》）他认为实行这种孝友的道德教育本身就是参与政治。再如，当子张问《书》中"高宗谅阴，三年不言"的意思时，孔子并不讲它的内容，却拓展开来，说天子应该带头服丧三年的道理："何必高宗，古之人皆然。君薨，百官总己以听于冢宰三年。"（《论语·宪问》）可见，他所注意的是《书》中所包含的道德教训，这与他编订历史教材的想法是一致的。此外，孔子还有意识地结合历史器物对学生进行思想品德教育。有一次，他在鲁桓公庙里看到了欹器，便说"吾闻宥坐之器者，虚则欹，中则正，满则覆"，并当场试验确是如此，于是就在弟子们面前喟然而叹"恶有满而不覆者哉"（《荀子·宥坐》），意在引起学生思考，从中受到教育。

其三，孔子使用启发式教学法进行历史教学。孔子启发式教学的实质是注意发展学生的思维，重在对弟子进行"举一隅而以三隅反""告诸往而知来者"的思维能力训练。所谓"不愤不启，不悱不发"，就是说启发式教学的前提条件是弟子产生"愤悱"的心理状态。事实也说明，孔门弟子多是在出现了这种"愤悱"状态时主动向老师请教的。如果没有出现这种"愤悱"状态呢？孔子便提出问题，让弟子思考以产生"愤悱"心理状态，或直接从中得到教益。如孔子曾有意将一组历史人物放在一起，让弟子在对比中思考其"微言大义"："齐景公有马千驷，死之日，民无德而称焉。伯夷叔齐饿于首阳之下，民到于今称之。其斯之谓与？"（《论语·季氏》）同时，孔子还注意对弟子进行思维上的指导，让弟子明确思维与学习的关系："学而不思则罔，思而不学则殆。"可以说，孔子的启发式历史教学是得到了其弟子们的好评的，就连他最得意的弟子颜回也说："仰之弥高，钻之弥坚。瞻之在前，忽焉在后。夫子循循然善诱人，博我以文，约我以礼，欲罢不能。既竭吾才，如有所立卓尔。虽欲从之，末由也已。"（《论语·子罕》）

其四，孔子在进行历史教学时遵循"因材施教"原则。朱熹概括孔子的教学经验为"夫子教人，各因其材"，这是符合孔子教学实际的。孔子认为每个人的智力条件是不一样的，教的内容也不应一样："中人以上，可以语上也；中人以下，不可以语上也。"（《论语·雍也》）他还进一步认识到，即使弟子的智力条件一样，非智力条件的不同仍会给学习带来差别，所谓"知之者不如好之者，好之者不如乐之者"。孔子在其历史教学中，非常注意因材施教。这样，他所培养出来的弟子都是学有所长的。

此外，孔子作为一名历史教师，对弟子传授知识是毫无保留的，做到了无私无隐。他曾对弟子说："二三子以我为隐乎？吾无隐乎尔。吾无行而不与二三子者，是丘也。"（《论语·述而》）同时他还有意识地使用"雅言"（相当于现在的普通话）教学："子所雅言，《诗》、《书》、执礼，皆雅言也。"这也是值得一提的。

总之，孔子乃是中国教育史上最早重视历史教学的大教育家。他历史知识渊博，具备了担任历史教师的条件；他认识到了历史知识的教育价值，在课程设置中给了历史教学一定的地位；他亲自编写了历史教材《书》和《春秋》，并在历史教学法方面积累了丰富的经验；他培养了一批有历史修养的弟子，对保存和传播中国古代文化起了很大的作用。

第四章

孔子教学艺术思想精粹——与中国古代优秀教学传统的形成

第一节　孔子"贵疑"思想与中国
古代教学的"贵疑"传统

孔子是倡导"疑思问"的，他自己也做到了"每事问"。孔子的"贵疑"思想深刻影响了此后的孟子、董仲舒、王充、嵇康、颜之推、韩愈、张载、朱熹、陆九渊、陈献章、王夫之、黄宗羲等教育家，他们都鲜明地提出了学则须疑的主张，肯定了怀疑精神对取得学习进步的重要价值，形成了中国古代"贵疑"的优秀教学传统。

科学怀疑是创造性思维中不可缺少的环节，因为在学习过程中，疑问和疑难总是在激发着人的创造性。而任何唯书、唯上的做法，都只能束缚学习者的思想并将之变为平庸的人。但是，目前学校教育并不重视学生求疑精神的培养。如果我们的学校教育真的像著名教育家尼尔·波斯特曼所批评的，"孩子们入学时像个'问号'，毕业时却像个'句号'"，那只能是失败。马克思把"怀疑一切"作为自己"最喜爱的箴言"。思维常常是从有疑问处开始的，思维过程就是一个不断地从疑到不疑的过程。中国古代教育家在学习论上，是普遍主张"学须有疑"的。

一、孔子的"贵疑"思想

早在春秋时期，大教育家孔子就提倡"疑思问"，认为对大家没有疑问的事情也须有怀疑的精神，所谓"众恶之，必察焉；众好之，必察焉"

（《论语·卫灵公》），而那种人云亦云、道听途说的做法是不足取的。"道听而途说，德之弃也"，他自己更是"敏而好学，不耻下问"（《论语·公冶长》）的典范。

二、孔子的"贵疑"思想对中国古代教育家的影响

战国时期的大教育家孟子，响亮地提出"尽信书，则不如无书"，并表明"吾于《武成》，取二三策而已矣"（《孟子·尽心下》）。

荀子认为："不知则问，不能则学。"（《荀子·非十二子》）《淮南子·主术训》中也写道："文王智而好问，故圣；武王勇而好问，故胜。"而富于战斗性的唯物主义教育思想家王充，更加推崇怀疑精神。他认为："谶书秘文，远见未然，空虚暗昧，豫睹未有，达闻暂见，卓谲怪神，若非庸口所能言。"（《论衡·实知》）他反对"信师是古"，主张"极问"诘难。他说："世儒学者好信师而是古，以为贤圣所言皆无非，专精讲习，不知难问。"（《论衡·问孔》）其实，"问事弥多，而见弥博"（《论衡·书解》）。他认为"凡学问之法，不为无才，难于距师，核道实义，证定是非也"，"圣人之言，不能尽解；说道陈义，不能辄形。不能辄形，宜问以发之；不能尽解，宜难以极之"。（《论衡·问孔》）为了辨明是非，他还大胆地怀疑儒家经典："苟有不晓解之问，迢难孔子，何伤于义？诚有传圣业之知，伐孔子之说，何逆于理？"（《论衡·问孔》）他写了《问孔》《刺孟》等文章，具体指出孔子之徒不能"极问"和孟子某些思想的模糊与混乱。在当时"独尊儒术"的思想钳制下，大声疾呼"非必须圣人教告乃敢言也"（《论衡·问孔》），真可谓振聋发聩，使人精神为之一振。

魏晋时期，思想家嵇康反对人云亦云和故步自封，提倡独立思考，主张"独观"和"探赜索隐"，认为认识自然之理不能仅凭闻见感知，还必须诉诸理性判断。这种敢于突破经学传统，提倡怀疑精神，强调认识的能动性和创造性的做法，是非常富于个人洞见的。南北朝时期的颜之推也在《颜氏家训·勉学》中引用古人的话说"《书》曰：好问则裕"，对学须有

疑、贵在好问做了充分的肯定。

唐代教育家韩愈指出："人非生而知之者，孰能无惑？惑而不从师，其为惑也，终不解矣。"（《师说》）他指出在学习时应注意"沉浸浓郁，含英咀华"（《进学解》），认为"早夜以思，去其不如舜者，就其如舜者"，"去其不如周公者，就其如周公者"（《原毁》）。韩愈还认为，对学生来说，首先要有独立思考、敢于怀疑的精神，对教师传授的知识要认真地问几个"为什么"，即"果是耶？非耶？有取乎？抑其无取乎？"，应做到"观焉，择焉"（《答韦中立论师道书》），敢于发表自己不同的意见。柳宗元也认为，应该重视古代的典籍，但不要迷信，需持批判的态度以"定其是非"。他写的《六逆论》《非国语》，就批驳了《春秋左氏传》《国语》中的几十条错误，深刻地揭露了儒家传统教材的虚伪性和欺骗性。他还教育青年不要盲从古书，绝不可"师古训""守章句"。在他看来，凡"益于世用"的古籍都可以学习。他说"申韩之言""皆可以佐世"，应该认真地学习和研究。至于文辞，也应该学习，但是"不苟为炳炳烺烺，务采色，夸声音而以为能"，"不以是取名誉"，而要"文者以明道"，"施之事实"，"辅时及物"，并指出学习贵在创新，不拘成见。他说："君子之学，将有以异也，必先究穷其书，究穷而不得焉，乃可以立而正也"。（《与刘禹锡论〈周易〉九六书》）

宋代教育家对存疑在学习过程中的重要作用给予了特别强调。如北宋著名教育家张载认为："可疑而不疑者不曾学，学则须疑。譬之行道者，将之南山，须问道路之自出，若安坐则何尝有疑。"（《经学理窟·学大原下》）他认为，不能"闻而不疑则传言之，见而不殆则学行之"（《正蒙·中正篇》），应"于不疑处有疑，方是进矣"（《经学理窟·义理》）。张载还进一步指出："所以观书者，释己之疑，明己之未达。每见每知所益，则学进矣"（《经学理窟·义理》）。可见，张载所谓的善疑大致有三个递进的层次，即"在可疑处有疑"→"在不疑处有疑"→"释己之疑"。他还进一步指出，多思考才会有疑，所谓"不知疑者，只是不便实作，既实作则须有疑，必有不行处，是疑也。譬之通身会得一边或理会一节未全，则须有疑，是问是学处也，无则只是未尝思虑来也"（《经学理窟·气质》）。他又认为有疑才会有问，有问才会有知："洪钟未尝有声，由扣乃有声；圣人未尝有知，由问乃有知。"（《正蒙·中正篇》）

南宋教育家朱熹认为："平日工夫，须是做到极时，四边皆黑，无路可人，方是有长进处，大疑则可大进。若自觉有些长进，便道我已到了，是未足以为大进也。""为学须觉今是而昨非，日改月化，便是长进。"（《朱子语类·总论为学之方》）读书过程中疑问的产生与解决，意味着学习的进步，朱熹对此有着深刻精辟的见解。他认为："学者读书，须是于无味处当致思焉。至于群疑并兴，寝食俱废，乃能骤进。"（《朱子语类》）"读书始读，未知有疑。其次则渐渐有疑。中则节节是疑。过了这一番，疑渐渐释，以至融会贯通，都无所疑，方始是学。"（《晦翁学案》）"读书无疑者，须教有疑。有疑者，却要无疑，到这里方是长进。"（《性理精义·读书法》）在读书时，不能"只知他人之说可疑，而不知己说之可疑"，要"试以诘难他人者以自诘难，庶几自见得失"。（《朱子语类》）而"小有疑处，即便思索，思索不通，即置小册子，逐日抄记，以时省阅。俟归日逐一会理，切不可含糊护短，耻于咨问，而终身受此黯暗以自欺也"，这确是破疑解疑的好办法。

南宋教育家陆九渊也认为："为学患无疑，疑则有进。"（《陆九渊集》卷三十五）他自己就是充满怀疑精神的，甚至认为儒家的经典著作《论语》中有不少"无头柄的笑话"。他一再告诫学生：小疑则小进，大疑则大进，无疑则不进。这就要求独立思考，而不盲从古人或迷信书本。他说："昔人之书不可以不信，亦不可以必信，顾于理如何耳。盖书可得而伪为也，理不可得而伪为也。"（《陆九渊集》卷三十二）"苟不明于理而惟书之信，幸而取其真者也，如其伪而取之，则其弊将有不可胜者矣。""古者之书不能皆醇也，而疵者有之；不能皆然也，而否者有之。真伪之相错，是非之相仍，使不通乎理而概取之，则安在其为取于书也？""使书而皆合于理，虽非圣人之《经》，尽取之可也。……如皆不合于理，则虽二三策之寡，亦不可得而取之也，又可必信之乎？"（《陆九渊集》卷三十二）因此，陆九渊特别反对"随人脚跟，学人言语"（《陆九渊集》卷三十五），而提倡"凡事只看其理如何，不要看其人是谁"的治学态度。他说："学者不自着实理会，只管看人口头言语，所以不能进。且如做一文字，须是反覆穷究法，不得又换思量，皆要穷到穷处，项项分明。"（《陆九渊集》卷三十五）

明代教育家对学须有疑思想做了继承与发展。如陈献章说："前辈谓学贵知疑。小疑则小进，大疑则大进。疑者，觉悟之机也。一番觉悟，一番长进。章初学时，亦是如此，更无别法也。"（《白沙子全集》卷二）王守仁认为，"盖学之不能以无疑，则有问，问即学也，即行也；又不能无疑，则有思，思即学也"（《传习录》）。著名教育思想家李贽认为，学习之事不可人云亦云，要独立思考，经过认真分析比较，深入钻研，体会要旨。他嘲笑一般腐儒"以孔子之是非为是非"，对《论语》所说从来不敢怀疑，没有进行独立思考，所以说"读《论语》者，从来都是瞎子"（《四书评·论语》）。"疑"的作用是打破"人云亦云"的学习方法。他说："学者但恨不能疑耳，疑即无有不破者。"（《续焚书·答僧心如》）他在《观音问》中指出：要发疑才能了悟，"学人不疑，是谓大病。唯其疑而屡破，故破疑即是悟"。李贽本人做学问的精神是这样，他教人求学的方法也是这样。他说："我愿学者千思万思。"（《焚书·季文子三思》）可以看出，李贽对学习中的存疑精神是非常推崇的。

明清之际的教育家对存疑的思想做了更深入的发挥。如王夫之认为："学于古而法则俱在，乃度之吾心，其理果尽于言中乎？抑有未尽而可深求者也？则思不容不审也。"（《四书训义》）在这里，王夫之将疑与思紧密地联系起来。他在《诗广传》中，还曾详细论述了"不疑→疑→不疑"的矛盾运动过程："由不疑至于疑，为学日长；由疑至于不疑，为道日固。疑者，非疑道也，疑言道者之不与道相当也。不疑者，非闻道在是而坚持之也，审之微，履之安，至于临事而勿容再疑也。"这里面论述了在学习中从没有疑问到发现问题直至解决疑难的过程，而且注明了发现问题与解决问题的关键是在实践中"审之微"和"履之安"。他还认为"疑"与"信"是相反相成的，"信者以坚其志，疑者亦足以研其微"（《读四书大全说》），读书有疑才能有新的创见。

明清之际另一位教育家黄宗羲则认为，促进思考的最好办法之一，就是"知疑"。探求真理，要大胆疑经，提倡学生独立思考、独立钻研。他的同学陈乾初，疑《大学》之书非圣人之作，黄宗羲则赞之曰："吾人为学工夫，自有得力。意见无不偏至，惟其悟入，无有不可。奚必抱此龃龉不合者，自窒其灵明乎？"（《南雷文约》）他赞成陈乾初对《大学》"并其本文而疑之"，认为疑则易生觉悟，容易启发学者的聪明才智。学者对每一事物，都应多发问些问题，不宜轻信。他说："彼泛然而轻信之者，非能信也，乃是不能疑也。"（《南雷文案》）黄宗羲认为，就是对过去先儒的学说，也得抱有疑惑的态度。他说，"大抵于先儒注疏，无不一一抵牾"，而且"当先疑阳明之言"。（《南雷文约》）黄宗羲强调在学习中要多怀疑。他在《答董吴仲论学书》中说："小疑则小悟，大疑则大悟，不疑则不悟。老兄之疑，固将以求深信也。"

　　从以上论述可以看出，中国古代教育家鲜明地提出了学则贵疑的主张，肯定了怀疑精神对取得学习进步的重要价值，指出"从不疑到疑，再从疑到不疑"是读书学习过程中依次提高的水平与境界；提倡大胆质疑，勇于创新，哪怕对大家经典也应如此，从而克服唯书唯上的不良学风。这些都是非常有价值的见解。

第二节 孔子"改过"思想与中国 古代教学的"改过"传统

孔子主张"过，则勿惮改"，因为在他看来，"过而不改，是谓过矣"。孔子的改过思想深刻影响了此后的孟子、荀子、扬雄、董仲舒、王通、孔颖达、韩愈、周敦颐、朱熹、王守仁、王夫之、颜元等教育家，他们对于改过都发表了很精辟的论述，留下了一批非常宝贵的精神财富，形成了中国古代重视改过的优秀教学传统。

开展塑造教育的同时注意改造教育对一个人身心发展的重要作用，是我国古代教育思想的一个重要方面，这从古代教育家对改过问题的论述中可以看出。正如《战国策》中说的："亡羊而补牢，未为迟也。"大多数古代教育家都持有"改未为晚、过后补教"的积极的教育态度。

一、孔子的改过思想

早在春秋时期，大教育家孔子就非常重视改过在个人修养中的作用。他认为："德之不修，学之不讲，闻义不能徙，不善不能改，是吾忧也。"（《论语·述而》）"人之过也，各于其党。观过，斯知仁矣。"（《论语·里仁》）一个人有了过错，应当及时纠正，"过，则勿惮改"（《论语·学而》），"过而不改，是谓过矣"（《论语·卫灵公》）。他强调："法语之言，能无从乎？改之为贵。巽与之言，能无说乎？绎之为贵。说而不绎，从而不改，吾末如之何也已矣。"（《论语·子罕》）而对待过错的不同态度，可以反映出一个人修养水平的高下："小人之过也必文"，"君子之过也，如日月之食焉：过也，人皆见之；更也，人皆仰之"（《论语·子张》）。他指出知过的方法有二。一是自省自察，他说："吾未见能见其过而内自讼者也。"（《论语·公冶长》）二是对照别人发现自己的过错："见贤思齐焉，见不贤而内自省也。"对于能及时改过的人，他是非常赞赏的。"蘧伯玉使人于孔子。孔子与之坐而问焉，曰：'夫子何为?'对曰：'夫子欲寡其过而未能也。'使者出。子曰：'使乎！使乎！'"（《论语·宪问》）其弟子颜渊"不迁怒，不贰过"（《论语·雍也》），也受到他多次称赞。他还表示："丘也幸，苟有过，人必知之。"（《论语·述而》）

二、孔子的改过思想对中国古代教育家的影响

墨子也认为一个人犯了错误就应及时改正，并且指出改过的起码条件是耻其过，他说："廉：己惟（虽）为之，知其（耻）耳。"（《墨子·经说上》）

战国时期的教育家孟子认为："人恒过，然后能改"（《孟子·告子下》），"西子蒙不洁，则人皆掩鼻而过之。虽有恶人，斋戒沐浴，则可以祀上帝"（《孟子·离娄下》）。他用生动的寓言来告诫人们要"改过必速"："今有人日攘其邻之鸡者，或告之曰：'是非君子之道。'曰：'请损之，月攘一鸡，以待来年，然后已。'如知其非义，斯速已矣，何待来年。"（《孟子·滕文公下》）他还指出对待过错的不同态度："且古之君子，过则改之；今之君子，过则顺之。古之君子，其过也，如日月之食，民皆见之；及其更也，民皆仰之。今之君子，岂徒顺之，又从为之辞。"（《孟子·公孙丑下》）他赞同"闻过则喜"的态度："子路，人告之以有过则喜。禹闻善言则拜。"（《孟子·公孙丑上》）他提出"与人为善"的主张："取诸人以为善，是与人为善者也。故君子莫大乎

与人为善。"（《孟子·公孙丑上》）他还认为"知耻"是改过的前提和依据："人不可以无耻。无耻之耻，无耻矣"（《孟子·尽心上》），"耻之于人大矣。为机变之巧者，无所用耻焉。不耻不若人，何若人有"（《孟子·尽心上》）。因此，他说："自暴者，不可与有言也；自弃者，不可与有为也。"（《孟子·离娄上》）而另一位教育家荀子认为"好善无厌，受谏而能诫，虽欲无进，得乎哉"（《荀子·修身》），并指出自我意识的觉醒对预防过错的重要意义："君子博学而日参省乎己，则知明而行无过矣。"（《荀子·劝学》）《学记》则进一步提出"长善救失"的改造教育原则，认为："学者有四失，教者必知之。人之学也，或失则多，或失则寡，或失则易，或失则止。此四者，心之莫同也。知其心，然后能救其失也。教也者，长善而救其失者也。"这就从更积极的意义上发展了改过思想。

自此以后，历代教育家都深受《学记》思想的影响，对改过问题非常重视。如汉代扬雄就强调改过迁善，他说："胜己之私之谓克。"（《法言·问神》）"君子贵迁善。迁善者，圣人之徒与。"（《法言·学行》）而王充认为改过贵在先知过，他说："古贵良医者，能知笃剧之病所从生起，而以针药治而已之。如徒知病之名，而坐观之，何以为奇？夫人有不善，则乃性命之疾也，无其教治，而欲令变更，岂不难哉！"（《论衡·率性》）对那些想方设法改过迁善的人，王充是非常赞赏的。他说："西门豹急，佩韦以自缓。董安于缓，带弦以自促。"（《论衡·率性》）徐干在《中论·虚道》中也说："才敏过人，未足贵也；博辩过人，未足贵也；勇决过人，未足贵也。君子之所贵者，迁善惧其不及，改恶恐其有余。"这就充分肯定了改过的重要性。隋代教育家王通非常重视闻过和改过，并视其为重要的道德修养途径和方法。他说："痛莫大于不闻过"，"必也言之无罪，闻之以诫"（《中说·问易》），"过而屡闻，益矣"（《中说·周公》）。他还要求补过、改过，认为"过而不文，犯而不校，有功而不伐，君子人哉"（《中说·天地》）。隋唐之际的著名经学家和教育家孔颖达特别强调"防小过"，认为"凡所过失，为人所怨，岂在明著？大过皆由小事而起。言小事而不防，易致大过"（《尚书正义·五子之歌》），这就从防微杜渐的角度深化了改过思想。唐代教育家韩愈指出："人患不知其过，既知之不能改，是无勇也。"（《韩昌黎全集·五箴》）"古人有言曰：告我以吾过者，吾之师也。"（《韩昌黎全集·答冯宿书》）他对"过"有更加深入的认识，说："所谓过者，非谓发于行、彰于言，人皆谓之过，而后为过也。生于其心，则为过矣。故颜子之过，此类也。不贰者，盖能止之于始萌，绝之于未形，不贰之于言行也。"（《韩昌黎全集·省试颜子不贰过论》）柳宗元也对"有闻不行、有过不徙"的做法深表忧虑（《柳河东集·忧箴》）。

宋代教育家张载认为"天资美不足为功，惟矫恶为善，……方是为功"（《经学理窟·气质》）。朱熹则特别强调个人修养的"省察功夫"，认为"谓省察于已发之后者，谓审之于言动已见之后也。念虑之萌，固不可不谨；言行之著，亦安得而不察"（《性理精义》）。他在为《论语·述而》所做的注中还这样表达了对待别人批评的态度："有则改之，无则加勉。"叶适也认为"君子之当自损者，莫如惩忿而窒欲；当自益者，莫如改过而迁善"（《习学记言》）。元代教育家许衡提出了道德教育两方面的工作，一是培养已有的善端，开发未来的善端；二是防止未来的恶端，革除已有的恶端。这也是改过迁善的意思。他还继承和发展了《学记》中的"长善救失"和荀子的"补偏就中"思想，提出了"用人当用其所长，教人当教其所短"的见解。教其所短，就是克服某些缺点、过失和错误，使优点、长处得以发扬，正是改过迁善的过程。元代吴澄曾提出"日省日改"的主张，可以说是对改过思想的深化。他认为："如欲自新乎？每日省之。事之可以告天、可以语人者为是，其不可告天、不可语人者为非，非则速改，昨日之非今日不复为也。日日而省之，日日而改之，是之谓日日新又日新。"（《草庐学案》）

明代王守仁认为"夫过者，自大贤所不免，然不害其卒为大贤者，为其能改也。故不贵于无过，而贵于能改过"（《教条示龙场诸生》）。他指出改过的关键是"反己"，即认识自己的不足："学须反己。若徒责人，只见得人不是，不见自己非。若能反己，方见自己有许多未尽处，奚暇责人？"他还特别强调"悔悟"的作用："悔悟是去病之药，然以改之为贵，若留滞于中，则又因药发病。"（《传习录》）。他指出要正确对待别人的批评意见："凡今天下之论议我者，苟能取以为善，皆是砥砺切磋我也，则在我无非警惕修省进德之地矣。昔人谓'攻吾之短者是吾师'，师又可恶乎？"（《传习录》）顾炎武指出："非好学之深，则不能见己之过；虽欲改不善以迁于善，而其道无从也。"（《亭林文集·与人书》）"故有不善未尝不知，知之未尝复行，此慎独之学也。"（《日知录集释·不远复》）王夫之则首先指出知过、改过的重要性，他说："耳、目、口、体各止其所，节自具焉。不随习以迁，欲其所欲，为其所为，有过则知，而节可见矣。"（《思问录·内篇》）"因人之不善以自警，则终身不行。"（《张子正蒙注·三十篇》）其次指出教育者应注意变恶成美，使学生改过迁善。他说："知其人德性之长而利导之，尤必知其人之气质之偏而变化之。"（《四书训义》卷十五）"顺其所易，矫其所难，成其美，变其恶。"（《张子正蒙注·中正篇》）

明末清初杰出的教育家颜元对改过思想论述得尤为精辟，大大丰富和发展了古代改过思想。他曾说："人无论过恶大小，只不认不是，即终身真小人，更无变换。"（《颜习斋先生年谱》）"恶人之心无过，常人之心知过，贤人之心改过，圣人之心寡过。寡过，故无过；改过，故不贰过；仅知过，故终有其过；常无过，故怙终而不改其过。"（《颜习斋先生言行录·理欲》）这就看到了预防过失的重要性和改正错误的必要性。他指出改过要注意以下三点：一要决断。"善恶要知更要断，知一善则断然为之，知一恶则断然去之，庶乎善日积而恶日远也。"（《颜习斋先生言行录·理欲》）"迁善改过必刚而速，勿片刻踌躇。"（《颜习斋先生年谱》）二要日新。"学者但不见今日有过可改，有善可迁，便是昏惰了一日。"（《颜习斋言行录·王次亭》）"吾学无他，只改过迁善四字。日日改迁，便是工夫；终身改迁，便是效验。世间只一颜子不贰过，我辈不免频复，虽改了复犯亦无妨，只要常常振刷，真正去改，久之不免懈怠，但一觉察，便又整顿。"（《颜习斋先生言行录·王次亭》）三要全力以赴。他认为："吾人迁善改过，无论大小，皆须以全副力量赴之，方是主忠信徙义之学。"（《颜习斋先生言行录·言卜》）

由此可见，正确认识过错并积极地改过迁善构成了改造教育的核心内容。我国古代教育家在这方面的精辟论述，对我们今天认识改造教育在学校教育中的重要性并切实做好这方面的工作，具有非常重要的借鉴价值。

第三节　孔子"交友"思想与中国古代教学的"交友"传统

孔子对于弟子的交友给予了特别的关注，并且进行了深入的指导，希望弟子们"乐多贤友""以友辅仁"。孔子的交友思想深刻影响了此后的孟子、荀子、王充、扬雄、柳宗元、王安石、陈亮、叶适、陆九渊、朱熹、王守仁、李贽、王夫之、张履祥、颜元等教育家，他们对于交友都很重视，继承并丰富了孔子的交友思想，形成了中国古代重视交友的优秀教学传统。

古语曰："友者，师之半。"我国古代教育就是以重视交友在人的发展中的作用为其特色的。认真总结古代教育家的交友思想，对建设具有中国特色的教育学不无益处。

一、孔子的交友思想

作为先秦时期的重要教育家，孔子对交友的重要性有着深刻的认识。他说："君子以文会友，以友辅仁。"（《论语·颜渊》）他认为朋友对个人道德修养有着直接的影响，所以择友不可不慎。他提出，"无友不如己者"（《论语·学而》），"友其士之仁者"（《论语·卫灵公》），"三人行，必有我师焉：择其善者而从之，其不善者而改之"（《论语·述而》），主张朋友之间应互相"忠告而善道之"（《论语·颜渊》），"朋友切切偲偲"（《论语·子路》），并进一步指出朋友有不同的类型："益者三友，损者三友。友直，友谅，友多闻，益矣。友便辟，友善柔，友便佞，损矣。"（《论语·季氏》）与此相应，就应该"乐多贤友"，这才是有益之乐。他还划分出朋友的不同层次："可与共学，未可与适道；可与适道，未可与立；可与立，未可与权。"（《论语·子罕》）他要求弟子善于知人："众恶之，必察焉；众好之，必察焉。"（《论语·卫灵公》）交朋友还须注意考察其品质："岁寒，然后知松柏之后凋也。"（《论语·子罕》）

二、孔子的交友思想对中国古代教育家的影响

墨子也非常重视交友的作用，认为："君子不镜于水，而镜于人。镜于水，见面之容；镜于人，则知吉与凶。"（《墨子·非攻中》）他提出一些交友的标准："据财不能以分人者，不足与友；守道不笃，遍物不博，辨是非不察者，不足与游。"（《墨子·修身》）

战国时期的教育家孟子强调"友也者，友其德也，不可以有挟也"（《孟子·万章下》），并且提出了"广交友"和"尚友"的主张，认为："一乡之善士，斯友一乡之善士；一国之善士，斯友一国之善士；天下之善士，斯友天下之善士。以友天下之善士为未足，又尚论古之人。颂其诗，读其书，不知其人，可乎？是以论其世。是尚友也。"（《孟子·万章下》）荀子也认为治学要有良友相辅："匹夫不可以不慎取友。友者，所以相有也。道不同，何以相有也？"（《荀子·大略》）慎重地选择朋友，是为了相互帮助。他主张在"求贤师而事之"的同时，应注重"择良友而友之"，因为"得贤师而事之，则所闻者尧、舜、禹、汤之道也；得良友而友之，则所见者忠信敬让之行也。身日进于仁义而不自知也者，靡使然也"（《荀子·性恶》）。在此认识基础上，荀子提出了"隆师亲友"的原则："故非我而当者，吾师也；是我而当者，吾友也；谄谀我者，吾贼也。故君子隆师而亲友，以致恶其贼。"（《荀子·修身》）因此，他一再提醒"取友善人，不可不慎，是德之基也"（《荀子·大略》）。庄子则说"莫逆于心，遂相与友"（《庄子·大宗师》），并认为"君子之交，

淡若水；小人之交，甘若醴"（《庄子·山木》）。

《学记》进而将之概括为大学的教育原则之一："相观而善之谓摩。"《学记》还从反面指出独学无友和交坏朋友的危害，即"独学而无友，则孤陋而寡闻。燕朋逆其师，燕辟废其学"，并且还将"乐群""取友"作为考察学生学业与修养的一个重要方面："一年视离经辨志，三年视敬业乐群，五年视博习亲师，七年视论学取友，谓之小成。"

自此以后，历代教育家都非常重视交友对学生身心发展的重要作用，从而形成我国古代教育史上一个优良的教育传统。如王充强调说："游必择友，不好苟交。"（《论衡·自纪》）扬雄在《法言·学行》中也说："朋而不心，面朋也；友而不心，面友也。"颜之推非常推崇《学记》中"独学而无友，则孤陋而寡闻"的说法，提倡师友之间相互切磋，切不可"闭门读书，师心自是"。他认为在学习上好问求教，与良师益友共同研究切磋、相互启发，能较快地增进知识而避免错误。他说："与善人居，如入芝兰之室，久而自芳也；与恶人居，如入鲍鱼之肆，久而自臭也。墨子悲于染丝，是之谓矣。君子必慎交游焉。孔子曰：'无友不如己者。'颜、闵之徒，何可世得！但优于我，便足贵之。"（《颜氏家训·慕贤》）

唐代教育家柳宗元认为："不师如之何？吾何以成？不友如之何？吾何以增？"（《柳河东集·师友箴》）他提出"交以为师"的著名观点，主张以师为友，将师生关系变为师友关系，这充分体现了其大胆革新的精神。南宋的陈亮、叶适在提倡刻苦自学和严谨治学的同时，极重视师友间的讲论，认为师友讲论、争辩是一种最好的学习方式。叶适还特别发出"择友最难"（《习学记言》）的感叹。陆九渊更是重视师友切磋的教育家，他对交友作用的论述颇为精辟，认为交友意在自省自觉、去己之不美："人之精爽，负于血气，其发露于五官者，安得皆正？不得明师良友剖剥，如何得去其浮伪而归于真实？又如何能得自省、自觉、自剥落？"（《陆九渊集·语录下》）"亲师友，去己之不美也。人资质有美恶，得师友琢磨，知己之不美而改之。"（《陆九渊集·语录下》）因此他极力主张谨慎择友，他说："友者，所以相与切磋琢磨以进乎善，而为君子之归者也。其所向苟不如是，恶可与之为友哉？此毋友不如己者之意。甚矣，趋向之不可不谨，而友之不可不择也。"（《陆九渊集·毋友不如己者》）他还特别指出："与朋友切磋，贵乎中的，不贵泛说，亦须有手势。必使其人去灾病，解大病，洒然豁然，若沈疴之去体而濯清风也。"（《陆九渊集·语录下》）。元代教育家郑玉则指出："朋友之伦，虽非天属，而于人之情则至近且密也。"他结合自己的体会谈了交友的意义："其自始至终，自少至老，长吾之志，成吾之才，辅吾之仁者，惟朋友是赖。"（《师山集·燕乐堂记》）

明代教育家对交友问题的论述更为深入。如王守仁就曾指出"非得良友时时警发砥砺，则其平日之所志向，鲜有不潜移默夺，弛然日就于颓靡者"（《传习录》），特别强调朋友的义务在于"责善，朋友之道，然须忠告而善道之，悉其忠爱，致其婉曲，使彼闻之而可从，绎之而可改，有所感而无所怒，乃为善耳"（《教条示龙场诸生》）。他在对待朋友的细节方面亦颇多论述，认为"朋友须箴规指摘处少，诱掖奖劝意多"，还说"与朋友论学，须委曲谦下，宽以居之"（《传习录》）。李贽强调指出："苟不遇良朋胜友，其迷何时返乎？以此思胜己之友，一日不可离也。"（《焚书·与曾中野》）他甚至断言："余谓千古无朋友者，谓无利也。"（《焚书·答耿司寇》）他主张"广交"，即"尽天下之交"，并提出以下十种人可以为友：第一是酒食之交，第二是市井之交，第三是遨游之交，第四是坐谈之交，第五是技能之交（琴师、射士、棋手、画工等），第六是术数之交（天文、地理、星历、占卜），第七是文墨之交，第八是骨肉之交，第九是心胆之交，第十是生死之交（《焚书·李生十交文》）。这就从理论上扩大了交友的范围，突破了"无友不如己者"的束缚。王夫之也是重视交友的教育家，他指出："与君子处，则好君子之好，恶君子之恶。与小人处，则好小人之好，恶小人之恶。又下而与流俗顽鄙者处，则亦随之以好恶矣。故友善士者，自乡、国、天下，以及于古人，所谓以友辅仁也。"（《船山遗书·俟解》）。他强调师友规谏之作用，说："为害最大而人不知者，师友之规谏，贤智之相形，不以欣然顺受企慕之心承之，而愤作掩覆，若惟恐见之，惟恐闻之。此念一蒙，则虽学而非其好，虽行而必不力。"（《船山遗书·俟解》）。他特别指出朋友之间的相互促进作用：

"两泽并流，有相竞之势，而抑有同流之情。言迭出而不穷，道异趋而同归，朋友讲习，以此为得。"（《船山遗书·周易大象解》）。

颜元及其弟子李塨都对交友给予了足够的重视。颜元认为："辅仁者，友也，……于是以友之高明，开我之蒙蔽，以友之宽厚，化我之私狭，对端方之儒，怠惰不觉其潜消；得直谅之助，过端不觉其日寡。"（《颜习斋先生言行录·齐家》）李塨则认为："古学问二字相连。今人不好学，尤不好问，予每交一人，必求尽其长，勉于问也。"（《李塨集》）。又说："古人且勿论。即如不肖，一生得力，专在师友。读书、学数、学射、学礼、学乐，皆自加攻苦；或得或疑，乃质诸人。若学不在先，将质何物？与颜先生半月一会，则将十五日所学通质之。"（《李塨集》）

从以上中国古代教育家对交友问题的论述可以看出，其中有些思想至今仍颇有启发意义。首先是注重交友在知识学习和品德修养中的重要作用，古人主张切磋琢磨、相观而善。这恰是我们今天在教育中所忽视的。实践证明，同龄人之间特别是学生与学生之间的平行影响，具有很大的教育影响力，最容易形成思想共鸣。其次是注重学友之间的信息沟通、驳难辩论，古人认为这样可以拓宽学生的眼界，增加知识量，为思考问题提供新的角度，从而使认识趋于一致或水平得到提高。再次是注重慎重择友。古人主张选择那些品德高尚、知识渊博的人作为朋友；有的还从不同的方面提出交友的标准和条件，并注意培养学生的交际能力。最后是注意对待朋友的态度修养，认为朋友之间应直言相劝、互相尊重信任，并虚心接受朋友的意见以及不因观点的不同而妨碍友情，等等。

第四节　孔子"时教"思想与中国古代教学的"时教"传统

孔子在教学实践中体会到"时机"的关键作用，并从理论上做了阐述，所谓"不愤不启，不悱不发"。他认识到"时然后言"，才能取得"人不厌其言"的效果。孔子的"时教"思想深刻影响了此后的墨子、孟子、荀子、董仲舒、葛洪、颜之推、柳宗元、朱熹、王廷相等教育家，他们对于适时而教都发表了深刻的见解，使重视"时教"成为中国古代的优秀教学传统。

我国古代教育家在长期的教育实践中，逐渐加强了对教育规律的自觉探索，认识到在学生的发展中，有一些时间节点构成了教育成功的关键契机。抓住了这些机会，教育就会事半功倍，直到成功；反之，则会事倍功半，乃至最终失败。

一、孔子的"时教"思想

早在春秋时期，大教育家孔子在其首创的启发式教学实践中，就认识到教育时机的关键作用。"不愤不启，不悱不发"（《论语·述而》），是他论述启发式教学的一句名言，其中"愤""悱"既是描述学生的心理状态，又指教师进行启发式教学的最佳时机。因为只有当学生处于"心求通而未得""口欲言而未能"之时，教师导之"开其意""达其辞"，才能取得最好的教育效果。所以"夫子时然后言，人不厌其言"（《论语·宪问》)。另外，他还谈到"可与言而不与之言，失人；不可与言而与之言，失言"(《论语·卫灵公》)，就是说在使用谈话法教学时要注意把握住教育时机，否则会给学生造成不好的影响。所以，孔子主张教师"言不可不慎"，力求做到"知者不失人，亦不失言"(《论语·卫灵公》)。

二、孔子的"时教"思想对中国古代教育家的影响

墨家学派的代表人物墨子认为"时不可及，日不可留"，看到了教育时机的流逝性。他对适时而教的论述也很生动、精辟，如有一次子禽问墨子："多言有益乎？"墨子听了后很幽默地回答："虾蟆蛙蝇，日夜恒鸣，口干舌擗，然而不听。今观晨鸡，时夜而鸣，天下振动。多言何益？唯其言之时也。"可见晨鸡之鸣之所以能使"天下振动"，关键在于"言之时也"，而教育者不也应当追求这种"言之时"的效果吗？

战国时期的教育家孟子更是主张教育应"如时雨化之"，即应像及时雨浸溉万物那样对学生及时地施以适当的教育，这也是突出了一个"时"字。他还指出，如不待时而教则无异于"揠苗助长"，非但无益而又害之(《孟子·公孙丑上》)。他进一步发挥说："士未可以言而言，是以言餂之也；可以言而不言，是以不言餂之也。是皆穿窬之类也。"(《孟子·尽心下》)。在此，他痛斥了那些荒废教育时机而别有他图的人，并将之称为"穿窬之类"。可见，他对教育时机的重要性已有相当深刻的认识。荀子在其教育名篇《劝学》中，也谈到了教育时机和适时而教的问题。他说："不问而告谓之傲，问一而告二谓之囋。傲，非也；囋，非也。君子如向矣。""故礼恭而后可与言道之方；辞顺而后可与言道之理；色从而后可与言道之致。故未可与言而言谓之傲，可与言而不言谓之隐，不观气色而言谓之瞽。故君子不傲，不隐，不瞽，谨顺其身。"在此，荀子将未把握好教育时机就施教的情况分别称为"傲""隐""瞽"，说明他已将把握教育时机、适时施教作为合格教育者的一个基本条件。同时他还指出要"谨顺其身"，即教育者的"言"与"不言"，都要根据受教育者身上有没有出现恰当的教育时机而定。荀子还引用《诗经》上的话说"匪交匪舒，

天子所予"，即不要太急切了，也不要太怠缓了。可见，教育成功的奥秘之一就在于教育者有效地把握住教育时机，适时而教。

《吕氏春秋·召类》中则说："圣人不能为时，而能以事适时。事适于时者，其功大。"《吕氏春秋·首时》又说"圣人之于事，似缓而急，似迟而速，以待时"，并且特别强调"事之难易，不在小大，务在知时"，可见时机的重要性。《学记》将适时而教的教育思想做了理论上的总结，使之成为大学的教育原则之一："大学之法，……当其可之谓时，……时过然后学，则勤苦而难成。"这就从正反两方面论述了把握住教育时机、适时而教的重要性，这一教育思想对历代教育家们产生了直接而深远的影响。

《淮南子·齐俗训》说："各用之于其所适，施之于其所宜。"意思是教育者要把握住教育时机、适时而教。汉代的大教育家董仲舒也将把握住教育时机、适时而教作为"善为师者"的一个条件。他说："善为师者，既美其道，有慎其行；齐时早晚，任多少，适疾徐，造而勿趋，稽而勿苦，省其所为，而成其所湛，故力不劳而身大成，此之谓圣化，吾取之。"（《春秋繁露·玉杯》）晋代葛洪基于对教育时机的认识，提出了"修学务早"的见解。他说："少则志一而难忘，长则神放而易失。故修学务早，及其精专，习与性成，不异自然也。"（《抱朴子·勖学》）南北朝时期的教育家颜之推亦持"早教"主张，认为"人生小幼，精神专利，长成已后，思虑散逸，固须早教，勿失机也"（《颜氏家训·勉学》），"当及婴稚，识人颜色，知人喜怒，便加教诲，使为则为，使止则止"（《颜氏家训·教子》），甚至提出"胎教"的主张。鉴于此，颜之推强调指出，若"失于盛年，犹当晚学，不可自弃"，认为"幼而学者，如日出之光，老而学者，如秉烛夜行，犹贤乎瞑目而无见者也"。（《颜氏家训·勉学》）唐代教育家柳宗元则对"宜言不言，不宜而烦"（《柳河东集·忧箴》）的做法表示忧虑。

宋代教育家对教育时机和适时而教做了理论性的概括，特别是朱熹和张载在这方面的贡献最大。如朱熹在注释《论语》中"不愤不启，不悱不发"时说："愤者，心求通而未得之意；悱者，口欲言而未能之貌。"

他进一步解释说："此正所谓时雨化之。譬如种植之物，人力随分已加，但正当那时节，欲发生未发生之际，却欠了些小雨，忽然得这些小雨来，生意岂可御也。"（《朱子大全·论语六》）他还说："草木之生，播种封植，人力已至而未能自化。所少者，雨露之滋耳，及此时而雨之，则其化速矣。教人之妙，亦犹是也。"（《孟子集注》卷十三）他还指出，在个人道德修养中，要十分注意"一念之始"的关键时刻，这就是所谓"省察关"，亦即进行自我教育的最佳时机。他说："就思虑萌处，察其孰是天理，孰是人欲？取此舍彼。"（《朱文公文集》）从中足可以看出朱熹对教育时机和适时而教的深刻认识。张载则进一步提出教须"当其可"的主张。就是说，教师教学要善于把握恰当的时机。他认为："洪钟未尝有声，由扣乃有声；圣人未尝有知，由问乃有知。'有如时雨之化者'，当其可，乘其间而施之。不待彼有求有为而后教之也。"（《正蒙·中正篇》）时机不成熟，勉强施教，必"教之而不受"；错过时机，再去施教，也会事倍而功半。正确的做法是："教者但观蒙者时之所及则道之。"这不是说教师要消极等待，而是要积极引导，敏锐地观察、把握最佳时机。不时而雨固然不好，但也不要"待望而后雨"，最好是"时可雨而雨"（《张子语录》）。学生无求无为，固不可强施强教，也不可有求有为而不施不教，应当有求有为即教之。学生不能问而强告之固然不行，问而不能即告之也不可，应当是"当其可而告之"（《张子语录》）。所谓"教人至难，必尽人之材，乃不误人；观可及处，然后告之"（《张子全书·语录钞》），这就要求教师善于观察、善于分析，清楚地了解学生会在哪些问题上对教师"有求""有问"，准确地把握他们的"可"是什么，"间"在何处，以便主动适时、机智灵活地进行教学。可以说，"当其可，乘其间"的思想从更积极的方面发展了《学记》中关于"时"的主张。

明代教育家王廷相提出的"养正于蒙"，亦是适时而教思想的体现。他说："童蒙无先入之杂，以正导之而无不顺受。……壮大者成驳僻之习，虽以正导，彼以先入之见为然，将固结而不可解矣，夫安能变之正？故养正当于蒙。"（《王廷相集·雅述》）明末清初的教育家王夫之则指出，教者"因人才之不齐，而教之多术"，而术之一便是"因机设教"。他解释张载的"当其可，乘其间而施之"时说："可者，当其时也；间者，可受之机也。"（《礼记章句》卷十八）由此可知王夫之谈的"教之时"，即授教的时机。从教师来说，是"教之机"；从学生来讲，是"受之时"。这是一件事情的两个方面。"教之机"依据"受之时"，二者相应而不离，相因而共存。教与学是矛盾的统一体，而矛盾的主要方面，一般来说，是教者。因为"受之机"不能听其自然而生，教师应既善于等待学生的"自悟"，同时又善于启发学生的自觉。王夫之称此为"教之智"。他认为若无学生的"真心内动"，"教则不愤而启，不悱而发，喋喋然徒劳而无益也"（《周易内传》卷四）。所以"启发亦有时机"，必待学生有"自怀愤恨以不宁"的思考状态，必待学生"若知若不知之机"，教师才可予以启发开导。这就从师、生两个方面论述了"教之机"和"受之时"的重要性，明确指出适时而教是"教之智"，从而使把握好教育时机、适时而教上升到教学艺术的高度。

综上所述，我国古代教育家已对教育时机和适时而教问题给予了足够重视，在他们的教育实践中积累了大量的成功经验，并提出了许多精辟的见解，使之成为我国古代优秀的教育教学传统，至今仍很有启发意义。今天，我们应很好地总结这笔宝贵的教育思想遗产，以更好地建设具有中国特色的教育学理论，有效地指导目前的教育教学实践。

第五节　孔子"致用"思想与中国古代教学的"致用"传统

　　孔子在培养弟子时强调学以致用。他认为："诵《诗》三百，授之以政，不达；使于四方，不能专对；虽多，亦奚以为？"经他培养的弟子也都各有所长，成有用之才。孔子的"致用"思想深刻影响了此后的荀子、韩非、王充、颜之推、柳宗元、王安石、胡瑗、朱熹、陈亮、叶适、黄宗羲、王夫之、颜元等教育家，他们对学以致用问题都高度重视，并进行了深入的阐述，形成了中国古代追求"致用"的优秀教学传统。

　　学习的最终目的在于致用，这是显而易见的道理。然而，我国古代教育从总体上讲是脱离实际的，不少学者自觉或不自觉地陷入"读死书、死读书、读书死"的困境而不能自拔。中国古代教育家中也有一些人对于学以致用这一正确的学习价值取向做过发人深省的阐述，尽管他们总的治学态度、学术思想还有不完善之处，但重温其中有益的成分，仍能给人以积极的启示。

一、孔子的"致用"思想

　　先秦时期的教育家，多应社会与时代的需要兴办教育、培养人才，故而特别强调学以致用。如大教育家孔子就曾说过："诵《诗》三百，授之以政，不达；使于四方，不能专对；虽多，亦奚以为？"（《论语·子路》）孔子在教育实践中就很重视培养学生学以致用的能力，使其各有所长，能从事政治活动。据《论语·雍也》载，孔子曾向季康子推荐过他的学生，并说明他们各自都有实际的从政能力。他认为"由也果""赐也达""求也艺"，都是有用之才，如从政都能独当一面。所以孔子的教育重在人事，而对虚无缥缈的鬼神之类向来是存而不论、避而不谈，显示了一个教育家的远见卓识。

二、孔子的"致用"思想对中国古代教育家的影响

著名教育家荀子也非常强调学以致用。他说："其于天地万物也，不务说其所以然而致善用其材。"（《荀子·君道》）法家的代表人物韩非曾针对当时社会上一些脱离实际、不尚实用的空谈家做了尖锐的批判。他说："知者不以言谈教，而慧者不以藏书箧。"（《韩非子·喻老》）他提出考察一个人的知识能力，应以实际功效为准，"夫言行者，以功用为之的彀者也。……不以功用为之的彀，言虽至察，行虽至坚，则妄发之说也"（《韩非子·问辩》）。他还十分重视人的实际经验和能力，认为"宰相必起于州部，猛将必发于卒伍"（《韩非子·显学》）。可见，韩非是非常重视学习的经世致用功能的。

东汉的王充更加猛烈地抨击汉代那种"皓首穷经""死守章句"的腐朽学风和死记硬背的教学方法，强调学以致用。他指出："夫儒生之业，五经也，南面为师，旦夕讲授章句，滑习义理。""以古今之义，儒生不能知，别名以其经事问之，又不能晓，斯则坐守，何言师法，不颇博览之咎也。"（《论衡·谢短》）王充认为："好学勤力，博闻强识，世间多有；著书表文，论说古今，万不耐一。然则著书表文，博通所能用之者也。"（《论衡·超奇》）"为世用者，百篇无害，不为用者，一章无补。"（《论衡·自纪》）因此，他针对汉儒"食古不化"的学风提出"贵用"的主张，因为当时的腐儒讲究"师承""信师而好古"，解说经书严守师法家法，动辄数万乃至十万言，尽在谶纬迷信或烦琐考证中兜圈子，一点解决实际问题的能力也没有。基于此，王充明确提出："凡贵通者，贵其能用

之也。即徒诵读，读诗讽术，虽千篇以上，鹦鹉能言之类也。"（《论衡·超奇》）他特别强调要把学到的知识加以融会贯通，运用于实际，解决问题。他举例说："入山见木，长短无所不知；入野见草，大小无所不识。然而不能伐木以作室屋，采草以和方药，知此草木所不能用也。"（《论衡·超奇》）。

南北朝时的教育家颜之推在《颜氏家训》中专门写了"涉务"篇，他主张人们学习技艺，重视农事，用以应世经务；深刻地揭露了当时虚妄空谈的坏风气，指出那些达官贵人"品藻古今，若指诸掌，及有试用，多无所堪"，或"肤脆骨柔，不堪行步，体羸气弱，不耐寒暑，坐死仓猝者，往往而然"（《颜氏家训·涉务》）。

唐代散文家柳宗元从培养贤才出发，对当时学校教育中盛行的"习章句""师古训"以及追求华丽辞章等不良风气，都进行了批评。他面对当时复古主义者宣扬"非三代两汉之书不敢视，非圣人之志不敢存""追古人而从之"的错误主张，针锋相对地提出"圣人之道，不益于世用"（《柳河东集·与杨京兆凭书》）的见解。同时，他还进一步指出："必从斯言而乱天下，谓之师古训可乎？此又不可者也。"（《柳河东集·六逆论》）另外，他对当时某些人用华丽辞章引诱青年的错误行径，也提出了尖锐的批评。他说："夫为一书，务富文采，不顾事实，而益之以诬怪，张之以阔诞，以炳然诱后生，而终之以僻，是犹用文锦覆陷阱也。"（《柳河东集·答吴武陵论〈非国语〉书》）

南宋著名教育家朱熹认为，在选择学习内容时，要从"齐家、治国、平天下"的需要出发，务求实用。朱熹指出，当时的学者为了科考而奔波于利禄之场，"诵数虽博，文词虽工"，但在外族入侵、国家危亡之际，却胸无救国之韬，手无缚鸡之力，其结果不是报之一死，便是苟且偷生，对安邦治国毫无用处。为此，他很欣赏古人的六艺之教。在他看来，"六艺皆实用，无一可缺"。以"数"为例，在六艺中"数尤为最末事，若而今行经界，则算法亦甚有用"（《朱子语类》）。朱熹虽然很欣赏六艺之教，但又不局限于此。他进而提出天文、地理、礼乐、制度、军旅、刑法等内容，认为这些"皆是着实有用之事业"，比古之六艺更为有用。朱熹关于学习内容选择务求致用的主张是很有见地的。

宋代教育家胡瑗曾特别指出应以"明体达用"作为教育的宗旨。所谓"明体"，是要学生弄明白六经中的道理，弄明白"君臣父子，仁义礼乐"的封建伦常道德，成为合格的封建统治人才；而"达用"，则是要让学生应用那些已经弄懂的学问道理，使之成为社会的有用之学。王安石在其教育改革的设想中，用以选择教育内容的标准也是学以致用。他说："苟不可以为天下国家之用，则不教也。苟可以为天下国家之用者，则无不在于学。"（《龙川文集·上仁宗皇帝言事书》）王安石认为，教育内容要着眼于"邦家之大计""治人之要务""政教之利害""安边之计策"以及"礼乐之损益""天地之变化""礼器之制度"等实际问题，主张改善教育内容，以适合实际的需要。他反对不务实的章句之学，指出"学者之所教，讲说章句而已。……故虽白首于庠序，……及使之从政，则茫然不知其方者"（《龙川文集·上仁宗皇帝言事书》），主张在学校里讲"礼乐刑政"并让学生兼习武备等课程。北宋的张载也是注重学以致用的教育家。培养有实用价值的"圣人"的教育目的，决定了张载选择教育内容的特点：重实、有用。张载选择教学内容的标准是"文必能致其用"（《正蒙·中正篇》），认为"学贵于用"，可以"举而措诸事业"。二程分析张载的教学是"语学而及政，论政而及礼乐兵刑之学，庶几善学者"（《河南程氏粹言》卷一）。这是张载的重实和有用主张在教育内容上的反映。

南宋事功学派教育家对学以致用思想做了更深入的发挥。如陈亮就反对空谈"义理"，提出"务实"的口号，指出"孔孟之学真迂阔矣"（《龙川文集·勉强行道大有功》）。他以学是否能应用于实际作为衡量一个人是否具有学问和真本领的标志："人才以用而见其能否，安坐而能者，不足恃也"（《龙川文集·上孝宗皇帝第一书》），"吾以谓文非铅椠也，必有处事之才；武非剑楯也，必有料敌之智"（《龙川文集·〈酌古论〉序》）。叶适也认为，评价人的智识艺能不能只看言论或表面文章，更要看于事功上能否处处见实效，"忠信孝悌，必修于家，必闻于乡；材智贤能，必见于事，必推于友"（《叶适集》）。他从实功实利观点出发，认为学贵致用，不能"以观心空寂名学"。"古人以利与人，而不自居其功，故道义光明。后世儒者，行仲舒之论，既无功利，则道义者乃无用之虚语尔。"（《习学记言》）因此，学习必须对自己、对社会国家发挥有益的作用。他认为："读书不知接统绪，虽多无益也。为文不能关教事，虽工无益也。笃行而不合于大义，虽高无益也。立志不存于忧世，虽仁无益也。"（《水心集·赠薛子长》）。

明末清初教育思想家王夫之提倡学以致用，一反宋学之空虚和汉学之烦琐而独树一帜。他说："夫读书将以何为哉？辩其大义，以修己治人之体也；察其微言，以善精义入神之用也。"（《读通鉴论》）因此，王夫之提倡应当务"实学"，多学习与实际有关和对国计民生有用的知识，"习天人治乱、礼乐、兵刑、农桑、学校、律历、吏治之理"（《船山遗书·噩梦》），即认为应该研习自然、社会、军事、法律、农业、教育等方面的课程。只有这样，培养出来的人才能对国家民族有所贡献。张履祥也十分强调学以致用。他说"读书所以明理，明理所以适用"（《杨园先生全集·答颜孝嘉》），又说"医家固须学博理明，然必以识病善用药为急。吾人学问之道亦如此，朱子每以通世务为言。……若世务罕通，说道理即成片段，临事只是茫然，所学虽博，适足以为害而已"（《杨园先生全集·愿学记》），认为读书的真正目的是"通世务"。张履祥抨击科举制度，认为科举制造了与"世务"隔绝的废品，所以他教育学生，"须读有用之书，当务经济之学，毋专习科举制义"（《杨园先生全集·年谱》）。

对学以致用最为推崇并付诸实践的，当推清代教育家颜元。他认为："德性以用而见其醇驳，口笔之醇者不足恃；学问以用而见其得失，口笔之得者不足恃。"（《颜习斋先生年谱》）颜元极力反对宋儒不讲实用的死读书和静坐的修养，曾说"千余年来，率天下入故纸中，耗尽身心气力，作弱人、病人、无用人者，皆晦庵为之也"（《朱子语类评》），又说"为爱静空谈之学久，必至厌事，厌事必至废事，遇事即茫然，故误人才败天下者，宋学也"（《颜习斋先生年谱》）。为了纠正宋学的不良影响，他强调学以致用，主张培养"通经致用"的"通儒"。这样的人具有实学，又能实用，而且是身心健全、气象活泼、吃苦耐劳的人才。有了这样的人才，就可以改革政治、富强天下。他曾说："率皆实文、实行、实体、实用，卒为天地造实绩，而民以安，物以阜。"（《习斋记余·上太仓陆桴亭先生书》）这足见他所要培养的人才是合乎改善现实需要的人才。同时，他还痛恨宋儒于事无补的死读书，说："圣贤之言可以引路。会乃不走路，只效圣贤言。"（《存学编·性理评》）他认为这是莫大的错误。他以学琴、学医为例来论证实践的重要性。他认为虽然熟读琴谱，但是手不弹琴，则仍然不能学会操琴；尽管读尽医书，而鄙视方脉、药饵、针灸的临床锻炼，那也不能"疗疾救世"（《存学编·性理评》）。他认为这是于事无补、于己有害的学风，并强调只有注重习行才能取得效果，才能对改善现实有益。他说："为学为教，用力于讲读者一二，加功于习行者八九，则生民幸甚，吾道幸甚。"（《颜习斋先生言行录》）"学须一件做成便有用，便是圣贤一流。"（《颜习斋先生言行录》）由此可见，他之所以重视习行，目的在于学用一致，使教学与改善现实联系起来。他说："一身动，则一身强；一家动，则一家强；一国动，则一国强；天下动，则天下强。"（《颜习斋先生言行录》）总之，他要求在实践上多用功夫，以纠正舞文弄墨、脱离实际的流弊，这对于当时醉心于八股科举而不务实学的学风来说，的确体现了一种革新的精神。

由上可见，中国古代教育家针对学用脱节的办学时弊，对学以致用做了大量而深刻的论述，这些也正是今天我们所要着重强调的。

1. 杨伯峻. 论语译注 [M]. 北京：中华书局，1980.

2. 钱穆. 论语新解 [M]. 成都：巴蜀书社，1985.

3. 李泽厚. 论语今读 [M]. 合肥：安徽文艺出版社，1998.

4. 杨朝明，宋立林. 孔子家语通解 [M]. 济南：齐鲁书社，2013.

5. 张其昀. 孔学今义 [M]. 北京：北京大学出版社，2009.

6. 高时良. 中国古典教育理论体系：孔子教育语义集解 [M]. 北京：人民教育出版社，2006.

7. 熊明安. 中国教学思想史 [M]. 重庆：西南师范大学出版社，1989.

8. 匡亚明. 孔子评传 [M]. 济南：齐鲁书社，1988.

9. 井上靖. 孔子 [M]. 北京：人民日报出版社，1990.

10. 张秉楠. 孔子传 [M]. 长春：吉林文史出版社，1989.

11. 王毓珣. 孔子教学思想论稿 [M]. 长春：长春出版社，2003.

12. 陈桂生. 孔子授业研究 [M]. 北京：教育科学出版社，2012.

13. 芬格莱特. 孔子：即凡而圣 [M]. 南京：江苏人民出版社，2002.

14. 郝大维，安乐哲. 通过孔子而思 [M]. 北京：北京大学出版社，2005.

15. 顾立雅. 孔子与中国之道 [M]. 郑州：大象出版社，2014.

16. 李启谦. 孔门弟子研究 [M]. 济南：齐鲁书社，1987.

17. 李启谦，王式伦. 孔子弟子资料汇编 [G]. 济南：山东友谊书社，1991.

18. 蔡仁厚. 孔门弟子志行考述 [M]. 台北：台湾商务印书馆，1969.

19. 赵中伟，许锬辉，董金裕，等. 孔子弟子言行传 [M]. 台北：万卷楼图书股份有限公司，2010.

20. 南怀瑾. 孔子和他的弟子们 [M]. 北京：东方出版社，2016.

21. 高专诚. 孔子·孔子弟子 [M]. 太原：山西人民出版社，1991.

22. 高专诚. 孔子和他的弟子们 [M]. 北京：新华出版社，1993.

23. 袁金书．孔子及其弟子事迹考诠［M］．台北：三民书局，1991.

24. 李廷勇．孔门七十二贤［M］．西安：三秦出版社，2000.

25. 杨朝明，宋立林．孔子弟子评传［M］．北京：中国社会出版社，2012.

26. 石毓智．非常师生：孔子和他的弟子们［M］．北京：商务印书馆，2010.

27. 傅佩荣．孔门十弟子［M］．台北：联经出版事业股份有限公司，2011.

28. 傅佩荣．向孔门弟子借智慧［M］．北京：中华书局，2011.

29. 周勇．跟孔子学当老师［M］．上海：华东师范大学出版社，2008.

30. 刘贡南．道的传承：朱熹对孔子门人言行的诠释［M］．上海：华东师范大学出版社，2011.

31. 李如密．儒家教育理论及其现代价值［M］．北京：中华书局，2011

32. 李如密．教学艺术论（第二版）［M］．北京：人民教育出版社，2011.

33. 津田左右吉．论语与孔子思想［M］．台北：联经出版事业股份有限公司，2015.

34. 杜任之，高树帜．孔子学说精华体系［M］．太原：山西人民出版社，1985.

35. 梅汝莉．孔子成功改革教育之研究［M］．北京：北京出版社，2009.

36. 贾磊磊，孔祥林．第一届世界儒学大会学术论文集［G］．北京：文化艺术出版社，2009.

37. 董连祥．论语赏析：论语四十八说［M］．北京：中央广播电视大学出版社，1990.

38. 朱守亮．论语中之四科十子［M］．台北：万卷楼图书股份有限公司，2006.

39. 李零．去圣乃得真孔子：《论语》纵横谈［M］．北京：生活·读书·新知三联书店，2008.

40. 徐刚．孔子之道与《论语》其书［M］．北京：北京大学出版社，2009.

41. 卜朝宁．《论语》人物评传［M］．南京：江苏人民出版社，2015.

42. 于师号．孔子"游"文化研究［M］．济南：山东大学出版社，2016.

43. 王健文．流浪的君子：孔子的最后二十年［M］．北京：生活·读书·新知三联书店，2008.

44. 陈军．《论语》教育思想今绎［M］．上海：上海教育出版社，2015.

45. 黄绍祖．复圣颜子史料汇编［G］．台北：新文丰出版公司，1985.

46. 高培华．卜子夏考论［M］．北京：社会科学文献出版社，2012.

47. 高培华．孔子孔门文武兼备论［M］．北京：光明日报出版社，2016.

48. 子安宣邦．孔子的学问：日本人如何读《论语》［M］．北京：生活·读书·新知三联书店，2017.

49. 杨义．论语还原［M］．北京：中华书局，2015.

50. 杨朝明，修建军．孔子与孔门弟子研究［M］．济南：齐鲁书社，2004.

51. 修建军．孔门弟子［M］．济南：山东文艺出版社，2004.

52. 周海春．《论语》哲学［M］．北京：中国社会科学出版社，2013.

53. 郑基良．先秦两汉改过思想之研究［M］．台北：文津出版社，2010.

54. 宋锡正．孔子的教育思想［M］．北京：中国文史出版社，2006.

2011 年在中华书局出版专著《儒家教育理论及其现代价值》之后，我决定再写一本书专门探讨孔子的教学艺术思想与实践。2014 年，我以"孔子对其弟子的教学艺术及其现代价值"为题申报全国教育科学"十二五"规划课题，并获得教育部重点课题立项。此后，我就按照课题的设计，一个专题一个专题地研究，阶段性成果陆续在各种教育期刊上发表，引起一些研究者和教师的热情关注。

与《儒家教育理论及其现代价值》主要宏观地考察儒家教育理论的基本范畴的历史嬗变不同，《孔子教学艺术研究》主要是微观地探讨孔子对其弟子的教学艺术及其现代价值。在具体研究过程中，孔子的教学艺术以引人入胜的魅力，深深地打动并吸引了我。只要一打开《论语》和相关文献，孔子及其弟子们就从历史深处走来，形象鲜活地进行教学活动，其言其行使我受益匪浅。但局限于个人的能力，孔子教学艺术的微妙之处我还不能完整准确地描述出来，这是我倍觉遗憾之处。

本书的出版得到教育科学出版社的大力支持与南京师范大学教育科学学院的学术著作出版资助，在此一并表示由衷的敬意和深深的感谢！在课题研究和本书写作过程中，我参考并引用了大量相关的研究成果，对此我均在书中以注释或参考文献的方式做出说明，在此谨向这些研究者表示衷心的感谢！由于本人水平有限，书中定会存在诸多粗疏和讹误之处，敬祈学界前辈、同人及读者不吝指正。

李如密

2018 年 6 月 9 日于南京师范大学

出 版 人　李　东
责任编辑　方檀香
版式设计　郝晓红
责任校对　翁婷婷
责任印制　叶小峰

图书在版编目（CIP）数据

孔子教学艺术研究／李如密著．—北京：教育科
学出版社，2021.12（2022.7 重印）
ISBN 978-7-5191-2440-3

Ⅰ.①孔…　Ⅱ.①李…　Ⅲ.①孔丘教育思想—研究
Ⅳ.①G40-092.25

中国版本图书馆 CIP 数据核字（2021）第 262125 号

出版发行	教育科学出版社				
社　　址	北京·朝阳区安慧北里安园甲 9 号		邮　　编	100101	
总编室电话	010-64981290		编辑部电话	010-64981252	
出版部电话	010-64989487		市场部电话	010-64989009	
传　　真	010-64891796		网　　址	http://www.esph.com.cn	
经　　销	各地新华书店				
制　　作	北京金奥都图文制作中心				
印　　刷	唐山玺诚印务有限公司				
开　　本	720 毫米×1020 毫米　1/16		版　　次	2021 年 12 月第 1 版	
印　　张	17		印　　次	2022 年 7 月第 2 次印刷	
字　　数	244 千		定　　价	62.00 元	